高职高专物流管理专业校企合作项目化规划教材

# 国际物流单证缮制

主　编⦿邹小平
副主编⦿秦　雯　曾观红
编　委⦿周海英　石　程　李　志　曾娟子

清华大学出版社
北京

## 内容简介

本书根据国际物流中的业务操作流程，详细介绍了国际出口货物托运单证、出口运输报关报检业务单证、保险单证、国际货物装运单证、进口物流单证等国际海运常用单证的基础知识和缮制要求，并通过单个项目实训和综合项目实训的方式强化技能培训。书中穿插大量实用案例，选材来源于国际物流企业真实案例，具有内容丰富连贯、案例切合实际、实用等特点，注重培养物流单证操作人员的操作技能。

本书由高等院校教师与企业人士共同编写，是能满足"工学结合"高职教学需要的特色教材，可作为高职高专院校物流管理、国际贸易、港口物流、交通运输管理、物资管理等相关专业的教材，也可作为国际物流单证操作人员的参考用书，还可作为仓库、港口、场站、物流中心、企事业单位的物流管理部门的物流业务培训用书。

本书封面贴有清华大学出版社防伪标签，无标签者不得销售。
版权所有，侵权必究。举报：010-62782989，beiqinquan@tup.tsinghua.edu.cn。

图书在版编目（CIP）数据

国际物流单证缮制/邹小平主编．—北京：清华大学出版社，2014（2023.1重印）
高职高专物流管理专业校企合作项目化规划教材
ISBN 978-7-302-34454-4

Ⅰ.①国… Ⅱ.①邹… Ⅲ.①国际贸易–物流–原始凭证–高等职业教育–教材 Ⅳ.①F252

中国版本图书馆CIP数据核字（2013）第270042号

责任编辑：陈仕云
封面设计：刘　超
版式设计：文森时代
责任校对：张兴旺
责任印制：丛怀宇

出版发行：清华大学出版社
网　　址：http://www.tup.com.cn，http://www.wqbook.com
地　　址：北京清华大学学研大厦A座　　邮　编：100084
社 总 机：010-83470000　　邮　购：010-62786544
投稿与读者服务：010-62776969，c-service@tup.tsinghua.edu.cn
质量反馈：010-62772015，zhiliang@tup.tsinghua.edu.cn
课件下载：http://www.tup.com.cn，010-62788951-223

印 装 者：三河市龙大印装有限公司
经　　销：全国新华书店
开　　本：185mm×230mm　印　张：18　插　页：1　字　数：368千字
版　　次：2014年3月第1版　印　次：2023年1月第8次印刷
定　　价：55.00元

产品编号：052279-03

# 丛 书 序

自我国提出大力发展高等职业技术教育以来，高职教育已取得了前所未有的成就，占据了我国高等教育的半壁江山。特别是2006年教育部颁布了《关于全面提高高等职业教育教学质量的若干意见》，指出高职教育是高等教育的一种"类型"以来，高职教育的发展更是一片欣欣向荣。通过第一、二期国家示范性院校建设（包括国家骨干高职院校建设）项目、高等职业教育国家精品课程开发项目、国家级精品资源共享课开发项目、职业教育专业教学资源库建设项目、职业教育实训基地建设项目、全国职业院校技能大赛等的启动和实施，高职教育日益彰显出其作为一种高等教育类型的本质属性和特征。在我国职业教育体系建设中，高职教育也不断发挥其引领、示范和骨干作用。

中高级技术技能型人才培养体制与模式也由传统封闭的学校教育转向现代开放的"政校行企"多元主体合作办学、合作育人、合作就业、合作发展的体制与模式，基于校企双主体的"工学结合"已成为高职教育人才培养体制与模式改革的重要切入点。但是要实现这一培养体制与模式，课程改革是关键。高职教育与普通高等教育的类别特征及与中等职业教育的层次区别，也集中反映在其课程体系与课程内容之中。正如姜大源先生所说，想实现工学结合，而又不对课程进行改革，那么只能是镜花水月。课程始终是职业教育和教学改革的核心。事实证明，没有课程改革的教育改革一定是一场不彻底的、没有深度的，因而也不可能有实质性突破的改革。

正因为如此，我国高职教育整体的改革步伐始终伴随着三次课程改革的浪潮。第一次浪潮为20世纪80年代中后期至90年代初，课程改革重点强调建设学科体系和实践体系双轨制的课程体系；第二次浪潮为20世纪90年代中后期至21世纪初，课程改革重点强调建设能力本位的模块化高职教育的课程体系；第三次浪潮为2006年以后，开始探索构建基于工作过程系统化和项目化的行动导向的课程体系。

广东科学技术职业学院经济管理学院，一直践行"理念保持先进、实践逐步推进"的高职教育改革策略，在课程体系创新的道路上也进行了不懈的努力。特别是经济管理学院物流管理专业，自2011年有幸被国家列入"高等职业学校提升专业服务产业发展能力"建设的专业以来，更是进一步强化了基于工作过程系统化的课程体系改革以及与其相配套的课程与教材建设，致力于保证课程教学内容与物流行业运营实践、技术应用相匹配，工作卓有成效，本套丛书就是这一努力的结晶之一。

他山之石，可以攻玉，希望本套物流管理专业教材能为拟开展课程体系改革以及课程与教材建设的相关高职专业提供有益的借鉴。

原全国高职高专工商管理类专业院长/系主任联席会常务理事
广东省高等职业教育管理类专业教指委副主任委员
广东科学技术职业学院经济管理学院院长

严中华 教授

2013 年 10 月

# 前 言

在经济全球化的推动下,资源配置已从一个工厂、一个地区、一个国家扩展到整个世界。国际物流通过现代运输手段和信息技术、网络技术,降低了物流成本,提高了物流效率,在国际贸易和全球资源配置中发挥着越来越大的作用。作为新崛起产业,国际物流正越来越引起人们对它的关注和重视。

我国国际物流行业,包括国际航运、国际货代迅猛发展,迫切需要一大批从事基层以及业务第一线的具有高素质、高技能的应用型专门人才。同时《国家中长期教育改革和发展规划纲要(2010—2020)》中也明确提出要大力发展职业教育,增强职业教育吸引力,改革教学模式,推进职业学校专业课程内容和职业标准相衔接。因此职业教育必须符合职业标准,符合社会企业的需求,教学改革则是实现这一衔接的唯一出路,而教材改革是高职教育教学改革工作的重要组成部分。要实现这一目标,教学内容与教材就必须符合企业实际工作需求,必须与企业的真实工作过程相一致。因此,依托真实企业或教学企业,以企业的工作过程为项目,结合学校的实际教学需要,编写基于工作过程的项目化教材成为迫在眉睫的问题,本书正是在这种背景下进行组织编写的。

本书根据国际物流中的业务操作流程,详细介绍了国际出口货物托运单证、出口运输报关报检业务单证、保险单证、国际货物装运单证、进口物流单证等国际海运常用单证的基础知识和缮制要求,并通过单个项目实训和综合项目实训的方式强化技能培训。

本书案例选材来源于国际物流企业真实案例,具有内容丰富连贯、案例切合实际、实用等特点,主要培养物流单证操作人员的操作技能,可作为高职高专院校物流管理专业、港口物流专业的教材,也可作为国际物流单证操作人员的参考用书。在编写过程中,力求体现以下几个方面特色。

**1. 校企合作,项目驱动**

本书是一本真正意义上的校企合作教材。在编写过程中,得到了合作企业的大力支持。企业人员共同参与确定教材大纲、项目内容,提供案例原型、各种单证资料等,并在本书稿完成后,根据实际工作过程提供宝贵的修改意见。

本书主要是以国际海运货物出口流程为主线,共设计了七个项目,分别是国际物流业务流程及其单证认知、出口货物托运单证缮制、报关报检单证缮制、货物装运单证缮制、其他出口物流单证缮制、进口物流单证缮制以及综合实训,涵盖了进口物流以及出口物流单证的内容,包括海运、空运、国际多式联运等不同运输方式下的单证缮制,对国际物流行业单证操作人员具有实际的指导意义。

**2．注重知识点、技能点的结合，重点突出**

在每个项目的设计上，设置了"导入项目"、"示范操作"、"知识支撑"、"单项实训"四部分内容，主要描述了单证的含义、种类、缮制要点。通过单项训练进一步加深学生对单证的认识，提升学生的实践操作能力。根据企业实际情况，突出海运单证操作，特别是海运提单的缮制。

**3．注重实践训练**

在每个任务完成后，都编写了一道单项训练题，主要考查学生的单证缮制能力、资料分析能力以及解决问题的能力。

本书由广东科学技术职业学院经济管理学院物流管理专业邹小平担任主编，负责和企业人员一起拟定教材大纲，同时承担项目三、项目四、项目七的编写工作，并根据企业人员意见对全书进行修改、统稿和定稿。广东科学技术职业学院秦雯、曾观红担任副主编，秦雯负责项目一以及项目五的编写，曾观红负责项目二以及项目六的编写。其他参与本书编写的人员还有周海英、石程、李志、曾娟子。

在本书编写过程中，得到了校企合作企业某知名物流航运有限公司以及货代公司的大力支持（由于企业的原因，不便署名），同时得到了广东科学技术职业学院经济管理学院常务副院长关冬梅的大力支持，并提供了宝贵的意见，在此对他们表示衷心的感谢。

由于作者水平有限，书中不妥之处在所难免，敬请同行专家和广大读者批评指正。

编　者

2013 年 10 月

# 目 录

**项目一　国际物流业务流程及其单证认知** ......................................................1
　　任务一　国际海运业务流程及其单证认知 ..................................................1
　　　　一、国际集装箱运输业务流程 ......................................................1
　　　　二、国际集装箱运输业务单证 ......................................................7
　　　　单项实训 1-1 ....................................................................20
　　任务二　国际空运业务流程及其单证认知 ..................................................21
　　　　一、国际航空货运业务流程 ........................................................21
　　　　二、航空货运单 ..................................................................29
　　　　单项实训 1-2 ....................................................................31
　　任务三　国际多式联运业务流程及其单证认知 ..............................................32
　　　　一、国际多式联运业务流程 ........................................................32
　　　　二、国际多式联运业务单证 ........................................................34
　　　　单项实训 1-3 ....................................................................37

**项目二　出口货物托运单证缮制** ......................................................38
　　任务一　商业发票缮制 ..................................................................38
　　　　【导入项目】 ....................................................................38
　　　　【示范操作】 ....................................................................40
　　　　一、商业发票各栏目的填写说明 ....................................................40
　　　　二、缮制商业发票应注意的问题 ....................................................44
　　　　【知识支撑】 ....................................................................44
　　　　一、商业发票的含义 ..............................................................44
　　　　二、商业发票的作用 ..............................................................44
　　　　三、商业发票样例 ................................................................44
　　　　单项实训 2-1 ....................................................................46
　　任务二　装箱单缮制 ....................................................................52
　　　　【导入项目】 ....................................................................52
　　　　【示范操作】 ....................................................................54
　　　　一、装箱单的内容以及缮制要求 ....................................................54
　　　　二、缮制包装单据应注意的问题 ....................................................56

【知识支撑】..................................................................56
　　　一、装箱单的含义..........................................................56
　　　二、装箱单的作用..........................................................56
　　　三、装箱单的样例..........................................................56
　　单项实训2-2..................................................................58
　任务三　订舱委托书缮制......................................................59
　　【导入项目】..................................................................59
　　【示范操作】..................................................................61
　　【知识支撑】..................................................................64
　　　一、出口订舱流程..........................................................64
　　　二、订舱委托书的定义....................................................66
　　　三、订舱委托书注意事项................................................66
　　单项实训2-3..................................................................66
　任务四　托运单缮制............................................................67
　　【导入项目】..................................................................67
　　【示范操作】..................................................................68
　　　一、托运单的内容及缮制要求..........................................68
　　　二、缮制托运单的注意事项.............................................73
　　【知识支撑】..................................................................73
　　　一、托运单的含义..........................................................73
　　　二、托运单的作用..........................................................74
　　　三、托运单的种类及样例................................................74
　　单项实训2-4..................................................................75

项目三　报关报检单证缮制......................................................78
　任务一　报检单缮制............................................................78
　　【导入项目】..................................................................78
　　【示范操作】..................................................................79
　　　一、报检单填制说明......................................................79
　　　二、出境货物报检单填制规范.........................................79
　　【知识支撑】..................................................................83
　　　一、报检流程...............................................................83
　　　二、出入境检验检疫报检范围.........................................85
　　　三、报检应该注意的事项...............................................87
　　　四、各种单证以及证书样本............................................89

单项实训 3-1 ...... 97
　任务二　出口报关单缮制 ...... 97
　　【导入项目】 ...... 97
　　【示范操作】 ...... 97
　　　一、报关单填制的一般要求 ...... 97
　　　二、出口货物报关单的填制规范 ...... 98
　　【知识支撑】 ...... 122
　　　一、进出口货物报关单的含义和种类 ...... 122
　　　二、出口货物报关单的构成 ...... 122
　　　三、填写报关单的法律责任 ...... 123
　　　四、海关对填报不实行为的处罚 ...... 124
　　　五、报关单证样本 ...... 124
　　　单项实训 3-2 ...... 128
　任务三　保险单缮制 ...... 128
　　【导入项目】 ...... 128
　　【示范操作】 ...... 128
　　　一、缮制保单注意事项 ...... 128
　　　二、保险单的内容及缮制要求 ...... 129
　　【知识支撑】 ...... 131
　　　一、保险单的作用 ...... 131
　　　二、保险单的种类 ...... 131
　　　三、保险单的使用 ...... 133
　　　四、具体保险条款分析 ...... 133
　　　五、保险单样本 ...... 134
　　　单项实训 3-3 ...... 134

## 项目四　货物装运单证缮制 ...... 136
　任务一　集装箱设备交接单缮制 ...... 136
　　【导入项目】 ...... 136
　　【示范操作】 ...... 136
　　　一、集装箱设备交接单的主要内容 ...... 136
　　　二、填写设备交接单 ...... 138
　　【知识支撑】 ...... 138
　　　一、集装箱设备交接单 ...... 138
　　　二、设备交接单的流转过程 ...... 138

三、进场设备交接单的格式样例 ... 138
　　单项实训 4-1 ... 141
**任务二　集装箱装箱单缮制** ... 141
　　【导入项目】 ... 141
　　【示范操作】 ... 141
　　一、集装箱装箱单的内容以及缮制要求 ... 141
　　二、缮制集装箱装箱单 ... 143
　　【知识支撑】 ... 145
　　一、集装箱装箱单的作用 ... 145
　　二、集装箱装箱单的流转程序 ... 145
　　单项实训 4-2 ... 146
**任务三　海运提单缮制** ... 146
　　【导入项目】 ... 146
　　【示范操作】 ... 146
　　一、提单的缮制要求 ... 146
　　二、缮制海运提单 ... 157
　　【知识支撑】 ... 159
　　一、海运提单的含义和性质作用 ... 159
　　二、提单的种类 ... 159
　　三、提单的内容 ... 172
　　四、不同国家对提单内容的具体要求 ... 181
　　五、提单的使用 ... 181
　　单项实训 4-3 ... 186
**任务四　装船通知缮制** ... 188
　　【导入项目】 ... 188
　　【示范操作】 ... 188
　　【知识支撑】 ... 189
　　一、装船通知定义 ... 189
　　二、装船通知的内容 ... 190
　　三、制作和发出日期 ... 190
　　四、注意事项 ... 190
　　五、装船通知条款分析 ... 191
　　六、装船通知样本 ... 193
　　单项实训 4-4 ... 194

## 项目五　其他出口物流单证缮制 ... 195

### 任务一　空运单缮制 ... 195
【导入项目】 ... 195
【示范操作】 ... 198
一、航空货运单的填制要求 ... 198
二、航空货运单的各栏目填写说明 ... 198
【知识支撑】 ... 207
一、航空货运单的基本概念 ... 207
二、航空货运单的构成 ... 207
三、航空货运单的作用 ... 208
四、航空货运单的种类 ... 208
五、常见航空货运代码简介 ... 209
单项实训 5-1 ... 212

### 任务二　国际多式联运单缮制 ... 215
【导入项目】 ... 215
【示范操作】 ... 215
【知识支撑】 ... 216
一、国际多式联运提单的概念 ... 216
二、国际多式联运提单的性质与作用 ... 216
三、国际多式联运提单的种类 ... 217
单项实训 5-2 ... 217

## 项目六　进口物流单证缮制 ... 220

### 任务一　到货通知书缮制 ... 220
【导入项目】 ... 220
【示范操作】 ... 223
【知识支撑】 ... 225
一、进口货物流程具体操作 ... 225
二、到货通知书的定义 ... 226
三、到货通知书的送达 ... 226
单项实训 6-1 ... 227

### 任务二　提货单缮制 ... 229
【导入项目】 ... 229
【示范操作】 ... 229
【知识支撑】 ... 232

一、提货单的定义 .................................................. 232
　　二、提货单的作用 .................................................. 232
　　单项实训 6-2 ..................................................... 232
　任务三　进口报关单缮制 ............................................... 232
　　【导入项目】 ...................................................... 232
　　【示范操作】 ...................................................... 234
　　一、进口报关单各栏目内容 .......................................... 234
　　二、进口货物报关单的填写方法 ...................................... 234
　　【知识支撑】 ...................................................... 239
　　一、进口货物报关程序 .............................................. 239
　　二、进口货物报关单的定义 .......................................... 239
　　三、进口报关单填写要求 ............................................ 240
　　单项实训 6-3 ..................................................... 240

项目七　综合实训 .......................................................... 241
　任务一　根据合同以及相关资料缮制全套出口物流单证 ..................... 241
　　一、实训目的 ...................................................... 241
　　二、实训步骤 ...................................................... 241
　　三、实训要求 ...................................................... 241
　　四、相关资料 ...................................................... 242
　任务二　根据信用证及相关资料缮制全套出口物流单证 ..................... 253
　　一、实训目的 ...................................................... 253
　　二、实训步骤 ...................................................... 253
　　三、实训要求 ...................................................... 253
　　四、相关资料 ...................................................... 254
　任务三　根据资料缮制进口物流单证 ..................................... 256
　　一、实训目的 ...................................................... 256
　　二、实训步骤 ...................................................... 256
　　三、实训要求 ...................................................... 256
　　四、相关资料 ...................................................... 257

参考文献 ................................................................. 263

附录 A　物流单证专业术语 ................................................ 265

# 项目一　国际物流业务流程及其单证认知

【学习目标】

通过本项目的训练和学习，使学生对国际物流业务基本知识有一个全面的认识；掌握海运、空运以及多式联运业务的基本程序及相关单证的认知；对国际物流业务员在国际物流业务中所从事的工作有一个全面完整的认识和了解。

【主要知识点】

国际海运业务基本程序及设备交接单、装箱单、场站收据和特殊单据等相关海运单证的基本用途、流转；国际空运业务基本程序及国际货物委托书、航空货运单等空运单证的基本用途、流转；国际多式联运业务基本程序及相关单证的基本用途、流转。

【关键技能点】

具备罗列国际海运、空运及多式联运业务流程的能力，具备分辨各种单据的能力。

## 任务一　国际海运业务流程及其单证认知

**任务描述**：要求学生掌握国际海运业务的基本程序，能够认识设备交接单、装箱单、场站收据和特殊单据等海运相关单证，并简单了解各种海运单证的基本用途、流转。

### 一、国际集装箱运输业务流程

集装箱运输是指将零散的货物合并装入具有一定规格和强度的专为周转使用的大型货箱进行运输的一种现代运输方式。集装箱运输扩大了运输单元，规范了单元尺寸，使得货物的装卸、移动、搬运容易实现机械化、自动化，提高了装卸效率、码头效率并扩大了港口的吞吐能力。

集装箱班轮运输是指集装箱班轮公司将集装箱船舶按固定船期，在固定航线、固定港口之间，按规定的操作规则为非特定的广大货主提供规范的、反复的集装箱货物运输服务，并按箱运价来计收运费的一种运营方式。

（一）出口集装箱班轮运输业务流程

出口集装箱班轮运输业务流程如下：揽货接单——订舱配载——提取空箱——货物装箱——报检报关——交接签收——集装箱装船——换取提单。

**1. 揽货接单**

揽货接单是指货主与物流公司询价、报价、确认并签署委托物流合同的过程。物流公司应考虑货物是否具备以下集装箱运输的条件。

（1）有出口许可证；
（2）信用证应有可装运集装箱的条款；
（3）货物在重量、密度、体积、外形上适宜开展集装箱运输；
（4）特种货物必须具备特种集装箱，承运人提供有困难时，发货人必须能够自备；
（5）整箱货托运必须在同一目的港。

如果货物装运没有问题，在报价时应注意以下问题。

（1）报价有效期；
（2）支付条款；
（3）附加费；
（4）责任条款；
（5）是否为当前客户（是否已有运价协议）；
（6）对新客户，要核查资信情况；
（7）货主是否有特殊要求；
（8）目前操作能力是否达到客户需求，尤其对特种货物；
（9）运价改变（运价改变是否已告知相关方）；
（10）详细联系方法；
（11）报价答复要求；
（12）报价原则上要求在一天之内答复，如有困难需告知客户并给予大致的时间。

当然，物流公司若不能接受或某些要求无法满足，应及时对委托人作出反应，以免耽误船期，承担不必要的法律责任。根据与船公司的协议或经与船公司或其代理人联系，取得订舱口头确认，可以满足货主的委托要求，即可办理委托代理手续，建立委托代理关系。

**2. 订舱配载**

订舱配载的程序是货运代理将缮制好的全套托运单据（场站收据），注明要求配载的船只、航次等在截单期前送交船公司或其代理人，经后者审核货名、重量、尺码、卸货港等后，可予接受即在托运单上填写船名、航次、提单号，抽留其需要各联并在托运单联中的装货单上盖好签单章连同其余各联退回货运代理人作为对该批货物订舱的确认。

物流公司订舱前在可供选择的条件下需要注意以下几点。

（1）运输方式应选择最为便捷的船只，一般来说直达船快于中转船。
（2）在直达船情况下，如挂港甚多，尽可能选择挂靠的是第一港或第二港，已达到快速运达的要求。

（3）应选择运价较低而服务较好的船公司。

（4）此外，还应考虑某些条款对船公司或发货人、收货人是否能予接受，如有些港口船公司不接受运费到付；有些箱型如高箱、挂衣箱等特种箱船公司能否供应；船公司的某些免责条款是否可以接受等。

物流公司订舱取得订舱号后，应缮制相关单证，并将有关信息传递给客户及公司有关部门，以便办理组货、报关等相关事宜。如果货物以 CIF 价成交，需要代理人办理保险的，可在出口地向保险公司办理货物保险。

**3. 提取空箱**

通常，集装箱是由船公司无偿借给货主或集装箱货运站使用的。船公司或其代理人在接受订舱、承运货物后，即签发集装箱设备交接单交给托运人或其货运代理人，据此到集装箱堆场或内陆集装箱站提取空箱。而在承运人的集装箱货运站装箱时，则由货运站提供空箱。不论由哪一方提取空箱，都必须事先缮制设备交接单。提取空箱时，必须向箱站提交设备交接单，一般在箱站的检查桥双方在集装箱设备交接单上签字交接。

应该特别注意的是，在交接时或交接前应对集装箱进行检查。较大的物流公司，在港口场站设有专人负责集装箱空箱的提出和重箱的入场，一般的物流公司则委托卡车司机进行查箱并进行设备交接单的签字交接。场站一般也有专人负责，若无专人，提箱时可派人或由堆场操作司机进行检查，检查时注意以下问题。

（1）集装箱外部检查。主要检查有无弯曲、凹痕、擦伤、断裂、破损等。

（2）集装箱内部检查。主要检查有无水迹、污染等清洁状况及密闭状况等。

（3）集装箱箱门检查。主要检查密封条、转锁拉杆、铰链等。

（4）集装箱附件检查。主要检查系环、孔眼、通风口、储液槽和放水龙头等。

**4. 货物装箱**

货物装箱主要在集装箱货运站或发货人的仓库进行。其方式有以下两种。

（1）整箱货（FCL）装箱。由发货人或其货运代理人办理货物出口报关手续，在海关派员监装下自行负责装箱，施加船公司或货运代理集装箱货运站铅封和海关关封。发货人或其货运代理缮制装箱单和场站收据，在装箱单上注明装卸货港口、提单号、集装箱号、铅封号、重量、件数、尺码等。若在内陆（发货人仓库）装箱运输至集装箱码头的整箱货，应由内地海关关封，并应向出境地海关办理转关手续。

（2）拼箱货（LCL）装箱。拼箱货装箱是由货运代理人将接受的多个发货人运往不同收货人，而不足整箱的零星货物集中起来交给集装箱货运站，集装箱货运站核对由货主或其代理人缮制的场站收据和送交的货物，接受货物后，在场站收据上签收。如果接收货物时，发现货物外表状况没有异状，则应在场站收据上按货物的实际情况作出批注。集装箱货运站将拼箱货物装箱前，须由货主或其代理人办理货物出口报关手续，并在海关派员监督下将货物装箱，同时还应从里到外地按货物装箱的顺序编制装箱单。

**5. 报检报关**

发货人或其货运代理依照国家有关法规并根据商品特性，在规定的期限之内填好"出境货物报检单"，分别向商检、卫检、动植检等口岸监管检验部门申报检验。经监管检验部门审核或查验，视不同情况分别予以免检放行或经查验、处理后出具"出境通关单"放行。如果托运危险品，还需凭危险品清单、危险品性能说明书、危险品包装证书、危险品装箱说明书、危险品准装申报单等文件向港口管理局办理装运申报手续，并提供给船公司代理向港务监督办理适运申报手续。

发货人或货运代理依照国家有关法规，应在装船前24小时向海关办理申报手续，填写"出口货物报关单"，并持报关单、场站收据第5~7联、商业发票、装箱单、产地证明书等相关单证向海关办理申报手续。根据贸易性质、商业特性和海关有关规定，必要时还需提供出口许可证、核销手册等文件。经海关审核后，根据不同情况分别予以直接放行或查验后出具证书放行，并在场站收据第5联（装货单）上加盖放行章。

**6. 交接签收**

货物装箱后，货运代理应及时备车并填好各种单证，将集装箱装车运至承运人指定的交箱地点。一般为出运港的码头堆场。在交接重箱时，双方凭场站收据、集装箱装箱单和设备交接单在箱站检查桥办理进场集装箱的交接。交接时，双方应当检查箱号、箱体和封志。交接双方检查箱号、箱体和封志后应做记录，并共同签字确认。如无问题，箱站留下集装箱装箱单、场站收据副本，装货单、收货单（大副收据）联，签署场站收据正本，双方在设备交接单签字后，入场交箱。

承运人从集装箱货运站或集装箱堆场接收集装箱时起，就应对其负责，负责将集装箱装到船上，在目的港负责将集装箱从船上卸下，并将其运到集装箱堆场或其他的货运站且承担相应费用。在堆场或货运站，将集装箱交付给收货人。

**7. 集装箱装船**

通常集装箱装船时，承运人与港口的交接由理货公司代表与港口业务员在船边完成。即普通集装箱装船与货运代理没有业务上的必然联系和交接责任。但是对于危险品集装箱、冷藏集装箱、重大件集装箱以及动植物检疫货物或活动物集装箱的装船，货运代理人还要派人亲临装船现场，以便联系处理临时性问题。集装箱装船后，应向买方及时发出装船通知，以便对方准备付款、赎单、办理进口货物报关和接货手续。如CFR或FOB合同条款，便于买方及时办理投保手续。

**8. 换取提单**

信用证要求已装船提单时，货运代理凭港口集装箱堆场签发的场站收据正本，到船公司或其代理人处，交付预付运费，换取已装船提单，交发货人结汇。同时货运代理应抓紧做好退证工作,将结汇相关单证(报关单退税联、核销单、商检证等)及时交货主,并与有关各方及货主结清费用,做好台账的整理归档。

### (二)进口集装箱班轮运输业务流程

进口集装箱班轮运输业务流程如下:揽货接单——换提货单——报验报关——卸货接箱——提货交付——费用结算。

**1. 揽货接单**

集装箱货物进口委托人同货运代理人签订进口货运委托代理合同,委托人可直接向代理人签订长期或临时委托代理合同。长期委托代理合同的委托期可以是一年、两年或三年。如需终止,长期委托须按合同规定提前一定期限以书面形式通知代理人;临时委托以合同注明的委托事项或有效期为准。双方义务履行完毕,有关费用结清,合同即为终止。

货运代理在港口办理集装箱进口代理业务,委托人必须提供有关单证资料,作为代理人办理货运代理的依据。委托人提供的单证有:

(1)原贸易合同副本一份;
(2)正本提单一份、提单副本两份;
(3)发票正本一份、副本两份;
(4)装箱单、重量单或磅码单三份及大件尺码、图纸一份;
(5)品质证书两份;
(6)直接对台贸易须另提供产地证书正本及其他所需单据;
(7)进口到货的保险单或保险公司国际货物运输预约保险起运通知书正本;
(8)进口许可证原件;
(9)关税减免证明原件;
(10)来料进料加工登记手册原件;
(11)动植物产品进口审批单正本;
(12)装船通知(含电传、电报);
(13)危险品品质证明书并注明国内、国际危规号及防范措施;
(14)特殊货物保管、运输的技术资料,并在合同上注明注意事项;
(15)其他有关文件原件。

**2. 换提货单**

对进口集装箱货物,一般海上承运人在近洋航线船舶在抵港24小时前,远洋航线船舶在抵港7天前以及24小时内将相关资料分送船代、港口、外轮理货、海关等。船舶代理在收到进口货物单证资料并通知收货人或其代理人后,根据集装箱货物运达提单注明或收货的货运代理人提供的交货地点,在规定的时间内(远洋航线船舶为抵港前7天,近洋航线船舶为抵港后36小时)向提单通知人或收货人发出到货通知书。收货人或其代理在收到海上承运人或其代理人提供的进口单证资料后的次日应向港口提供货物流向和实际收货人，并做好卸船接货准备。

一般在信用证贸易方式下，收货人一接到到货通知，应及时向银行付清应付款项、取得有关单证，以取得正本提单准备去船公司或其代理人处换取提货单；否则，可向船公司或其代理人出具银行保函、凭保函和副本提单方可换取。

收货人或货运代理凭正本提单和到货通知书去向船舶代理人换取提货单等交货记录一式四联单证，加运费到付的应结清到付运费，船舶代理人核对正本提单后，在提货单（交货记录第二联）上盖章。

**3. 报验报关**

收货人或货运代理凭提货单、合同副本、正本提单复印件、商业发票、产地证明等相关单证，于规定的期限内向商检、卫检、动植检等口岸监管检验机构办理报验手续。这些监管检验机构根据商品特性对申报内容进行审核，对免检商品在提货单上加盖免检章后直接放行；对需查验商品则开出查验通知，经查验或消毒处理后再出具有关证书，并在提货单上加盖查验章后放行。

收货人或货运代理持提货单、进口货物报关单、贸易合同副本、正本提单、商业发票、货物明细单、免税证明书、产地证明书等相关单证，于规定期限之内向海关办理申报手续。根据贸易性质、商品特性和海关的有关规定，必要时还需要提供进口许可证、核销手册等文件。经海关审核后，根据不同情况分别予以直接放行或查验后出具证书放行，并在提货单上加盖放行章。

**4. 卸货接箱**

收货人向海关申请放行后，方可卸船。卸船时由船、港双方交接。理货公司代表船方与港口签字交接。一般集装箱货物卸船后先堆放在码头集装箱堆场（CY），然后，再将整箱货交给收货人；拼箱货交给集装箱货运站（CFS），进行拆箱分拨，然后通知收货人前来领取，也可凭收货人委托运货上门。

但是对一些特殊集装箱货物，如冷冻货、危险品或重大件等，集装箱从船上卸下后，往往在船边或码头集装箱堆场与收货人或货运代理进行交接。收货人提取进口重箱时，应持海关放行的提货单到集装箱承运人指定地点办理集装箱交接手续。

**5. 提货交付**

（1）整箱交付。收货人或货运代理将整箱集装箱货提离码头堆场前，须先向集装箱承运人委托的管箱单位办理放箱手续。经管箱单位在设备交接单上加盖放箱章后，收货人或货运代理再向码头办理整箱提离手续。通常要求收货人结清所有费用，留下提货单，并签署交货记录。收货人或货运代理在码头堆场提取整箱时，要出具船公司或其代理人签发的交货记录、设备交接单。经核对无误后，码头堆场才能将集装箱交给收货人或货运代理，双方应在交货记录上签字并进行集装箱交接。不需要代运的集装箱货物，办理放箱手续后，由货主自提并负责送回空箱。需要代运的集装箱货物根据不同的交接方式,由货运代理负责送整箱"上门"或拖运至集装箱货运站拆箱交货,由货运代理负责退回空箱。

若集装箱在码头直接由铁路或水运向内陆运输,收货人或货运代理还要持交货记录、集装箱作业申请单、铁路计划申请单或水路托运单向码头堆场或铁路办理托运手续。为此,提单上除填写通知方外,还必须填明实际收货人。码头堆场或铁路加盖受理章并与水运船公司、铁路或其代理人取得联系后,再把集装箱交给内陆承运人。

对于转关货物可通过向海关办理申请,在海关监管下运至目的地办理海关手续。

(2) 拼箱交付。拼箱货在码头堆场提货,提货前先向船公司委托的集装箱货运站或码头堆场取得联系,凭海关放行的交货记录从堆场领取货箱并办理货箱交接手续。收货人或货运代理至货运站提货应出示船公司或其代理人签发的提货单。货运站对提货单记载内容与货物核对无误后,即可交货。交货时,货运站与收货人应共同在交货记录上签字。

拆箱交付的进口集装箱货物,港口和内陆中转站、货运站应在卸船后或集装箱运抵内陆中转站、货运站后 4 天内拆箱完毕,并向收货人发出催提通知。堆场交付的进口集装箱货物,收货人应于整箱卸入堆场后 10 天内提货。超过 10 天不提货,港口装卸企业可将集装箱或货物转栈堆放,由此发生的费用,由收货人负担;在 10 天内,由港口责任造成的集装箱或货物转栈的费用,由港口负担。收货人超过规定期限不提货或不按期限向指定地点归还集装箱的,应当按照有关规定或合同约定支付货物、集装箱堆存费及集装箱超期使用费。自集装箱进境之日起 3 个月以上不提货的,海上承运人或港口可报请海关按国家有关规定处理货物,并从处理货物所得的款项中支付有关费用。

货运代理人可根据货主的委托,确定是自提还是代运,若自提则由货运代理人办罢手续后交由货主自己提货。若货主委托代运,则与传统进口货物相似,货运代理人可根据整箱货还是拼箱货及交接方式,负责代运工作。

**6. 费用结算**

根据委托代理合同,在港口发生的各项费用由货运代理人支付,航次结束后从货主的预付款(或称备用金)结算,或实行包干费率与货主结算;或实报实销,收取代理佣金。

承运人的责任在集装箱堆场或货运站将整箱集装箱交付给收货人或货运代理人;承运人的拼箱货,承运人负责从船上卸下送到集装箱货运站拆箱,将货物分别交付给收货人或其代理人,并负担相关的一切费用,其责任终止。这表示收货人的责任开始,并负担其费用。

## 二、国际集装箱运输业务单证

### (一) 集装箱班轮运输出口业务单证

与传统的货运单证相比,集装箱运输的出口货运单证既有相同之处,也有不同之处。

相同之处表现在两者所使用的载货清单和载货运费清单等，不论作用、内容，甚至单证的名称都相差无几。不同之处如：在集装箱运输中，以场站收据代替传统运输中的收货单；为办理货物进出口报关和货物交接等手续，须由装箱人缮制装箱单；为办理集装箱及其附属设备的交接等，须缮制集装箱设备交接单等。

属于集装箱运输所特有，而且能反映集装箱运输特点的出口货运单主要有集装箱设备交接单、装箱单、场站收据及特殊货物单证。

**1. 集装箱设备交接单**

集装箱设备交接单（Equipment Receipt，E/R）简称设备交接单，是集装箱所有人（船公司）或集装箱经营人委托集装箱码头、堆场与货方或集装箱货运站（即用箱人）相交接集装箱、冷藏集装箱或特种集装箱及电动机等设备的凭证。设备交接单的格式如图1.1所示。

设备交接单分进场设备交接单和出场设备交接单，各有三联，分别为管箱单位（或船公司）联、码头、堆场联和用箱人、运箱人联。

设备交接单的各栏分别由作为管箱单位的船公司或其代理人、用箱人、运箱人和码头、堆场的经办人员填写。船公司或其代理人填写的栏目有：用箱人/运箱人、提箱地点、船名/航次、集装箱的类型及尺寸、集装箱状态、免费使用期限和进（出）场目的等。由用箱人、运箱人填写的有：运载工具牌号；如果是进场设备交接单，还须填写来自地点、集装箱号、提单号、铅封号等栏目。由码头、堆场填写的则有：集装箱进出场日期、检查记录；如果是出场设备交接单，还须填写提箱地点和集装箱号等栏目。

设备交接单的流转过程如下：

（1）由管箱单位填制设备交接单交用箱人、运箱人。

（2）由用箱人、运箱人到码头、堆场提箱送收箱地（或到发箱地提箱送码头、堆场），经经办人员对照设备交接单，检查集装箱的外表状况后，双方签字，码头、堆场留下管箱单位联和码头、堆场联，将用箱人、运箱人联退还给用箱人、运箱人。

（3）码头、堆场将留下的管箱单位联退还给管箱单位。

设备交接单既是分清集装箱设备交接责任的单证，也是对集装箱进行追踪管理的必要单证。由于集装箱货物是按箱交接的，在集装箱外表无异状，铅封完好的情况下，它实际也是一种证明箱内货物交接无误的单证。

**2. 装箱单**

装箱单（Container Load Plan）是按装箱顺序（自里至外）记载装箱货物的具体名称、数量、尺码、重量、标志和其他货运资料的单证。对于特种货物还应加注特定要求，如对冷藏货物要注明对箱内温度的要求等。装箱单的格式如图1.2所示。

项目一　国际物流业务流程及其单证认知

## 集装箱发放/设备交接单
### EQUIPMENT INTERCHANGE RECEIPT　　OUT 出场

NO.

| 用箱人/运箱人（CONTAINER USER/HAULIER） | 提箱地点（PLACE OF DELIVERY） |
|---|---|
| 发往地点（DELIVERED TO） | 返回/收箱地点（PLACE OF RETURN） |

| 航名/航次<br>（VESSEL/VOYAGE NO.） | 集装箱号<br>（CONTAINER NO.） | 尺寸/类型<br>（SIZE/TYPE） | 营运人<br>（CNTR.ORTR.） |
|---|---|---|---|
| 提单号<br>（B/L NO.） | 铅封号<br>（SEAL NO.） | 免费期限<br>（FREE TIME PERIOD） | 运载工具牌号<br>（TRUCK WAGON.BARG NO.） |
| 出场目的/状态<br>（PPS OF GATE-OUT/STATUS） | | 进场目的/状态<br>（PPS OF GATE-IN/STAUS） | 出场日期<br>（TIME-OUT） |

### 出场检查记录　（INSPECTION AT THE TIME OF INTERCHANGE）

| 普通集装箱<br>（GP CONTAINER） | 冷藏集装箱<br>（RF CONTAINER） | 特种集装箱<br>（SPECIAL CONTAINER） | 发电机<br>（GEN SET） |
|---|---|---|---|
| ☐ 正常（SOUND）<br>☐ 异常（DEFECTIVE） | ☐ 正常（SOUND）<br>☐ 异常（DEFECTIVE） | ☐ 正常（SOUND）<br>☐ 异常（DEFECTIVE） | ☐ 正常（SOUND）<br>☐ 异常（DEFECTIVE） |

损坏记录及代号(DAMAGE & CODE)　　BR 破损(BROKEN)　　D 凹损(DENT)　　M 丢失(MISSING)　　DR 污箱(DIRTY)　　DL 危标(DG LABEL)

左侧(LEFT SIDE)　　右侧(RIGHT SIDE)　　前部(FRONT)　　集装箱内部(CONTAINER INSIDE)

顶部(TOP)　　底部(FLOOR BASE)　　箱门(REAR)　　如有异状，请注明程度及尺寸(REMARK).

除列明者外，集装箱及集装箱设备交换时完好无损，铅封完整无误。
**THE CONTAINER/ASSOCIATED EQUIPMENT INTERCHANGED IN SOUND CONITION AND SEAL AINTACT UNLESS OTHERWISE STATED**

用箱人/运箱人签署　　　　　　　　　　码头堆场值班员签署
（CONTAINER USER/HAULIERS SIGNATURE）　　（TERMINAL/DEPOT CLERKS SINGATURE）

图 1.1　集装箱设备交接单

图 1.2 集装箱装单

集装箱装箱单的用途很广。它既是集装箱船舶进出口报关时向海关提交的载货清单的补充资料，也是向承运人提供箱内所装货物的明细清单；既是装、卸两港的集装箱装卸作业区编制装、卸船计划的依据，也是集装箱船舶计算船舶吃水和稳性的数据来源。当发生货损时，还是处理索赔事故的原始依据之一。

装箱单一式五联，其中，码头联、船代联、承运人联各一联，发货人/装箱人联两联。整箱货的装箱单由发货人缮制，而拼箱货的装箱单则由作为装箱人的集装箱货运站缮制。

发货人或货运站将货物装箱，缮制装箱单一式五联后，连同装箱货物一起送至集装箱堆场。集装箱堆场的业务人员在五联单上签收后，留下五联单中的码头联、船代联和承运人联，将发货人/装箱人联退还给送交集装箱货物的发货人或集装箱货运站。发货人或集装箱货运站除自留一份发货人/装箱人联备查外，将另一份发货人/装箱人联寄交给收货人或卸箱港的集装箱货运站，供拆箱时使用。集装箱堆场留下的三联装箱单，除码头联用以编制装船计划外，将船代联及承运人联分送船舶代理人和船公司，据以缮制积载计划和处理货运事故。

有的国家，如澳大利亚，对动植物检疫的要求非常严格。在这种情况下，在装箱单上就须附有申请卫生检疫机关检验的申请联。申请联的申请检验事项中，与货运有关的内容包括包装用料及货物本身是否使用了木材，如使用了，是否有已经过防虫处理的说明。如果已经过处理，则就货物而言，应将发票、海运单证和熏蒸证书一并寄交收货人；就集装箱而言，应连同集装箱适航证书一并寄交卸货港的船公司的代理人。

**3．场站收据**

场站收据（Dock Receipt，D/R）又称港站收据，或称码头收据，是指船公司委托集装箱堆场、集装箱货运站或内陆站在收到整箱货或拼箱货后，签发给托运人证明已收到货物，托运人可凭其换取提单或其他多式联运单证的收据。其格式如图 1.3 所示。

场站收据共 10 联：

| | | |
|---|---|---|
| 第 1 联 | 集装箱货物托运单——货主留底 | 白色 |
| 第 2 联 | 集装箱货物托运单——船代留底 | 白色 |
| 第 3 联 | 运费通知（1） | 白色 |
| 第 4 联 | 运费通知（2） | 白色 |
| 第 5 联 | 场站收据副本——装货单（关单联） | 白色 |
| 第 6 联 | 场站收据副本——大副本 | 粉红色 |
| 第 7 联 | 场站收据（正本联） | 淡黄色 |
| 第 8 联 | 货代留底 | 白色 |
| 第 9 联 | 配舱回单（1） | 白色 |
| 第 10 联 | 配舱回单（2） | 白色 |

| Shipper（发货人）： | 委托号： Forwarding agents |
|---|---|
| | B/L No.（编号） |
| Consignee（收货人） | 场站收据 **DOCK RECEIPT** |
| Notify Party（通知人） | Received by the Carrier the Total number of containers or other packages or units stated below to be transported subject to the terms and conditions of the Carrier's regular form of Bill of Lading (for Combined Transport or port to Port Shipment) which shall be deemed to be incorporated herein.. |
| Pre carriage by（前程运输） Place of Receipt（收货地点） | Date（日期）： |
| Ocean Vessel（船名） Voy. No.（航次） Port of Loading（装货港） | 场 站 章 |
| Port of Discharge（卸货港） Place of Delivery（交货地点） Final Destination for Merchant's Reference（目的地） | |

| Container No.（集装箱号） | Seal No.（封志号） Marks & Nos.（标记与号码） | No. of containers Or P'kgs. 箱数或件数 | Kind Packages: Description of Goods（包装种类与货名） | Gross Weight 毛重（公斤） | Measurement 尺码（立方米） |
|---|---|---|---|---|---|

TOTAL NUMBER OF CONTAINERS OR PACKAGES (IN WORDS)
集装箱数或件数合计（大写）

Container No.（箱号）　Seal No.（封志号）　Pkgs.（件数）　Container No.（箱号）　Seal No.（封志号）　Pkgs.（件数）

| | Received （实收） | By Terminal clerk/Tally clerk（场站员/理货员签字） |
|---|---|---|
| **FREIGHT & CHARGES** | Prepaid at（预付地点） | Payable at（到付地点） | Place of Issue（签发地点） | BOOKING（订舱确认） APPROVED BY |
| | Total Prepaid（预付总额） | No.of Original B(s)/L（正本提单份数） | 货值金额： | |

| Service Type on Receiving □-CY, □-CFS, □-D OR | Service Type on Delivery □-CY, □-CFS, □-DOORS | | Reeter Temperature Required（冷藏温度） | ℉ | ℃ |
|---|---|---|---|---|---|
| **TYPE OF GOODS （种类）** | □Ordinary, （普通） □Liquid, （液体） | □Reefer, （冷藏） □Live Animal, （活动物） | □Dangerous, （危险品） □Bulk, （散货） | □Auto. （裸装车辆） □_____ | 危险品 | Glass: Property: IMDG Code Page: UN NO. |

图 1.3　集装箱场站收据

托运人或其代理人缮制场站收据时,以下各栏应空白不填:编号、订舱确认、运费及支付方式栏,由船公司或其代理填写与签章;箱号和封号栏,待货物装箱完毕后,根据装箱点报上的箱号和封号,再补充填入有关单据中;集装箱箱号、封志号和件数,以及实收数、场站员签字、场站章、接受日期栏,在托运人或其代理人送货进货运站或堆场时,由堆场人员将核对以后的箱号、封号、件数等填入表格内,并签字盖章,注明收货/箱日期。上述10联场站收据的流转程序如下。

(1) 货运代理接受托运人的委托后缮制10联场站收据,并将第1联货主留底联由货主留存备查,将其余9联送船代或有订舱权的货运代理处订舱。

(2) 船代或有订舱权的货运代理确定船名、航次,给每一票货物分配一个提单号,将提单号填入9联单,并在装货单联加盖确认订舱章,明确表示订舱。然后留下第2~4联,即船代留底联、运费通知(1)联、运费通知(2)联,其余第5~10联退还托运人或货运代理,对于有订舱权的货运代理而言,代表船方确认订舱后,除了应将订舱信息输入计算机,还应立即把订舱信息传送给相关船公司或其代理人,船公司或其代理人则应将全船订舱信息汇总后传送给海关以便办理船舶报关。

(3) 货运代理留下第8联货代留底联,用于缮制货物流向单及作为日后查询,第9和第10联配舱回单(1)、(2)联退给托运人,以证明承运人已确认订舱和缮制提单等单证。

(4) 货运代理将第5~7联(即已加盖船代签单章的装货单及场站收据、大副联)随同报关单等单证向海关报关。

(5) 海关与船代传送的信息核对无误后,如果认为需要查验,则将报关单、场站收据及其他单据做成关封送口岸海关处查验货物。如果装箱点为海关监管区,则一般不进行查验。海关放行后,在装货单上盖放行章,并将第5~7联单退还报关人。

(6) 货主或货运代理将已盖海关放行章的装货单、场站收据、大副联,包括港口费收联连同货物送装箱点装箱。货物装箱后,各个装箱点应将各票货物的场站收据的箱号、铅封号、箱数及时告知托运人或货运代理,以便托运人或货运代理将这些数据填制在场站收据相应栏内。

(7) 托运人或货运代理将货物或集装箱及上述第5、第7联单送港区堆场或货运站。CY或CFS查验集装箱或货物,首先应查验第5联的海关放行章,再检查进场或进站货物的内容、箱数、货物总件数是否与单证记载的相符,并核对场站收据所列载的集装箱箱号、单单相符,则应在场站收据上加批实收箱数并签字,加盖场站收据签证章;如果集装箱或货物的实际状况与场站收据记载不符,则须在正本场站收据上作出批注。场站留下装货单及大副联。其中,装货单联归档保存供日后查询,装货单附页用来向托运人或货运代理结算费用;大副联连同配载图(如属加载集装箱则应随附加载船固)应及时(一般应于装船前 24 小时，最后一批不迟于装船前 4 小时）转交理货部门，由理货员在装船完毕后，将大副联交船上大副留底。

（8）理论上，正本场站收据应退回托运人或货运代理，以便托运人或货运代理凭此要求船代签发正本提单（装船前可签发待装运提单，装船后可签发装船提单）。但在实际业务中，托运人或货运代理并不将场站收据取回，而是在集装箱装船后 4 小时内，由船代在港区的现场人员与港区场站签证组交接将其带回，船代据此通知货代放单信息（在该货代被授权代理船公司签发提单的情况下）或签发"装船提单"。

场站收据的填制要求如下：

（1）场站收据由发货人填制，由发货人或其代理人交船舶代理确认订舱。场站收据中的收货人、通知人、箱号、封志号、箱数、收货方式和交货方式应如实申报，不允许同时出现两种收货方式、两种交接方式。

（2）对填制栏目内容如有任何变更或整票退关，应向船公司或船舶代理人和其他有关单位分送更正通知单。

（3）发货人或其代理人应在海关放行后将货物装箱。各装箱点应将每票场站收据的箱号、封志号、箱数等栏目，在实收栏目内批注、签字，在签章栏目注明签章日期，加盖场站章。

### 4. 特殊货物单证

在集装箱内装运危险货物、动物货、植物货以及冷冻货物等特殊货物时，托运人在托运这些货物时，必须根据有关规章，事先向船公司或其代理人提交相应的特殊货物单证。

（1）危险货物装箱证明书。危险货物的托运人在用集装箱装运危险货物时，同样需要向港口管理局和港监部门办理申请。除前述单证外，必须根据有关危险货物运输和保管的规章，如《国际危规》，事先向各有关部门提交危险品装箱证明书，如图 1.4 所示。

危险品装箱证明书一般须记载以下一些主要内容：船名/航次、装货港、卸货港、提单号、货名、国际危规类别、标志、联合国编号、件数及包装、货种、集装箱号、铅封号、运输方式和装船位置等。

（2）冷藏集装箱清单。托运人在托运冷冻货物或冷藏货物时，都要求承运人和集装箱堆场在运输和保管过程中，将冷藏箱的箱内温度保持在一定范围内。为了尽到这种义务，承运人或集装箱堆场要求托运人或其代理人提供冷藏集装箱清单，而承运人或其代理人对于这些货物要按箱明确货物名称和指定的温度范围，以引起船舶和卸货港的充分注意。冷藏集装箱清单的格式如图 1.5 所示。

项目一　国际物流业务流程及其单证认知

# 集装箱装运危险货物装箱证明书
## CONTAINER PACKING CERTIFICATE

| 船名：<br>Ship's Name: | 航次：<br>Voyage No.: | 目的港：<br>Port of Destination: |
|---|---|---|
| 集装箱编号：<br>Container Serial No.: | | |

| 箱内所装危险货物<br>Dangerous Goods Packed Therein ||||||
|---|---|---|---|---|---|
| 正确运输名称<br>Proper Shipping Name of the Goods | 货物类别<br>IMDG Code Class | 危规编号<br>UN No. | 包装类<br>Packing Group | 件数<br>Package Quantity | 箱数<br>Total Container | 总重<br>Total Weight |
| | | | | | | |

兹证明：装箱现场检查员已根据《国际海运危险货物规则》的要求，对上述集装箱和箱内所装危险货物及货物在箱内的积载情况进行了检查。并声明如下：
1. 集装箱清洁、干燥、外观上适合装货。
2. 如果托运货物中包括除第1.4类外的第1类货物，集装箱在结构上符合《国际危规》第1卷第7.4.6节的规定。
3. 集装箱内未装有不相容的物质，除经有关主管机关按第1卷第7.2.2.3节的规定批准者外。
4. 所有包件均已经过外观破损检查，装箱的包件完好无损。
5. 所有包件装箱正确，衬垫、加固合理。
6. 当散装危险货物装入集装箱时，货物已均匀地分布在集装箱内。
7. 集装箱和所装入的包件均已正确地加以标记、标志和标牌。
8. 当将固体二氧化碳（干冰）用于冷却目的时，在集装箱外部门端明显处已显示标记或标志。注明："内有危险气体—二氧化碳（干冰），进入之前务必彻底通风。"
9. 对集装箱内所装的每票危险货物，已经收到根据《国际危规》第1卷第5.4.1节所要求的危险货物申报单。

以上各项准确无误。

装箱现场检查员签字：
Signature of packing inspector:

装箱现场检查员证书编号：
No. of certificate of packing inspector:
装箱日期：
Date of packing:

This is to certify that the above mentioned container, dangerous goods packed therein and their stowage condition have been inspected by the undersigned packing inspector according to the provisions of INTERNATIONAL MARTITIME DANGEROUS GOODS CODE and to declare that:
1. This container was clean, dry and apparently fit to receive the goods.
2. If the consignments includes goods of class 1 except division 1.4, the container is structurally serviceable in conformity with section 7.4.6, volume 1 of the IMDG Code.
3. No incompatible goods have been packed into container, unless approved by the competent authority concerned in accordance with section 7.2.2.3, volume 1 of the IMDG Code.
4. All packages have been externally inspected for damage, and only sound package have been packed.
5. All packages have been properly packed in container and secured, dunnaged.
6. When dangerous goods are transported in bulk, the cargo has been evenly distributed in the container.
7. The container and packages therein are properly marked, labelled and placarded.
8. When solid carbon dioxide (dry ice) is used for cooling purpose, the container is externally marked or labelled in a conspicuous place at the door and, with the words: "DANGEROUS $CO_2$-GAS (DRY ICE) INSIDE, VENTILATE THOROUGHLY BEFORE ENTERING".
9. The dangerous goods declaration required in subsection 5.4.1, volume 1 of the IMDG Code has been received for each dangerous goods consignment packed in the container.

That all stated above are correct.

检查地点：
Place of Inspection:
装箱单位（公章）：
Packing unit(seal):
签发日期：
Date of Issue:

紧急联系人姓名、电话、传真、电子邮箱：
Emergency Contact Person's Name, Tel, Fax and E-mail:

此证明书应由装箱现场检查员填写一式两份，一份应在集装箱装船三天前向海事主管机关提交，另一份应在办理集装箱移交时交承人。
Two copies of the certificate should be filled by the packing inspector. One should be submitted to Maritime Safety Administration three days prior to shipment and the other should be given to the carrier on container delivery.
中华人民共和国海事局监制

图 1.4　集装箱装运危险货物装箱证明书

## 冷藏集装箱清单
## LIST OF REEFER CONTAINER

| | | | | | | | | | | 第  页<br>Page NR. | |
|---|---|---|---|---|---|---|---|---|---|---|---|
| | | | | 船名<br>Name of Ship | | 船籍<br>Nationality of Ship | | 船长姓名<br>Name of Master | | 装货港开航日期 | |
| | | | | 装货港<br>Port of Loading | | 卸货港<br>Port of Discharge | | | | | |
| 集装箱号<br>Container No. | 铅封号<br>Seal No. | 尺寸<br>Size | 状况<br>Status | 提单号<br>B/L No. | 件数<br>No. of Pkgs | 商品<br>Commodity | 货重<br>（千克）<br>Cargo Wt(kgs) | 皮重<br>（千克）<br>Tare Wt (kgs) | 总重<br>（千克）<br>Total Wt (kgs) | 要求温度<br>Temperature | 积载<br>Stowage |
| | | | | | | | | | | | |

图 1.5 冷藏集装箱清单

### （二）集装箱班轮运输进口业务单证

关于集装箱运输的进口货运单证，除与传统的班轮运输在名称和作用方面均相同的单证，如进口载货清单、进口载货运费清单、提货单，以及其他一些由船公司或船公司代理人从装箱港寄来的，或随船携带的单证外，属于集装箱运输所特有的进口货运代征主要指设备交接单和交接记录。设备交接单前面已述，这里主要介绍交货记录。

交货记录等同于杂货运输中的提货单。共五联：

第 1 联到货通知书（见图 1.6）；

第 2 联提货单（见图 1.7）；

第 3 联费用账单（1）；

第 4 联费用账单（2）；

第 5 联交货记录（见图 1.8）。

# 到货通知书
## ARRIVAL NOTICE

您单位下列进口货物已抵港，请速凭正本提单并背书后来我公司办理退货手续。

| 收货人 | 名称 | | 收货人开户银行与账号 | |
|---|---|---|---|---|
| | 地址 | | | |
| 船名 | | 航次 | 起运港 | 目的港 |
| 提单号 | | 交付条款 | 到付海运费 | |
| 卸货地点 | | 到达日期 | 库场日期 | 第一程运输 |
| 标记与集装箱号 | 货名 | 集装箱数 | 件数 | 重量（KGS） | 体积（m³） |
| | | | | | |

特此通知　　　交付收货人

中国上海外轮代理公司
年　月　日

注意事项：
1. 凭本通知书和正本提单（加盖公章）速来我公司进口部门办理提货手续，如提取私人行李另须携带本人护照或代办委托书及身份证。为方便各环节业务，请最好携带您公司业务章前来办理提货手续。
2. 如需委托我公司代办报关转运，请随带有关单证及钱款，派员前来我司委托，如有不清，请给我司电话：63232762，63230970x308。
3. 在必要情况下，我公司接受暂凭银行担保函替代正本提单办理提货手续。
4. 根据海关规定，货物到港（站）14天内未能及时提取货物，由此引起的港口或港口疏港所发生的费用等，由收货人承担。货物抵港三个月不提取，将作无主货处理。
5. 本通知书所列到达日期系预报日期，不作为申报进境计算滞报金、滞箱费起算之日凭据。
6. 本通知书依据提单与舱单上提供的"收货人"及地址投递，由于英文翻译中文所发生的人名地名不一致，我司不承担由此产生的损失，希请谅解。
7. 我公司地址：上海市中山东一路13号3楼。电话：63231363，63232081。邮编：200002。

图1.6　到货通知书

# 提货单
## DELIVERY ORDER

致：_____港区、场、站

收货人：_____

下列货物已办妥手续，运费结清，准予交付收货人。

| 船名 | | 航次 | | 起运港 | | 目的港 | | 到站 | |
|---|---|---|---|---|---|---|---|---|---|
| | | | | 标记（唛头） | | | | | |
| 交付条款 | | | | | | | | | |
| 到付条款 | | | | | | | | | |
| 第一程运输 | | | | | | | | | |
| 卸货地点 | | | | | | | | | |
| 到达日期 | | | | | | | | | |
| 进库场日期 | | | | | | | | | |
| 件数 | | | | | | | | | |
| 重量 | | | | | | | | | |
| 体积 | | | | | | | | | |
| 集装箱数 | 20英尺 | | | | | | | | |
| | 40英尺 | | | | | | | | |

请核对放货。

大连中海船务代理有限公司
　　　年　月　日

凡属法定检验、检疫的进口商品，必须向有关监督机构申报。

| 收货人章 | 海关章（一） | 海关章（二） | |
|---|---|---|---|
| 1 | 2 | 3 | 4 |
| 5 | 6 | 7 | 8 |

图 1.7　提货单

## 交货记录

港区、场、站　　　　　　　　　　　　　　　　　　　　　　　　NO.

| 收货人 | 名称 | | | | 收货人开户银行与账号 | | |
|---|---|---|---|---|---|---|---|
| | 地址 | | | | | | |
| 船名 | 航次 | | 起运港 | | 目的港 | 到站 | |
| 提单号 | 标记（唛头） | | | | | | |
| 交付条款 | | 集装箱号 | 箱尺寸 | 货名 | | 件数 | 备注 |
| 到付运费 | | | | | | | |
| 第一程运输 | | | | | | | |
| 卸货地点 | | | | | | | |
| 到达日期 | | | | | | | |
| 进库场日期 | | | | | | | |
| 件数 | | | | | | | |
| 重量 | | | | | | | |
| 体积 | | | | | | | |
| 集装箱数 | 20英尺 | | | | | | |
| | 40英尺 | | | | | | |

| 交货记录 |||||||||
|---|---|---|---|---|---|---|---|---|
| 日期 | 货名或集装箱号 | 出货数量 ||| 操作过程 | 尚存数 || 经手人签名 ||
| | | 件数 | 包装 | 重量 | | 件数 | 重量 | 发货员 | 提货人 |
| | | | | | | | | | |
| | | | | | | | | | |
| | | | | | | | | | |
| 备注 ||||| 收货人章 || 港区场站章 |||

图 1.8　交货记录

交货记录的流转程序如下。

（1）在船舶抵港前，由船舶代理根据装货港航寄或传真得到的舱单或提单副本后，制作交货记录一式五联。

（2）在集装箱卸船并做好交货准备后，由船舶代理向收货人或其代理发出到货通知书。

（3）收货人凭正本提单和到货通知书向船舶代理换取提货单、费用账单、交货记录共四联，对运费到付的进口货物结清费用，船舶代理核对正本提单后，在提货单上盖专用章。

（4）收货人持提货单、费用账单、交货记录共四联随同进口货物报关单一起送海关报关，海关核准后，在提货单上盖放行章，收货人持上述四联到码头办理提箱作业申请。

（5）场站核单无误后，根据收货人计划提箱日期核算出应交纳的港杂费用，在费用账单上加盖费用收取截止章，留下提货单联作为放货依据，其余三联退还收货人。

（6）收货人或其代理人持作业申请单及交货记录三联单到码头收费部门交付港杂费，收费员收取费用后留下蓝色费用账单联，作为收费依据，在红色费用账单联上加盖费用收讫章，并在交货记录联、作业申请单申请人联加盖提箱放行章后将其返还收货人或其代理人。

（7）收货人或其代理人凭已办好手续的交货记录、作业申请单连同设备交接单等在规定时间内到指定堆场或货运站提箱/提货。堆场、货运站应要求提货人对所提货物进行查验并在交货记录和设备交接单上签收确认，然后交由堆场或货运站业务人员留存，作为提货人已收货的确认。

交货记录在船舶抵港前由船舶代理依据舱单、提单副本等卸船资料预先制作。到货通知书除进库日期外，所有栏目由船舶代理填制，其余四联相对应的栏目同时填制完成。提货单盖章位置由责任单位负责盖章，费用账单剩余项目由场站、港区填制，交货记录出库情况由场站、港区的发货员填制，并由发货人、提货人签名。

收货人或其代理人应在提货凭证规定的作业时效内提货，如果超时提货则需要重新办理申请并将支付额外的堆存费、转栈费，甚至可能因超期提取而被海关没收。

## 单项实训 1-1

模拟操作海运出口和进口业务。

**1．项目说明**

建议完成本任务的教学后，结合所在地货代出口操作特点，采用分组角色模拟的形式完成本项目。

**2．操作步骤**

（1）准备好货代出口流程中的单据。单据可以用纸条写上单据名称代替，本项目目的在于熟悉流程，不在于填制单据。

（2）将学生分组并制定各组角色。角色主要有货代、船公司、船代、报关行、卡车公司和集装箱场站经营人。

（3）由扮演货代的小组手持单据到各个小组跑单，一趟流程操作完成，各小组角色互换，每个小组每个角色模拟一遍。

（4）进口操作流程亦同。

（5）教师点评，学生撰写实习报告。

## 任务二　国际空运业务流程及其单证认知

**任务描述：**要求学生掌握国际空运业务的基本程序，能够认识航空货运单等空运相关单证，并简单了解各种空运单证的基本用途、流转。

## 一、国际航空货运业务流程

### （一）国际航空货物出口运输代理业务流程

国际航空货物出口运输代理业务流程主要包括以下 20 个环节：市场销售——委托运输——审核单证——预配舱——预订舱——接受单证——填制货运单——接收货物——标记和标签——配舱——订舱——出口报关——出仓单——提板箱——装板箱——签单——交接发运——航班跟踪——信息服务——费用结算。

**1. 市场销售**

通过一定的市场营销渠道和方法，航空货运代理公司与出口单位（发货人）就出口货物运输代理相关事宜达成意向后，可以向发货人提供所代理的有关航空公司的"国际货物托运书"作为委托书。

**2. 委托运输**

发货人发货时，首先需填写托运书，并加盖公章，作为货主委托代理承办航空货运出口货物的依据。航空货运代理公司根据委托书要求办理出口手续，并据以结算费用。

托运书（SLI）是托运人委托代理承办航空货运出口货物的依据和指示。在实际业务中，以下 19 项应由托运人如实填写，其他则由航空公司填写：① 托运人名称与地址；② 收货人名称与地址；③ 始发站；④ 到达站；⑤ 操作注意事项和标记；⑥ 件数；⑦ 实际毛重；⑧ 货物品名及数量；⑨ 申请的航班；⑩ 航空运费及其他费用；⑪ 供运输用声明价值；⑫ 供海关用声明价值；⑬ 保险金额；⑭ 另请通知；⑮ 所附文件；⑯ 收货人账号；⑰ 托运人账号；⑱ 托运人或其代理人签字盖章；⑲ 日期。

**3. 审核单证**

（1）代理人对托运书进行审核，包括目的港名称或目的港所在城市名称，运费预付或运费到付、货物毛重、收发货人、电话/电传/传真号码。托运人签名处一定要有托运人签名。审核人员必须在托运书上签名和写清日期以示确认。

（2）审核报关报检所需的各项单证，如发票、装箱单、报关单、外汇核销单、出口许可证、商检证、进料/来料加工核销本。审核主要是清点单证是否齐全，检查填写是否规范、正确。

### 4. 预配舱

代理人汇总所接受的委托和客户的预报，并输入电脑，计算出各航线的件数、重量、体积，按照客户的要求和货物重、泡情况，根据各航空公司不同机型对不同板箱的重量和高度要求，制定预配舱方案，并对每票货物配上运单号。

### 5. 预订舱

代理人根据所制定的预配舱方案，按航班、日期打印出总运单号、件数、重量、体积，向航空公司预订舱。这一环节之所以称为预订舱，是因为此时货物可能还没有入仓库，预报和实际的件数、重量、体积等都可能会有差别，这些留待配舱时再作调整。

### 6. 接受单证

接受托运人或其代理人送交的已经审核确认的托运书及报关单证和收货凭证。将电脑中的收货记录与收货记凭证核对。制作操作交接单，填上所收到的各种报关单证份数，给每份交接单配一份总运单或分运单。将制作好的交接单、配好的总运单或分运单、报关单证移交制单。如此时货未到或未全到，可以按照托运书上的数据填入交接单并注明，货物到齐后再进行修改。

### 7. 填制货运单

填制航空货运单是指根据发货人提供的国际货物托运证书，逐项填制航空货运单的相应栏目。填制航空货运单是空运出口业务中的最重要的环节，货运单填制得准确与否直接关系到货物能否及时、准确地运达目的地。航空货运单是发货人收结汇的有效凭证。因此，货运单的填写必须详细、准确，严格符合单货一致、单单一致的要求。

填制货运单，包括主运单和分运单两种。所托运货物如果是直接发给国外收货人的单票托运货物，填写航空公司主运单即可。如果货物属于以国外代理人为收货人的单票托运货物，填开航空公司主运单即可。如果货物属于以国外代理人为收货人的集中托运货物，必须先为每票货物填开航空货运代理公司的分运单，然后再填开航空公司的主运单，以便国外代理对总运单下的各票货物进行分拨。

相对应的几份分运单件数应与主运单的件数相符合；主运单下有几份分运单时，需制作航空货物清单。最后制作《空运出口业务日报表》供制作标签用。

### 8. 接收货物

接收货物，是指航空货运代理公司把即将发运的货物从发货人手中接过来并运送到自己的仓库。接收货物一般与接单同时进行。对于通过空运或铁路从内地运往出境地的出口货物，货运代理人按照发货人提供的运单号、航班号及接货地点、接货日期，代其提取货物。如货物已在始发地办理了出口海关手续，发货人应同时提供始发地海关的关封。

接货时应对货物进行过磅和丈量，根据发票、装箱单或送货单清点货物，并核对货物的数量、品名、合同号及唛头等是否与货运单上所列一致。

检查货物的外包装是否符合运输的要求,应注意以下几点。

(1) 托运人提供的货物包装要求坚固、完好、轻便,应能保证在正常的操作运输情况下,货物可完好地运达目的站。同时,也不损坏其他货物和设备。

- ◇ 包装不破裂;
- ◇ 内装物不漏失;
- ◇ 填塞要牢,内装物相互不摩擦、碰撞;
- ◇ 没有异味散发;
- ◇ 不因气压、气温变化而引起货物变质;
- ◇ 不伤害机上人员和操作人员;
- ◇ 不污损飞机、设备和机上其他装载物;
- ◇ 便于装卸。

(2) 为了不使密封舱飞机的空调系统堵塞,不得用带有碎屑、草末等的材料作包装,如草袋、革绳、粗麻包等。包装的内衬物,如谷糠、锯末、纸屑等不得外漏。

(3) 包装内部不能有突出的棱角,也不能有钉、钩、刺等。包装外部需清洁、干燥,没有异味和油腻。

(4) 托运人应在每件货物的包装上详细写明收货人、另请通知人和托运人的姓名和地址。如包装表面不能书写时,可写在纸板、木牌或布条上,再拴挂在货物上,填写时自己必须清楚、明晰。

(5) 包装窗口的材料要良好,不得用腐朽、虫蛀、锈蚀的材料。无论木箱或其他容器,为了安全,必要时可用塑料、铁箍加固。

(6) 如果包装件有轻微破损,填写货运单应在"Handing Information"标注出详细情况。

### 9. 标记和标签

(1) 标记。标记指在货物外包装上由托运人书写的有关事项和记号,其内容主要是托运人、收货人的姓名、地址、联系电话、传真,合同号,操作运输注意事项,如不要曝晒(Don't Expose to Excessive Sunlight)、防潮(Keep Dry)、小心轻放(Handle With Care)等。

(2) 标签。按照标签的作用来划分:① 识别标签:说明货物的货运单号码、件数、重量、始发站、中转站的一种运输标志,分为挂签、贴签两种。② 特种货物标签:说明特种货物性质的各类识别标志。分为活动物标签、危险品标签和鲜货易腐物品标签三种。③ 操作标签:说明货物储运注意事项的各类标志。

按标签的类别来划分:① 航空公司标签。它是航空公司对其所承运货物的标识,各航空公司的标签虽然在格式上有所不同,但内容基本相同。标签上三位阿拉伯数字代表所承运航空公司的代号,后八位数字是主运单号码。② 分标签。它是货运代理公司对出具分标签货物的标识。凡出具分运单的货物都要制作分标签，填制分运单号码和货物到达城市或机场的三字代码。

一件货物贴一张航空公司标签，有分运单的货物，每件再贴一张分标签。

**10．配舱**

配舱时，需运出的货物都已入库。这时需要核对货物的实际件数、重量、体积与托运书上预报数量的差别；应注意对预订舱位、板箱的有效利用、合理搭配，按照各航班机型、板箱型号、高度、数量进行配载。同时，对于货物晚到、未到情况以及未能顺利通关放行的货物做出调整处理，为制作配舱单做准备。实际上，这一过程一直延续到单、货交接给航空公司后才完毕。

**11．订舱**

订舱就是将所接收空运货物向航空公司正式提出申请并订妥舱位。

货物订舱需根据发货人的要求和货物标识的特点而定。一般来说，大宗货物、紧急货物、鲜货易腐货物、危险品、贵重物品等，必须预订舱位。非紧急的零散货物可以不预订舱位。

订舱的具体做法和基本步骤：接到发货人的发货预报后，向航空公司吨控部门领取并填写订舱单，同时提供相应的信息，如货物的名称、体积（必要时提供单件尺寸）、重量、件数、目的地、要求出运的时间及其他运输要求（温度、装卸要求、货物到达目的地时限等）。航空公司根据实际情况安排航班和舱位。航空公司舱位销售的原则如下。

（1）保证有固定舱位配额的货物。

（2）保证邮件、快件舱位。

（3）优先预定运价较高的货物舱位。

（4）保留一定的零散货物舱位。

（5）未订舱的货物按交运时间的先后顺序安排舱位。

货运代理公司订舱时，可按照发货人的要求选择最佳的航线和最佳的承运人，同时为发货人争取最低、最合理的运价。订舱后，航空公司签发舱位确认书（舱单），同时给予装货集装器领取凭证，以表示舱位订妥。

订妥的舱位有时会由于货物、单证、海关等原因使得最终舱位不够或者空舱，此类情况需要综合考虑和有预见性等经验，应尽量减少此类事情发生，并且在事情发生后作及时必要的调整和补救措施。

**12．出口报关**

出口报关是指发货人或其代理人在货物发运前，向出境地海关办理货物出口手续的过程。出口货运根据动卫检部门的规定和货物种类，还应报检。

### 13. 出仓单

配舱方案制定后就可着手编制出仓单。

出仓单上应载明日期、承运航班的日期、装卸板箱形式及数量、货物进仓顺序编号、主运单号、件数、重量、体积、目的地三字代码和备注。出仓单交给出口仓库，用于出库计划，出库时点数并向装板箱交接。

出仓单交给装板箱环节，是向出口仓库提货的依据，也是制作《国际货物交接清单》的依据。该清单还用于向航空公司交接货物，同时还可用于外拼箱。

出仓单交给报关环节，当报关有问题时，可有针对性反馈，以采取相应措施。

### 14. 提板箱

订妥舱位后，航空公司吨控部门将根据货量出具发放"航空集装箱、板"凭证，货运代理公司凭此向航空公司箱板管理部门领取与订舱货量相应的集装板、集装箱并办理相应的手续。提板、箱时，应领取相应的塑料薄膜和网，对所使用的板、箱要登记、销号。

### 15. 装板箱

除特殊情况外，航空货运公司均是以"集装箱"、"集装板"形式装运。

货运代理公司可在自己的仓库、场地、货棚装板、装箱，亦可在航空公司指定的场地装板、装箱。装板、装箱时要注意以下几点。

（1）不要用错集装箱、集装板，不要用错板型、箱型。

（2）不要超装箱、板尺寸。

（3）货物要垫衬，封盖好塑料纸，防潮、防雨淋。

（4）集装箱、板内货物尽可能配装整齐，结构稳定，并接紧网索，防止运输中倒塌。

（5）对于大宗货物、集中托运货物，尽可能将整票货物装在一个或几个板、箱内运输。已装妥整个板、箱后剩余的货物尽可能拼装在同一箱、板上，防止错乱、遗失。

### 16. 签单

货运单在盖好海关放行章后还需到航空公司签单。主要是审核运价使用是否准确以及货物的性质是否适合空运，如危险品等是否已办了相应的证明和手续。航空公司的地面代理规定，只有签单确认后才允许将单、货交给航空公司。

### 17. 交接发运

交接是向航空公司交单发货，由航空公司安排航空运输。交单就是将随机单据和应由承运人留存的单据交给航空公司。随机单据包括第二联航空运单正本、发票、装箱单、产地证明、品质鉴定书等。

交货即把与单据相符的货物交给航空公司。交货之前必须粘贴或拴挂货物标签，清点和核对货物，填制货物交接清单。大宗货、集中托运货，以整板、整箱称重交接。零散小货按票称重，计件交接。航空公司审单验货后，在交接签单上验收，将货物存入出口仓库，单据交吨控部门，以备配舱。

### 18. 航班追踪

单、货交接给航空公司后，航空公司会因种种原因，如航班取消、延误、溢载、故障、改机型、错运、倒垛或装板不符合规定等，未能按预定时间运出，所以货运代理公司从单、货交给航空公司后就需对航班、货物进行跟踪。

需要联程中转的货物，在货物出运后，要求航空公司提供二、三程航班中转信息。有些货物事先已预定了二、三程，也还需要确认中转情况。有时需要直接发传真或打电话与航空公司的海外办事处联系货物中转情况。及时将上述信息反馈给客户，以便遇到不正常情况及时处理。

### 19. 信息服务

航空货运代理公司须在多个方面为客户做好信息服务。

（1）订舱信息。应将是否订妥舱位及时告诉货主或委托人以便及时备单备货。

（2）审单及报关信息。应在审阅货主或委托人送来各项单证后，及时向发货人通告。如有遗漏失误及时补充或修正。在报关过程中，遇有任何报关、清关的问题，亦应及时通知货主，共商解决。

（3）仓库收货信息。应将货主送达货运代理人，告诉仓库出口货物的到达时间、货量、体积、缺件、货损情况及时通告货主以免事后扯皮。

（4）交运称重信息。运费计算标准以航空公司称重、所量体积为准，如在交运航空公司称重过磅过程中，发现称重、体积与货主声明的重量、体积有误，已超过一定比例时，必须通告货主。

（5）一程及二程航班信息。应及时将航班号、日期及以后跟踪了解到的二程航班信息及时通告货主。

（6）集中托运信息。对于集中托运货物，还应将发运信息预报给发货人所在地的国外代理人，以便对方及时接货、查询、进行分拨处理。

（7）单证信息。货运代理人在发运出口货物后，应将发货人留存的单据，包括盖有放行章和验讫章的出口货物报关单、出口收汇核销单、第三联航空运单正本以及用于出口产品退税的单据，交付或寄送发货人。

### 20. 费用结算

在出口货运操作中，货运代理公司要同发货人、承运人和国外代理人第三方进行费用结算。货代公司与发货人结算费用主要是预付运费、地面运输费和各种服务费、手续费；与承运人结算费用主要是航空运费、代理运费及代理佣金；与国外代理人结算主要涉及付运费和利润分成。

## (二)国际航空货运进口代理业务流程

国际航空进口货运业务流程包括：代理预报——交接单、货——理货与仓储——理单——到货通知——制单——进口报关——收费与发货——送货与转运等环节。

### 1. 代理预报

在国外发货之前，由国外代理公司将运单、航班、件数、重量、品名、实际收货人及其地址、联系电话等内容通过传真或 E-mail 发给目的地代理公司，这一过程被称为预报。

到货预报的目的是使代理公司做好接货前的准备工作。

注意事项：

（1）注意中站航班。中转点航班的延误会使实际到达时间和预报时间出现差异。

（2）注意分批货物。从国外一次性运来的货物在国内中转时，由于国内载量的限制，往往采用分批的方式运输。

### 2. 交接单、货

航空货物入境时，与货物相关的单据（运单、发票、装箱单等）也随机到达，运输工具及货物处于海关监管之下。货物卸下后，将货物存入航空公司或机场的监管仓库，进行进口货物舱单录入，将舱单上主运单号、收货人、始发站、目的站、件数、重量、货物品名、航班号等信息通过电脑传输给海关留存，供报关用。

同时根据运单上的收货人及地址寄发取单、提货通知。若运单上收货人或通知人为某航空货运代理公司，则把运输单据及与之相关的货物交给该航空货运代理公司。

航空货运代理公司在与航空公司办理交接手续时，应根据运单及交接清单核对实际货物，若存在有单无货或有货无单的情况，均应在交接清单上注明，以便航空公司组织查询并通知入境地海关。

发现货物短缺、破损或其他异常情况时，应向民航索要商务事故记录，作为实际收货人交涉索赔事宜的依据。

### 3. 理货与仓储

代理公司自航空公司接货后，即短途驳运进自己的监管仓库，组织理货及仓储。

（1）理货内容。① 逐一核对每票件数，再次检查货物破损情况，遇到异常，确属接货时未发现的问题，可向民航提出交涉。② 按大货/小货、重货/轻货、单票货/混载货、危险品/贵重品、冷冻/冷藏品等不同情况分别堆存、进仓。堆存时要注意货物箭头朝向，主运单、分运单标志朝向。注意重不压轻，大不压小。③ 登记每票货储存区号，并输入电脑。

（2）仓储注意事项。鉴于航空进口货物的贵重性、特殊性，其仓储要求较高，须注意以下几点：① 防雨淋、防受潮。货物不能置于露天，不能无托垫置于地上。② 防重压。纸箱、木箱均有叠高限制，纸箱受压变形，会危及箱中货物安全。③ 防升温变质。生物制剂、化学试剂、针剂药品等部分特殊物品，有储存温度要求，要防止阳光暴晒。一般情况下，冷冻品置于-15℃～20℃冷冻库（俗称低温库），冷藏品置放于2℃～8℃冷藏库。④ 防危险品危及人员及其他货品安全。空运进口仓库应设立独立的危险品库。易燃易爆品、毒品、腐蚀品、放射品均应分库安全放置，以上货品一旦出现异常，均需及时通知消防安全部门处理。放射品出现异常时，还应请卫生检疫部门重新检测包装及发射剂量外泄情况，以便保证人员及其他物品安全。⑤ 为防贵重品被盗，贵重品还设专库，由双人制约保管，防止出现被盗事故。

**4. 理单**

（1）集中托运，主运单项下拆单。将集中托运进口的每票主运单项下的分运单分理出来，审核与到货情况是否一致。并制作清单输入电脑；将集中托运主运单项下的发运清单输入海关电脑，以便分别报关、报检、提货。

（2）分类理单、编号。① 分航班号理单：便于区分进口方向。② 分进口代理理单：便于掌握、反馈信息，做好对代理的对口服务。③ 对口岸、内地或区域理单：便于联系内地货运代理，便于集中转运。④ 分运费到付、预付理单：便于安全收费。⑤ 分寄发运单、自取运单客户理单：便于安排邮寄和接待。

分类理单的同时，需将各票主运单、分运单编上各航空货运代理公司自己设定的编号，以便内部操作及客户查询。

（3）编制各类单证。货运代理人将主运单、分运单与随机单证、国外代理人先期寄达的单证（发票装箱单、合同副本、装卸、运送指示等）、国内货主或经营到货单位预先交达的各类单证进行逐单审核、编配。经审核、编配，凡单证齐全、符合保管条件的即转入制单、报关程序。否则，应与货主联系，催齐单证，使之符合保管条件。

**5. 到货通知**

货物到目的港后，货运代理人应从航空运输的时效出发，为减少货主仓储费，避免海关滞报金，尽早、尽快、尽妥地通知货主到货情况，提请货主配齐有关单证，尽快报关。

（1）尽早。到货后，第一个工作日内就要设法通知货主。

（2）尽快。尽可能用传真、电话预通知客户，单证需要传递的，尽可能使用特快传递，以缩短传递时间。

（3）尽妥。一星期内须保证以电函、信函形式第三次通知货主，并应将货主尚未提货情况告知发货人的代理人。两个月时，再以电函、信函形式第四次通知货主；三个月时，货物须交海关处理。此时再以信函形式告知货主货物将被处理，提醒货主采取补救办法。

**6. 制单**

制单即依据运单、发票以及证明货物合法进口的有关批准文件，填制进口货物报关单。制单一般是在收到客户的回复及确认，并获得必备的批文和证明后进行。有批文存放在货运代理处的长期协作的客户单位以及不需批文和证明的，可直接制单。

### 7. 进口报关

进口报关即向海关申报办理货物进口手续，是进口运输代理中最关键的环节。只有在向海关申报并经海关验放后，货物才能提出海关监管仓库。进口报关一般包括初审、审单、征税、验放四个环节。

### 8. 收费与发货

（1）收费。货运代理公司仓库在发放货物前，一般先将费用收妥，收费内容有：① 到付运费及垫付佣金；② 单证、报关费；③ 仓储费（含冷藏、冷冻、危险品、贵重品特殊仓储费）；④ 装卸、铲车费；⑤ 航空公司到港仓储费；⑥ 海关预录入、动植检、卫检、报检等代收代付费用；⑦ 关税及垫付佣金。

除了每次结清提货的货主外，经常性的货主可与货运代理公司签订财务付费协议，实施先提货后付款，按月结账的付费方法。

（2）发货。办完报关、报检等进口手续后，货主须凭盖有海关放行章、检验检疫章（进口药品须有药品检验合格章）的进口提货单到所属监管仓库付费提货。

仓库发货时，须检查提货单据上各类报关、报检章是否齐全，并登记提货人的单位、姓名、身份证号以确保发货安全。

保管员发货时，须再次检查货物外包装情况，遇有破损、短缺，应向货主做出交代。发货时，应协助货主装车，尤其遇有货物超大超重、件数较多的情况，应指导货主（或提货人）合理安全装车，以提高运输效率，保障运输安全。

### 9. 送货与转运

货运代理公司也可以接受客户的委托，在办理完相关手续后，通过送货上门或转运业务，直接把货物送达收货人手中。

办理转运业务有两种方式：一种是在办理完清关手续后转运；另一种是不在进境地海关办理清关手续，而是办理转关及监管运输手续后，在另一设关地点办理进口海关手续。无论何种方式，均需由最终目的地的代理公司协助收回相关费用，同时应支付一定比例的代理佣金给该代理公司。

## 二、航空货运单

航空货运单是由托运人或者以托运人的名义填制的，它由承运公司制定，托运人在托运货物时要按照承运人的要求进行缮制，并经承运人确认。航空货运单与海运提单不同，却与国际铁路运单相似。它不是货物的物权凭证，在实际业务中，航空货运单一般都印有"不可转让"的字样，如图1.9所示。

图 1.9 航空货运单

我国国际航空货运单由一式十二联组成,包括三联正本、六联副本和三联额外副本。其中,正本背面印有运输条款。航空货运单各联的分发如表1.1所示。

表1.1 航空货运单的构成及其用途

| 顺　序 | 名　称 | 颜　色 | 用　途 |
|---|---|---|---|
| 1 | 正本3 | 浅蓝 | 交托运人。作为承运人收货的证明及承托双方运输合同成立的证明 |
| 2 | 副本9 | 白 | 交代理人。供代理人留存 |
| 3 | 正本1 | 浅绿 | 交承运人财务部门。作为运费结算凭证和承托双方运输合同成立的证明 |
| 4 | 正本2 | 粉红 | 随货物交收货人 |
| 5 | 副本4 | 浅黄 | 交付联。收货人提货后应签字并交承运人留存,以证明已交妥货物 |
| 6 | 副本5 | 白 | 交目的港机场 |
| 7 | 副本6 | 白 | 交第三承运人 |
| 8 | 副本7 | 白 | 交第二承运人 |
| 9 | 副本8 | 白 | 交第一承运人 |
| 10 | 额外副本 | 白 | 额外副本,供承运人使用 |
| 11 | 额外副本 | 白 | 额外副本,供承运人使用 |
| 12 | 额外副本 | 白 | 额外副本,供承运人使用 |

## 单项实训1-2

模拟操作空运出口和进口业务。

**1. 项目说明**

建议完成本任务的教学后,结合所在地空运货代进口操作特点,采用分组角色模拟的形式完成本项目。

**2. 操作步骤**

(1)准备好空运进口流程中的单据。单据可以用纸条写上单据名称代替,本项目目的在于熟悉流程,不在于填制单据。

(2)将学生分组并制定各组角色。角色主要有货代、航空公司、发货人和收货人。

(3)由扮演货代的小组手持单据到各个小组跑单,一趟流程操作完成,各小组角色互换,每个小组每个角色都模拟一遍。

(4)出口操作流程亦同。

(5)教师点评,学生撰写实习报告。

## 任务三　国际多式联运业务流程及其单证认知

**任务描述**：要求学生掌握国际多式联运业务的基本程序，能够认识多式联运相关单证，并简单了解各种多式联运单证的基本用途、流转。

### 一、国际多式联运业务流程

基于不同的分类标准，多式联运可分为不同的形式。从运输方式的组成看，多式联运必须是两种或两种以上不同运输方式组成的连贯运输。按这种方法分类，理论上多式联运可有海铁、海空、海公、铁公、铁空、公空、海铁海、公海空等多种类型。由于内河与海运在航行条件、船舶吨位、适用法规上有所不同，因此，也可以将其视为两种不同的运输方式。

国际多式联运业务流程通常包括以下环节。
（1）接受托运申请并、订立多式联运合同。
（2）提取空箱到指定地点装货。
（3）出口报关。
（4）货物装箱并接收货物。
（5）订舱并安排货物的运送。
（6）办理保险。
（7）签发多式联运提单。
（8）通关。
（9）货物交付。
（10）货物事故处理。
其具体流程和操作如下。

**1．接受托运申请并订立多式联运合同**

多式联运经营人根据自身经营的国际多式联运线路和自身的运输情况，确定是否接受托运人提出的托运申请，如果接受申请，则与托运人签订多式联运合同，并根据双方就货物交接方式、时间、地点、付费方式等协议内容填写场站收据（必须是海关能接受的），并由多式联运经营人对其进行编号，多式联运经营人编号后留下货物托运联，将其他联交还给发货人或其代理人，证明多式联运经营人已接受托运申请，联运合同已经订立并开始执行。

**2．提取空箱，托运人到指定地点装货**

在国际多式联运中，如果托运人需要使用到集装箱，那么集装箱一般应该由多式联运经营人提供，那么，对于多式联运经营人来说，其集装箱的来源可能有以下途径。

(1) 多式联运经营人自己购置并在实际业务中使用的集装箱。

(2) 由多式联运经营人向专业租箱公司进行租赁，这种租箱公司一般与多式联运经营人有长期的合作关系，其租箱地一般在发货地，而还箱地一般在货运的目的地。

(3) 由多式联运经营人与其运输线路上某一分运人订立分合同并获得分运人集装箱的使用权，这种分运人一般自己拥有集装箱，一般为海上区段的实际承运人。

在实际操作中，如果是整箱货，由合同双方协议由发货人自行装箱，则由多式联运经营人签发提箱单或者由租箱公司或分运人签发提箱单交给发货人或其代理人，由发货人或为其代理人在规定的日期到指定地点提箱，并做好装箱准备；如果是拼箱货，则由多式联运经营人将所有空箱调至接收货物的集装箱货运站，做好装箱准备。

### 3. 出口报关

如果多式联运是从内陆地区开始，应在附近的内陆地区海关报关，如果是从港口开始，则在相应的港口报关，出口报关事宜一般由发货人或其代理人办理，也可委托多式联运经营人代为办理（这种情况下加收报关手续费，并由发货人负责海关派员所产生的全部费用）。

### 4. 货物装箱并接收货物

此流程和海运有很大不同，它是先报关，然后在海关人员监管下装箱。

(1) 如果协议规定由发货人自行装箱，则发货人或其代理人在办理完海关报关后，在海关派员到装箱地点监督下进行装货，并办理相关加封事宜。如需要理货，还应请理货人员现场理货并与之共同制作装箱单。而对于这种由货主自行装箱的货物，多式联运经营人则只需要在双方协议规定的地点接收货物即可。

(2) 如果是拼装货物，发货人应负责将货物运至指定的集装箱货运站，国际多式联运经营人在指定的货运站接收货物，验收货物后，代表多式联运经营人接受货物的人应在堆场收据正本上签字并将其交给发货人或其代理人，并由货运站按照多式联运经营人的要求装箱。

(3) 在国际多式联运中，装箱工作无论由谁负责，装箱人均需要制作装箱单，并办理海关监装与加封事宜。

### 5. 订舱并组织安排货物的运送

多式联运经营人在合同订立之后，便根据托运人的托运要求和目的地等开始制定该批货物的运输线路、运输方式等运输计划内容，并确定各区段实际承运人及与选定的各区段承运人签订分运合同，分运合同的订立可以直接通过多式联运经营人的分支机构或代表人与分运承运人签订，也可以委托前一区段的实际承运人签订并向后一区段承运人订舱并安排运输，同时，多式联运经营人还必须确定各区段间运输的衔接时间和地点。

### 6. 办理保险

办理的保险可以是全程保险，也可以是分段保险。在国际多式联运中，由于采用多种运输方式共同完成运输，且运输距离比较长，风险比较大，所以应对整个运输过程及运输货物进行投保以转嫁风险。

在托运货物方面，应由发货人办理货物运输险，也可委托多式联运经营人帮助办理并承担相应的费用，对货物的运输保险投保，可以进行全程投保，也可以分段投保。而对于多式联运经营人而言，由于其对运输全程负责并提供集装箱，故应办理货物责任险及集装箱保险。

### 7. 签发多式联运提单

多式联运经营人在收取托运人的货物后，应该向发货人签发多式联运提单，提单上注明货物的名称、数量等相关内容，证明多式联运经营人已经接管货物，并开始对货物负责。同时根据双方订立合同议定的内容向发货人收取全部应付费用。多式联运经营人在签发提单后，及时组织和协调各区段承运人进行货物的运输，衔接工作，并及时处理与货物相关的各种单据、文件等信息。

### 8. 办理通关结关手续

在国际多式联运的全程运输中，货物的通关手续以及结关手续非常重要。

货物的通关主要包括集装箱进口国的通关手续，进口国内陆的保税手续等内容。如果在货物的多式联运过程中还需要通过第三国，则应该要办理第三国的国家海关和内陆保税等手续，由于在运输过程中产生的各种通关保税费用均由发货人或收货人承担，一般由多式联运经营人代为办理，也可以由多式联运经营人委托各区段的实际承运人作为多式联运经营人的代表进行办理。

货物的结关手续，主要是在交货地办理。如果货物交货地在目的港口，则结关手续在港口所在的海关进行；如果交货地在目的国内陆地区，则货物在进入该国口岸时在当地口岸办理保税运输手续，由当地海关加封后继续运输至内陆交货地，并在内陆交货地当地海关办理结关手续。

### 9. 货运事故处理

如果货物在多式联运的全程运输中，发生了货差货损以及延误所造成的损失等事故时，无论造成损失的区段是何区段，发货人或收货人均有权向国际多式联运经营人提出索赔，由多式联运承运人根据双方合同以及多式联运提单条款确定责任形式并进行处理和赔偿，如果货物也已经向保险公司投保，则需要由受损人和多式联运经营人共同协商并向保险公司进行索赔，要求保险公司进行赔偿。

## 二、国际多式联运业务单证

《联合国国际多式联运公约》对多式联运单证所下的定义是"国际多式联运单证（Multimodal Transport Document，MTD）是指证明多式联运合同以及证明多式联运经营人接管货物并负责按照合同条款交付货物的单证。"

国际多式联运单证本质上借鉴和吸收了海运提单和运单各自特点，集两者所长以适应国际货物多事联运的实际需要。如果是多式联运提单，提单上会注明前程运输方式，如图 1.10 所示。

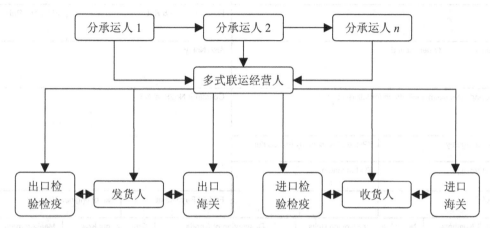

图 1.10　多式联运提单的流转

**1. 可转让的多式联运单证**

可转让的多式联运单证类似提单，即可转让的多式联运单证，具有三种功能：多式联运合同的证明、货物收据与物权凭证功能。

**2. 不可转让的多式联运单证**

不可转让的多式联运单证类似于运单（如海运单、空运单），即不可转让的多式联运单证，具有两种功能：多式联运合同的证明和货物收据。但它不具有物权凭证功能，如果多式联运单证以不可转让方式签发，多式联运经营人交付货物时，应凭单证上记名的收货人的身份证明向其交付货物。

集装箱提单与多式联运提单既有相同之处，又有不同之处。集装箱提单是指为集装箱运输所签发的提单。它既可能是港到港的直达提单，也可能是海船转海船的转船提单或联运提单，还可能是海上运输与其他运输方式接续完成全程运输的多式联运提单。在实务中，集装箱提单大多以"港到港或多式联运"（Port to Port or Multimodal Transport）为提单的"标题"，以表明本集装箱提单兼具直达提单或多式联运提单性质，而且都在提单中设置专门条款按"港到港"运输和多式联运分别为承运人规定了不同的责任。多式联运提单目前尚无统一的表现形式。常见的有 FIATA 联运提单（FBL, 1992）和波罗的海航运公会（BIMCO）多式联运提单（Multimodal Transport B/L 95）。多式联运提单格式如图 1.11 所示。

锦通国际物流（深圳）有限公司
JT International Logistics (Shenzhen) LTD.

**BILL OF LADING**
FOR COMBINED TRANSPORT OR PORT TO PORT SHIPMENT

| Shipper | Country of Origin | Bill of Lading No. |
|---|---|---|
|  | F/Agent Name & Ret. | Shipper's Ref. |
| Consignee (if ' To Order ' so indicate) | Also Notify | |
| Notify party (No claim shall attach for failure to notify) | Container No./Seal No. | |

| *Pre-Carriage by | *Place of Receipt by Pre-carrier |
|---|---|
| Vessel/Voyage | Port of loading |

| Port of Discharge | Freight Payable at | No. of original B(s)/L |
|---|---|---|

| Marks & Numbers | No. of Pkgs. or Shipping Units | Description of Goods | Gross weight Kgs | Measurement |
|---|---|---|---|---|

Particulars Furnished by Shippers

| Total Number of Containers of Packages (in words) | | | |
|---|---|---|---|
| Freight Details, Charges | Prepaid | Collect | Excess Value Declaration: Refer to Clause 6(4)(B)+(C)on reverse side |
| | | | AS THE CARRIER<br>The Carrier received the below goods in apparent good order and conditions, unless otherwise specified, for carriage to the place as agreed below subject to the terms of this Bill of Lading including those on the back page. The weight, measure, marks, numbers, quality, contents, value, and other particulars being furnished by the Shipper, are not checked by the Carrier on loading. The Shipper, Consignee and the Holder of this Bill of Lading hereby expressly accept and agree to all printed, written or stamped provisions, exceptions and conditions of this Bill of Lading, including those on the back hereof.<br>If required by the Carrier, one original of this Bill of Lading must be surrendered duly endorsed in exchange for the goods. In witness whereof the original Bill of Lading has been signed in the number stated below, one of which being accomplished the other(s) to be void. |
| Total | | | Place and date of issue _____<br>Signed on behalf of the Carrier: |
| JURISDICTION AND LAW CLAUSE<br>The contract evidenced by this Bill of Lading is governed by the laws of the People's Republic of China. Any proceedings against the Carrier must be brought in the courts of the People's Republic of China and no other court. | | | by _____ |

图1.11 多式联运提单

国际多式联运提单所包含的内容大体上和海运提单一致，但也有不同的地方，同时还有一些海运提单中没有包括的内容。具体内容如表1.2所示。

表1.2 多式联运提单与转运提单、联运提单的区别

| 主 要 内 容 | 转 运 提 单 | 联 运 提 单 | 多式联运提单 |
| --- | --- | --- | --- |
| 运输栏目 | 前程运输工具，装港，船名，转运港，卸港，交货地 | 前程运输工具，前程承运人，收货地，装港，船名，卸港，交货地 | 前程运输工具，收货地，装港，船名，卸港，交货地 |
| 运输方式 | 海运，海—海，海—其他方式 | 海运，海—海，海—其他方式，其他方式—海等 | 海运，海—海，多式联运 |
| 责任期间 | 船—船 | 船—船 | 收货—交货 |
| 提单类型 | 已装船提单 | 已装船提单 | 收货待运提单 |
| 签发人 | 海上承运人 | 海上承运人 | 多式联运经营人 |
| 签发时间 | 装船后 | 装船后 | 收货后 |
| 签发地点 | 装港或承运人所在地 | 装港或承运人所在地 | 收货地或经营人所在地 |
| 银行对单据的处理 | UCP 500号23号 | UCP 500号23号 | UCP 500号26号 |

## 单项实训1-3

**1．项目说明**

建议完成本任务的教学后，结合所在地货代出口操作特点，采用分组角色模拟的形式完成本项目。

**2．操作步骤**

（1）准备好多式联运流程中的单据。单据可以用纸条写上单据名称代替，本项目目的在于熟悉流程，不在于填制单据。

（2）将学生分组并制定各组角色。角色主要有多式联运经营人、分承运人、发货人和收货人、进出口海关、进出口检验检疫。

（3）由扮演货代的小组手持单据到各个小组跑单，一趟流程操作完成，各小组角色互换，每个小组每个角色都模拟一遍。

（4）进口操作流程亦同。

（5）教师点评，学生撰写实习报告。

# 项目二　出口货物托运单证缮制

**【学习目标】**

通过本项目的训练和学习，熟悉商业发票、装箱单、订舱委托书、托运单等出口托运单证的概念、作用、基本内容及格式，能根据材料完成单证的制作，并掌握其注意事项。

**【主要知识点】**

商业发票、装箱单、订舱委托书、托运单的概念、作用、基本内容及制作中应注意的问题。

**【关键技能点】**

能根据信用证或外贸合同条款要求缮制商业发票和装箱单；能准确填制订舱委托书并办理订舱。

## 任务一　商业发票缮制

**任务描述**：读懂信用证或外贸合同条款中关于商业发票的相关条款，并按要求准确填写商业发票相关栏目的内容。

【导入项目】

2012年12月30日，深圳果蔬进出口有限公司与新加坡的进口商（KWONG FOO YOUNG CO., LTD.）签订了出口腐乳和米醋的外贸合同，如图 2.1 所示。在货物备妥之后，深圳果蔬进出口有限公司准备委托货代公司办理货物托运相关手续。此时单证员小李需要提供商业发票和装箱单等相关资料给货代公司。请根据以下资料缮制商业发票。

**其他相关资料：**

发票号码：JF090210　　　　　　　　发票日期：2013年2月10日
提单号码：FS81263　　　　　　　　　提单日期：2013年2月22日
船名：DONGFENG V. 037　　　　　　装运港：SHENZHEN
集装箱：1×20' FCL CY/CY　　　　　集装箱号/封号：STEU4597111/60010
保险单号码：09-75269　　　　　　　托收银行：中国银行深圳分行
腐乳商品编号：2100.9090，毛重：22千克/箱，净重：19千克/箱，总体积：5立方米
米醋商品编号：2209.0000，毛重：52千克/箱，净重：50千克/箱，总体积：20立方米
保险代理：Singapore Insurance Company，456 Pacific Avenue，Singapore

# SALES CONTRACT

| | | | |
|---|---|---|---|
| | | S/C No.: | KFY1230/2012 |
| | | Date: | DEC. 30, 2012 |
| | | Signed at: | SHENZHEN |

**Seller:**
SHENZHEN FRUITS AND
VEGETABLES IMP. & EXP. CO., LTD.
188 NANSHAN ROAD
SHENZHEN, CHINA
Tel: 55338822

**Buyer:**
KWONG FOO YOUNG CO., LTD.
34 JALAP STREET,
50050
SINGAPORE
Tel: 89763421

The undersigned Sellers and Buyers have agreed to close the following transaction according to the terms and conditions stipulated below:

| Name of commodity and specifications | Quantity | Unit Price | Amount |
|---|---|---|---|
| | | CIF SINGAPORE | |
| BEAN CURD AND VINEGAR | | | |
| BEAN CURD | 200CTNS | USD12.75 | USD2550.00 |
| VINEGAR | 200JARS | USD16.50 | USD3300.00 |
| TOTAL | 400PKGS | | USD5850.00 |

**Total amount:** SAY U. S. DOLLARS FIVE THOUSAND EIGHT HUNDRED AND FIFTY ONLY.
**Packing:** TOTAL PACKED IN ONE FULL 20 FEET CONTAINER.
**Shipment:** FROM CHINA TO SINGAPORE ALLOWING PARTIAL SHIPMENT BUT TRANSSHIPMENT NOT ALLOWED
**Shipping Marks:** N/M
**Time of Shipment:** ON OR BEFORE MAR. 15, 2013
**Terms of Payment:** BY D/P AT SIGHT
**Documents Required:**
(1) SIGNED COMMERCIAL INVOICE IN TRIPLICATE
(2) SIGNED PACKING LIST IN DUPLICATE
(3) FULL SET CLEAN ON BOARD OCEAN BILL OF LADING MADE OUT TO
(4) ORDER BLANK ENDORSED MARKED FREIGHT PREPAID NOTIFY THE BUYER
(5) INSURANCE POLICY OR CERTIFICATE FOR 110 PCT OF THE INVOICE VALUE COVERING ALL RISKS AND WAR RISK AS PER CIC OF PICC DATED 01/01/1981 CERTIFICATE OF CHINESE ORIGIN IN DUPLICATE

**SHIPPING ADVICE:**
THE SELLERS SHALL, IMMEDIATELY UPON THE COMPLETION OF THE LOADING OF THE GOODS, ADVISE BY FAX THE BUYERS OF THE CONTRACT NO., COMMODITY, QUANTITY, INVOICED VALUE, GROSS WEIGHT, NAME OF VESSEL AND DATE OF DELIVERY ETC. IN CASE DUE TO THE SELLERS NOT HAVING FAXED IN TIME, ALL LOSSES CAUSED SHALL BE BORNE BY THE SELLERS.

**Arbitration:** Any dispute arising from the execution of or in connection with this contract shall be settled amicably through negotiation. In case shall then be submitted to China International Economic & Trade Arbitration Commission in Beijing for arbitration in accordance with its arbitration rules. The arbitration award is final and binding upon both parties. The fee for arbitration shall be borne by losing party unless otherwise awarded.

| The Buyer: | The Seller: |
|---|---|
| Kwong Foo Young Co., Ltd. | Shenzhen Fruits & Vegetables IMP/EXP Co., Ltd. |
| **John Kuok** | 周力勇 |
| Signature | 签署 |

图 2.1 外贸合同

【示范操作】

## 一、商业发票各栏目的填写说明

**1．发票编号（Invoice No.）**

由各公司统一编号。发票作为中心单据，其他单据的号码均可与此号码相一致，如汇票号码、出口报关单号码及附属单据号码等一般均与发票号码一致。

**2．地点及日期（Place & Date）**

出票地址和日期通常在发票右上角联在一起。

（1）出票地址应为信用证规定的受益人所在地，通常是议付所在地。

（2）在全套单据中，发票是签发日最早的单据。它只要不早于合同的签订日期，不迟于提单的签发日期即可。

**3．合同号（S/C No.）**

合同号码应与信用证上列明的一致，一笔交易牵涉几个合同的，应在发票上表示出来。

**4．信用证号（L/C No.）**

当采用信用证支付货款时，填写信用证号码。若信用证没有要求在发票上标明信用证号码，此项可以不填。当采用其他支付方式时，此项不填。

**5．收货人/抬头人（Consignee）**

此栏前通常印有"To"，"Sold to Messrs"，"For Account and Risk of Messrs."等。

抬头人即买方名称，应与信用证中所规定的严格一致。如果信用证中没有特别的规定，即将信用证的申请人或收货人的名称、地址填入此栏。如果信用证中没有申请人名字则用汇票付款人。总之，要按信用证缮制。

**6．起运及目的地（From…To…）**

起讫地要填上货物自装运地（港）至目的地（港）的地名，有转运情况应予以表示。这些内容应与提单上的相关部分一致。如果货物需要转运则注明转运地。

例如：From Qingdao To New York. U.S.A. W/T Shanghai

**7．唛头及件数（Marks and Numbers）**

应按信用证的规定填写。唛头内容一般包括收货人简称、合同号、目的港、件号等。

例如：

HIGH TECH

ORDER NO.AE-673

BARCENONA

C/NO.1-450

注意事项：

（1）如果无唛头，可以打上 N/M（No Mark）；

（2）发票中的唛头应与提单上的唛头相一致；

（3）如果来证规定唛头，可按照来证缮制。

**8．数量及货物描述（Quantity and Description）**

信用证支付方式下的发票对货物描述应严格与信用证的描述一致。如属托收方式的，发票对货物的描述内容可参照合同的规定结合实际情况进行填制。

货物描述内容一般包括合同的四个主要条款：数量条款、品质条款、包装条款、详见合约（这是为了避免重复出现已在合约中订明的内容）。

有时候来证在有关货物内容引导词的引导下，还包括其他不属于这一类的内容，如有关价格、装运等条款。在制单时，应把这些内容分别填写在合适的单据和栏目中。

填写数量及货物描述时应该注意以下几点。

（1）缮制发票时，数量必须反映货物的实际装运数量，做到单证一致。尤其当信用证只给定界限时，例如，"Not Exceed 20000M/T，Minus 5% Quantity Allowance."在这样的条件下需要注明实际装运数量。

（2）如果信用证规定或者实际业务需要，一批货物要分制几套单据，则每套单据应缮制一份发票，各发票的货物数量之和应等于该批货物的总货物数量。

（3）如果信用证允许分批装运，又规定了一定的增减幅度，则每批货物应该按照相同的增减幅度掌握。

（4）按 UCP 600 规定："about"、"circa"、"approximate"等字样，允许增减 10%；散装货，即使数字前没有"约"字样，也允许增减 5%；但以包装单位或个体计数则不适用。

（5）对成交商品规格较多的，信用证常规定："AS PER S/C NO. …"，制单时须分别详列各种规格和单价。

（6）当使用其他支付方式（如托收）时，货物内容应与合同内容一致。

**9．单价（Unit price）**

单价包括计价货币、计价单位、单位价格金额和贸易术语四部分，如信用证有具体规定，则应与信用证一致。发票金额应与汇票金额相同，且不能超过信用证总金额。

在商业发票正中下方，通常印有"有错当查"（E&O.E.），即"Errors and Omissions Excepted"（错误和遗漏除外），表示发票的制作者在发票一旦出现差错时，可以纠正的意思。

注意事项：

（1）发票的单价必须与信用证上的单价完全一致；

（2）一定要写明货币名称、计量单位；

（3）贸易术语是关系到买卖双方的风险划分、费用负担问题，同时也是海关征税的依据，应正确缮制。

### 10．总值（Amount）

除非信用证上另有规定，货物总值不能超过信用证金额。实际制单时，来证要求在发票中扣除佣金的，则必须扣除。

### 11．声明文句

信用证要求在发票内特别加列船名、原产地、进口许可证号码等声明文句，制单时必须一一详列。常用的声明字句有：

（1）证明所到货物与合同或订单所列货物相符。

如：We certify that the goods named have been supplied in conformity with Order No. 123. 兹证明本发票所列货物与第 123 号合同相符。

（2）证明原产地。

如：We hereby certify that the above mentioned goods are of Korean Origin.

或者：This is to certify that the goods named herein are of Korean Origin.

兹证明所列货物系韩国产。

### 12．出单人签名或盖章

商业发票只能由信用证中规定的受益人出具。

除非信用证另有规定，如果用影印、电脑处理或者复写方法制作出来的发票，应该在作为正本的发票上注明"正本"（ORIGINAL）的字样，并且由出单人签字。

按 UCP600 的规定，如果信用证没有规定，商业发票不需要签署。但有时来证规定发票需要手签的，如要求"Manually signed invoice"时，该发票必须是手签。

### 13．发票份数

提交的份数应与信用证规定的一致，如果信用证中没有特殊要求，其中一份必须是正本。例如，信用证要求"In duplicate"或"In two copies"时，所提供的发票中必须有一张是正本。

小李根据合同和相关资料制作好的商业发票，如图 2.2 所示。

| | |
|---|---|
| **深圳果蔬进出口有限公司** | |
| SHENZHEN FRUITS AND VEGETABLES I/E CO., LTD. | |
| 188 NANSHAN Road SHENZHEN China | |
| 商业发票 | |
| COMMERCIAL INVOICE | |

| Messrs:<br>KWONG FOO YOUNG CO., LTD.<br>34 JALAP STREET,<br>50050,<br>SINGAPORE | Invoice No.: | JF090210 |
|---|---|---|
| | Invoice date: | 10 FEB., 2013 |
| | S/C No.: | KFY1230/2012 |
| | S/C date: | DEC. 30, 2012 |

| Transport details:<br>FROM SHENZHEN TO SINGAPORE<br>BY VESSEL | Terms of Payment:<br>BY COLLECTION<br>DOCUMENTS AGAINST PAYMENT |
|---|---|

| Marks & Nos. | Description of goods | Quantity | Unit Price | Amount |
|---|---|---|---|---|
| N/M | BEAN CURD AND VINEGAR | | CIF SINGAPORE | |
| | BEAN CURD | 200CTNS | USD12.75 | USD2550.00 |
| | VINEGAR | 200JARS | USD16.50 | USD3300.00 |
| | TOTAL: | 400PKGS | | USD5850.00 |

SAY U. S. DOLLARS FIVE THOUSAND EIGHT HUNDRED AND FIFTY ONLY.
GROSS WEIGHT: 14, 800KGS.

深圳果蔬进出口有限公司（章）
SHENZHEN FRUITS & VEGETABLES I/E CO., LTD.
周力勇（章）

图 2.2　商业发票

## 二、缮制商业发票应注意的问题

缮制商业发票时,应注意以下几个问题:
1. 商业发票并无统一的格式,但所填的内容却大体相同。
2. 发票的内容要与信用证、合同的描述保持一致。
3. 商业发票的制作时间在所有的单据中是最早的。
4. 商业发票中必须要有单价、数量和总价。

## 【知识支撑】

### 一、商业发票的含义

商业发票,英文 Commercial Invoice,简称发票(Invoice),是出口商向进口商提供的一种发货的价目清单,它是整套单证的核心,是制作其他单证的依据。

### 二、商业发票的作用

商业发票的作用主要有:
(1) 买卖双方收发货物、收付货款和记账的凭证。
(2) 买卖双方办理报关的凭据。
(3) 卖方缮制其他单证的依据。
(4) 在即期付款不出具汇票的情况下,卖方即凭发票向买方收款。

### 三、商业发票样例

商业发票的制作时间在所有单据中是最早的,其制作并没有统一的格式,通常由出口商自己制定,但所填的内容却大体相同。

真实商业发票样例如图 2.3 和图 2.4 所示。

样例（一）

**上海进出口贸易公司**
SHANGHAI IMPORT & EXPORT TRADE CORPORATION.
1321 ZHONGSHAN ROAD SHANGHAI, CHINA

## COMMERCIAL INVOICE

TEL: 021-65788877　　　　　　　　　　　INV NO: TX0522
FAX: 021-65788876　　　　　　　　　　　DATE: JUN. 01, 2006
　　　　　　　　　　　　　　　　　　　　S/C NO: TXT264
　　TO:　　　　　　　　　　　　　　　　L/C NO: XT173
　　TKAMLA CORPORATION
　　6-7, KAWARA MACH OSAKA
　　JAPAN
　FROM　　SHANGHAI PORT　　　　TO　　　OSAKA PORT

| MARKS & NO | DESCRIPTIONS OF GOODS | QUANTITY | U/ PRICE | AMOUNT |
|---|---|---|---|---|
| T.C<br>TXT264<br>OSAKA<br>C/NO. 1-66 | CHINESE GREEN TEA<br>ART NO.555<br>ART NO.666<br>ART NO.777<br><br>Packed in 66 cartons | <br>100 KGS<br>110 KGS<br>120 KGS | CIF OSAKA<br>USD 110.00<br>USD 100.00<br>USD 90.00 | <br>USD 1100.00<br>USD 1100.00<br>USD 10800.00<br><br>USD 32800.00 |

TOTAL AMOUNT:　　SAY US DOLLARS THIRTY TWO THOUSAND EIGHT HUNDRED ONLY.

WE HEREBY CERTIFY THAT THE CONTENTS OF INVOICE HEREIN ARE TRUE AND CORRECT.

图 2.3　真实商业发票样例（一）

## 样例（二）

| URUMQI TAIYILONGSHENG TRADING CO.,LTD ||||
|---|---|---|---|
| INVOICE ||||
| THE BUYER:<br>TONG CHENILTD PART.<br>15/71 SOI SUKSAWATT 14 BANGMOD<br>JOMTHONG BANGKOK 10150 || Invoice No:FY12100318 | Date:2012-10-23 |
| ^ ^ | Conditions of sale: ||
| ^ ^ | Carrier: BY VESSEL ||
| ^ ^ | Date of Departure | From: |
| ^ ^ | On about   2012-10-23 | SHENZHEN |
| ^ ^ | Place of Delivery: LAEM CHABANG ||
| Draft No\Date ||| Documentary Credit No.&Date |
| Drawn under ||||
| MARKS & NOS | DESCRIPTION OF GOODS | QUANTIT<br>KGS | UNIT PRICE<br>USD/CFR | AMOUT<br>USD: |
| N/M | 4032 PLASTIC BOXES FRESH RED GRAPE<br>Container No NYKU7011984 | 24192 | USD7/BOX | USD28224 |
| ^ | TOTAL: | 24192 | | USD28224 |
| ^ | US DOLLARS:<br>TWENTY ELGHT THOUSAND TWO HUNDRED TWENTY FOUR ONLY ||||

图 2.4 真实商业发票样例（二）

## 单项实训 2-1

**1．项目名称**
根据资料缮制商业发票。

**2．项目说明**
建议完成本任务的教学后，采用手工模拟或电子操作的形式完成本项目。

**3．操作步骤**
（1）学生阅读以下项目背景资料，读懂合同以及信用证。
（2）根据背景资料缮制商业发票，发票格式可自行设计，但需符合实际要求（参照课本上的商业发票的内容以及缮制要求来填写）。

（3）教师点评，学生撰写实习报告，提交填制的商业发票单证。

项目背景资料：

2012年3月10日，珠海建龙进出口贸易有限公司与加拿大进口商（LEISURE INTERNATIONAL TRADING CORPORATION）签订了外贸合同，合同号为JL20120310，并约定用信用证作为付款方式。珠海建龙进出口贸易有限公司收到对方开来的信用证后，就开始安排货物生产，在货、证齐备后，填制订舱委托书，随附商业发票、装箱单等其他必要单据，委托广东远迅捷货运代理公司代为订舱。广东远迅捷货运代理公司接受订舱委托后，缮制集装箱货物托运单，随同商业发票、装箱单等其他必要单证一同向船公司办理订舱。船公司根据具体情况，在接受订舱后，在托运单的几联单据上编上与 B/L 号码一致的编号，填上船名、航次，并签署，即表示已确认珠海建龙进出口贸易有限公司的订舱，同时把配舱回单、装货单（SHIPPING ORDER:S/O）等与珠海建龙进出口贸易有限公司有关的单据退还给该公司，至此完成订舱工作。

整个过程中，珠海建龙进出口贸易有限公司（出口商）的出口业务经理杨东首先需制作商业发票，请你根据以下合同、信用证以及相关资料内容，为其填制一份商业发票，发票号码为JL20120505，日期为2012年5月5日。

（一）合同

## CONTRACT

NO.: JL20130310

DATE: MAR, 10$^{TH}$, 2013

**THE BUYERS:** Leisure International Trading Corporation
ADDRESS: 237 Johnson Road, 39210　Vancouver B.C., Canada
TEL: 011-1-4533212　　　　　　　　FAX: 01-11-4533211

**THE SELLERS:**　Zhuhai Jianlong IMP&EXP CO., LTD
ADDRESS: NO.105 ZHUHAI ROAD JINWAN DISTRICT, ZHUHAI, CHINA 519090
TEL: 86-756-7796105　　　　　　　　FAX: 86-756-7796201

This Contract is made by and between the Buyers and the Sellers, whereby the Buyers agree to buy and the Sellers agree to sell the under mentioned commodity according to the terms and conditions stipulated below:

*1. COMMODITY:*

| Item No. | Description<br>货物描述 | Unit<br>单位 | Qty<br>数量 | Unit Price<br>单价 | Amount<br>总额 |
|---|---|---|---|---|---|
| | Huanle brand boa slippers | | | CIFC3 | Vancouver B.C.,Canada |
| SH226 | S SIZE, WHITE | DOZEN | 2180 | USD 9.60 | USD 20928.00 |
| SH279 | M SIZE, PINK | DOZEN | 2180 | USD 12.00 | USD 26160.00 |
| | | TOTAL | 4360 | | USD 47088.00 |
| | TOTAL VALUE<br>Say U.S. Dollars FORTY SEVEN THOUSAND AND EIGHTY EGHT | | | | only. |

*2. COUNTRY AND MANUFACTURERS:*

*3. PACKING:*

To be packed in a carton of 4 dozen. Each, and 545 ctns to a 40' container, total two 40' FCL containers.

The Sellers shall be liable for any damage of the commodity and expenses incurred on account of improper packing and for any rust attributable to inadequate or improper protective measures taken by the sellers in regard to the packing.

*4. SHIPPING MARK:*

The Sellers shall mark on each package with fadeless paint the package number, gross weight, net weight, measurement and the wordings: "KEEP AWAY FROM MOISTURE" "HANDLE WITH CARE" "THIS SIDE UP" etc. and the shipping mark:

*5. TIME OF SHIPMENT:* During MAY, 2013.

*6. PORT OF SHIPMENT:* SHENZHEN, CHINA

*7. PORT OF DESTINATION:* VANCOUVER.,CANADA

**8. INSURANCE:** To be covered by sellers for 110% invoice value against All Risks and War Risks as per Ocean Marine Cargo Clauses of C.I.C. dated 1/1/1981.

**9. PAYMENT:** The buyer should open an irrevocable 100% L/C at sight in favor of seller

**10. DOCUMENTS:**

1. Full set of ocean bill of lading in original showing "Freight Prepaid" and consigned to applicant.

2. Invoice in three copies.

3. Packing list in three copies issued by the Sellers.

4. Certificate of Quality issued by the Sellers.

5. Insurance Policy.

6. Certificate of origin issued by the Sellers.

7. Manufacturer's certified copy of fax dispatched to the applicant within 24 hours after shipment advising flight No., B/L No., shipment date, quantity, Gross weight, Net weight, and value of shipment.

8. The seller's Certificate and waybill certifying that extra documents have been dispatched according to the contract terms by express airmail.

9. Certificate of No Wooden Packing or Certificate of Fumigation..

In addition, the Sellers shall, within three days after shipment, send by express airmail one extra sets of the aforesaid documents directly to the Buyers.

**11. SHIPMENT:**

The Sellers shall ship the goods during MAY 2013 on the condition that the relevant L/C arrives at 25th APRIL 2013 from the port of shipment to the destination. Transshipment is allowed. Partial shipment is not allowed.

**12. SHIPPING ADVICE:**

Shipment advice quoting the name of the carrying vessel,date of shipment,number of packages,shipping marks ,amount,letter of credit number,policy number must be sent to applicant by fax,copies of transmitted shipment advice accompanied by fax transmission report must accompany the documents. In case due to the sellers not having faxed in time, all losses caused shall be borne by the sellers.

## THE BUYERS                                                    THE SELLERS

（二）相关信用证

## LETTER OF CREDIT

27: SEQUENCE OF TOTAL: **1/1**

40A: FORM OF DOCUMENTARY CREDIT: **IRREVOCABLE**

20: LETTER OF CREDIT NUMBER: **LC20130420**

31C: DATE OF ISSUE: **130420**

31D: DATE AND PLACE OF EXPIRY: **30DAYS AFTER SHIPMENT DATE, IN CHINA**

50: APPLICANT:

**LEISURE INTERNATIONAL TRADING CORPORATION**

**ADDRESS: 237 JOHNSON ROAD, 39210   VANCOUVER B.C.,CANADA**

**TEL: 011-1-4533212                FAX: 011-1-4533211**

**51D: APPLICANT BANK: BANK OF CHINA VANCOUVER BRANCH**

59: BENEFICIARY:

**ZHUHAI JIANLONG IMP&EXP CO., LTD**

**ADDRESS: NO.105 ZHUHAI ROAD JINWAN DISTRICT, ZHUHAI, CHINA 519090**

**TEL: 86-756-7796105              FAX: 86-756-7796201**

32B: CURRENCY CODE AMOUNT: **USD47088.00**

41D: AVAILABLE WITH: **ANY BANK IN CHINA BY NEGOTIATION**

42C: DRAFT AT: **AT SIGHT**

43P: PARTIAL SHIPMENT: **NOT ALLOWED**

43T: TRANSSHIPMENT: **ALLOWED**

44A: PORT OF SHIPMENT: SHENZHEN, CHINA

44B: FOR TRANSPORTATION TO: **VANCOUVER B.C.,CANADA**

44C: LATEST DATE OF SHIPMENT: **130530**

45A: DESCRIPTION OF GOODS AND/OR SERVICES

**HUANLE BRAND BOA SLIPPERS**

**SH226 S SIZE, WHITE 2180DOZEN, USD9.60PER DOZEN CIFC3 VANCOUVER BC.,CANADA**

**SH279 M SIZE, PINK 2180DOZEN, USD12.00PER DOZEN CIFC3 VANCOUVER BC.,CANADA**

46A: DOCUMENTS REQUIRED

1. FULL SET OF OCEAN BILL OF LODING IN ORIGINAL SHOWING "FREIGHT PREPAID" AND CONSIGNED & NOTIFY TO APPLICANT.

2. INVOICE IN THREE COPIES.

3. PACKING LIST IN THREE COPIES ISSUED BY THE SELLERS.

4. CERTIFICATE OF QUALITY ISSUED BY THE SELLERS.

5. INSURANCE POLICY.

6. CERTIFICATE OF ORIGIN ISSUED BY THE SELLERS.

7. MANUFACTURER'S CERTIFIED COPY OF FAX DISPATCHED TO THE APPLICANT WITHIN 24 HOURS AFTER SHIPMENT ADVISING VESSEL NAME., B/L NO., SHIPMENT DATE, QUANTITY, GROSS WEIGHT, NET WEIGHT, AND VALUE OF SHIPMENT.

8. THE SELLER'S CERTIFICATE AND WAYBILL CERTIFYING THAT EXTRA DOCUMENTS HAVE BEEN DISPATCHED ACCORDING TO THE CONTRACT TERMS BY EXPRESS AIRMAIL.

9. CERTIFICATE OF NO WOODEN PACKING OR CERTIFICATE OF FUMIGATION.

IN ADDITION, THE SELLERS SHALL, WITHIN THREE DAYS AFTER SHIPMENT, SEND BY EXPRESS AIRMAIL ONE EXTRA SETS OF THE AFORESAID DOCUMENTS DIRECTLY TO THE BUYERS.

47A: ADDITIONAL CONDITIONS

AFTER NEGOTIATION BANK HAS SENT TESTED TELEX TO ISSUING BANK CERTIFYING DOCUMENTS IN COMPLIANCE WITH THE L/C TERMS AND INDICATION INVOICE VALUE,THEN NEGOTIATION BANK IS AUTHORIZED TO CLAIM REIMBURSEMENT BY TESTED TELEX/SWIFT FROM BANK OF CHINA ZHUHAI BRANCH AT SIGHT BASIS. ZHUHAI BRANCH WILL EFFECT PAYMENT WITHIN 5 WORKING DAYS.

71B: CHARGES

ALL BANK CHARGES OUTSIDE CHINA WILL BE ON THE ACCOUNT OF THE SELLERS.

48: PERIOD FOR PRESENTATION

DOCUMENTS MUST BE PRESENTED WITHIN 21 DAYS AFTER LATEST SHIPMENT DATE BUT WITHIN THE VALIDITY OF THIS CREDIT

49: CONFIRMATION INSTRUCTION
WITHOUT
78: INSTRUCTIONS TO PAY/ACCOUNT/NEGOTIATION BANK
72: SENDER TO RECEIVER INFORMATION:
THIS CREDIT IS ISSUED SUBJECT TO UCP LATEST REVISION

（三）其他相关资料

发票号码：JL20130510　　　　　　发票日期：2013年5月10日
提单号码：OOLU3040072910　　　　提单日期：2013年5月22日
船名：HUYDAI LONG BEACH V004W　　装运港：SHENZHEN
集装箱：2×40' FCL CY/CY
集装箱/封号：OOLU4597111/23510　　OOLU6090922/56379
SH226 商品编码：6403990090 G.W.: 34KGS/CTN, N.W: 32 KGS/CTN, MEASUREMNET: 0.099CBM/CTN
SH279 商品编码：6403990090 G.W.: 32.5KGS/CTN, N.W: 30 KGS/CTN, MEASUREMNET: 0.085CBM/CTN
商品名称：毛绒拖鞋
报检单位登记号为：3871900023　联系人，周晓。
海关编号：5300201300000000001
经营单位编码：4404161234
总运费：5000美元　　杂费：500美元
保险单号：PL00001　保险费率0.5%

## 任务二　装箱单缮制

**任务描述：** 读懂信用证或外贸合同条款中关于装箱单的相关条款，并按要求准确填写装箱单相关栏目的内容。

## 【导入项目】

在任务一中，单证员小李根据合同要求已制作好商业发票，现需根据合同和已制作好的商业发票制作装箱单，制单日期同样为2013年2月10日，装箱单号与商业发票号一致，单据格式如图2.5所示。

| | | | |
|---|---|---|---|
| | **深圳果蔬进出口有限公司** | | |
| | SHENZHEN FRUITS AND VEGETABLES I/E CO.,LTD. | | |
| | 188 NANSHAN Road SHENZHEN China | | |
| | 装箱单 | | |
| | PACKING LIST | | |
| **Messrs:** （1） | | **No.:** | （2） |
| | | **Date:** | （3） |
| **Transport details:** （3） | | | |

| Marks & Nos. | No. & kind of Pgks | Description of goods | G. Weight（kgs） | N. Weight（kgs） | Measurement |
|---|---|---|---|---|---|
| （4） | | （5） | （6） | （7） | （8） |
| | | | | | |
| | | | | | |
| | | | | | |
| TOTAL: （9） | | | | | |

SAY（10）

（11）

图 2.5　装箱单格式

# 【示范操作】

## 一、装箱单的内容以及缮制要求

**1. 出口企业名称和地址（Exporter's Name and Address；Issuer）**

出口企业的名称、地址应与发票同项内容一致，缮制方法相同。

**2. 单据名称**

单据名称通常用英文粗体标出。常见的英文名称有：Packing List (Note)、Packing Specification、Detailed Packing List。实际使用中，应与信用证要求的名称相符，倘若信用证未作规定，可自行选择。

**3. 装箱单编号（No.）**

装箱单编号一般填发票号码，也可填合同号。

**4. 出单日期（Date）**

出单日期填发票签发日，不得早于发票日期，但可晚于发票日期1～2天。

**5. 抬头（To）**

内容同发票，也有的不列抬头而注明"As per Inv."或"To whom it may concern"。

**6. 唛头及件数（Marks and No.）**

唛头制作要符合信用证的规定，并与发票的唛头相一致。

**7. 品名和规格（Name of Commodity and Specification）**

品名和规格必须与信用证的描述相符。规格包括商品规格和包装规格，例如，Packed in polythene bags of 3kgs each, and then in inner box, 20 boxes to a carton.（每3千克装一塑料袋，每袋装一盒，20盒装一纸箱。）

**8. 数量（Quantity）**

数量填写实际件数，如品质规格不同应分别列出，并累计其总数。

**9. 单位（Unit）**

单位指外包装的包装单位，如箱、包、桶等。

**10. 毛重（Gross Weight，G.W.）**

毛重填入外包装每件重量，规格不同要分别列出，并累计其总量。

**11. 净重（Net Weight，N.W.）**

净重填写每件货物的实际重量并计其总量。

**12. 尺码（Measurement，MEAS.）**

尺码填写每件包装的体积，并标明总尺码。

**13. 签章（Signature）**

如果信用证中没有明确要求签署，装箱单一般不需要签署，只要加盖出单人单位的印章即可。

小李根据以上资料制作好的装箱单如图 2.6 所示。

---

**深圳果蔬进出口有限公司**

SHENZHEN FRUITS AND VEGETABLES I/E CO., LTD.

188 NANSHAN Road SHENZHEN China

装箱单

PACKING LIST

| Messrs: （1） | | | | |
|---|---|---|---|---|
| KWONG FOO YOUNG CO., LTD. | | No.: | （2） JF090210 | |
| 34 JALAP STREET, | | Date: | （3） 10 FEB.,2013 | |
| 50050, | | | | |
| SINGAPORE | | | | |

Transport details: （3）
FROM SHENZHEN TO SINGAPORE
BY VESSEL

| Marks & Nos. | No & kind of Pgks | Description of goods | G. Weight (kgs) | N. Weight (kgs) | Measurement |
|---|---|---|---|---|---|
| （4） | | BEAN CURD AND VINEGAR | （6） | （7） | （8） |
| N/M | | （5） | @22 | @19 | |
| | 200Ctns | BEAN CURD | 4400.00 | 3800.00 | 5CBM |
| | | | @52 | @50 | |
| | 200Jars | VINEGAR | 10400.00 | 10000.00 | 20CBM |
| TOTAL: （9） | 400PKGS | | 14800.00KGS | 13800.00KGS | 25CBM |

SAY FOUR HUNDRED PACKAGES ONLY.

（10）

深圳果蔬进出口有限公司（章）
SHENZHEN FRUITS & VEGETABLES I/E CO., LTD.

周力勇（章）

图 2.6 制作好的装箱单

## 二、缮制包装单据应注意的问题

1. 包装单据的名称应与信用证内规定的名称一致。

如：packing list in triplicate，则打上 packing list；packing and weight list in triplicate，则打上 packing and weight list。

2. 毛、净重，一般要求显示货物的总的毛重、净重。

3. 装箱单据一般不显示货物的单、总价，因为进口商在转移这些单据给实际买方时不愿泄露其购买成本。

4. 装箱单并无统一的格式，所填的内容主要与货物有关。

## 【知识支撑】

### 一、装箱单的含义

装箱单是发票的补充单据，它列明了信用证（或合同）中买卖双方约定的有关包装事宜的细节，便于国外买方在货物到达目的港时供海关检查和核对货物，通常可以将其有关内容加列在商业发票上，但是在信用证有明确要求时，就必须严格按信用证约定制作。类似的单据还有重量单、规格单、尺码单等。其中重量单用来列明每件货物的毛、净重；规格单用来列明包装的规格；尺码单用于列明货物每件尺码和总尺码，或用来列明每批货物的逐件花色搭配。

装箱单名称应按照信用证规定使用。通常用 PACKING LIST、PACKING SPECIFICATION 或 DETAILED PACKING LIST。如果来证要求用"中性包装单"（NEUTRAL PACKING），则包装单名称写 PACKING LIST，但包装单内不写卖方名称，不能签章。

### 二、装箱单的作用

装箱单的作用主要是补充发票内容，详细记载包装方式、包装材料、包装件数、货物规格、数量、重量等内容，便于进口商和海关等对货物的核准。

### 三、装箱单的样例

装箱单无统一格式，各出口企业制作的装箱单大致相同。以下是两份装箱单的样例，如图 2.7 和图 2.8 所示。

样例（一）

| ISSUER<br>SHANGHAI HERO IMP&EXP CORP.<br>ROOM 4413，47，JIANG NING RD.<br>SHANGHAI CHINA | | | 装箱单<br>PACKING LIST | | | |
|---|---|---|---|---|---|---|
| TO<br>AL ABRA HOME APPLIANCES TRADING EST<br>P.O.BOX 21352<br>DUBAI，UAE | | | INVOICE NO.<br>96RE232 | DATE<br>JAN—5—1997 | | |
| Marks and Numbers | Number and kind of package<br>Description of goods | Quantity | Package | G.W | N.W | Meas. |
| AL<br>ABRA/DUB<br>AI/<br>TEL:266632 | PORTABLE TYPEWRITER,<br>ART.NO.TP200<br>ART.NO.TP900<br>ALLOTHERDETAILS<br>ASPERINDENT NO.SSTE96/429/CN<br>—10OF SALEM SAUD TEADING<br>EST，NDUBAI UAE AND<br>BENEFICIARY'S S/CNO.<br>96GSS—003 AND INVOICETO<br>CERTIFY THE SAME<br><br>TP200<br>TP200 | <br><br><br><br><br><br><br><br>1160SETS<br>1200SETS | <br><br><br><br><br><br><br><br>CTNS<br>CTNS | <br><br><br><br><br><br><br><br>21KG<br>22KG | <br><br><br><br><br><br><br><br>23KG<br>24KG | <br><br><br><br><br><br><br><br>60*40*40CM<br>60*40*40CM |
| | **TOTAL:** 2360SETS | | | 43KG | 47KG | |
| **SAY TOTAL:** SAY EIGHTY THOUSANDS AND THREE HUNDREDS EIGHTEEN AND FOUR POING ONLY<br>THE NAME AND ADDRESS OF THE MANUFACTURER:SHANGHAI HERO CO.，LTD<br><br>SIGNATURE: SHANGHAI HERO IMP&EXP CORP.<br>ROOM 4413，47，JIANG NING RD.<br>SHANGHAI，CHINA<br><br>SIGNITURE:ANDYLVKING | | | | | | |

图 2.7 装箱单样例（一）

样例（二）

## URUMQI TAIYILONGSHENG TRADING CO., LTD
## PACKING LIST

| THE BUYER:<br>TONG CHENLTD PART.<br>15/71 SOI SUKSAWTT 14 BANGMOD<br>JOMTHONG BANGKOK 10150 | Invoice No: FY12100318 |
|---|---|
| | Carrier BY VESSEL |
| | Port of loading SHENZHEN |
| | Port of discharge: LAEM CHABANG |
| | Departure date:   Date:2012-10-23 |

| Terms | T/T | | |
|---|---|---|---|
| Draft   No\Date | | | |
| Drawn under | | | |
| MARKS&<br>NOS | DESCRIPTION OF GOODS | NET WEIGHT<br>KGS | GROSS WEIGHT<br>KGS |
| N/M | 4032 PLASTIC BOXES FRESH RED GRAPE<br>Container No: NYKU7011984 | 24192 | 26208 |
| | TOTAL: | 24192 | 26208 |

图 2.8  装箱单样例（二）

## 📝 单项实训 2-2

在单项实训 2-1 中，杨东已经根据信用证和供应商的备货信息制作好商业发票，现需制作装箱单，请你根据如图 2.9 所示的空白单据为其填制一份装箱单，制单日期同样是 2012 年 5 月 5 日，装箱单号与商业发票号一致，即 JL20120505。

## PACKING LIST

TO:

INVOICE NO.:
INVOICE DATE:
S/C NO.:
S/C DATE:
Date of Shipment:
Letter of Credit No.:

| Marks and Numbers | Number and kind of package Description of goods | Quantity | PACKAGE | G.W | N.W | Meas. |
|---|---|---|---|---|---|---|
|  | TOTAL |  |  |  |  |  |

SAY TOTAL:

图 2.9 装箱单空白单据

## 任务三 订舱委托书缮制

**任务描述**：准确填制订舱委托书并办理订舱。

【导入项目】

深圳果蔬进出口有限公司周力勇准备委托广东飞腾国际货运代理公司代为办理租船订舱事宜，于是需要制作订舱委托书，并随同已开具的商业发票、装箱单和其他所需资料一起委托广东飞腾国际货运代理公司代为办理订舱。请根据要求缮制订舱委托书。订舱委托书格式如图 2.10 所示。

| Shipper Name | | 订舱委托书 | |
|---|---|---|---|
| Consignee: Consignee: | | 合同号：<br>TO：<br>我司配载贵司货物如下：<br>开船日：<br>箱型，箱量：<br>（请将海运费和相关人民币费用填入左下表格） | |
| Notify Notify | | TO：<br>我司配载贵司货物如下：<br>开船日：<br>Vessel/Voyage | |
| Port of Loading | Port of Discharge | Place of Receipt | Place of Delivery |
| Marks & Numbers<br>（For FCL must be stated） | No. of Packages | Description of Goods<br>（请务必填写中文品名以及商品编码） | Gross Weight<br>（Kilos） | Measurement<br>（Cu.Metres） |
| 注：装柜要求： | | | | |
| 注：装柜要求： | | | | |
| 客户要求 | | | | |
| □ 送货 □ 产装 □ 三自 □ 代理报关 □ 代理报检 □ 投保 □ 产地证 | | | | |
| 产装信息 | 产装地址及预计日期1：2013-2-5<br>单位名称：深圳得力食品有限公司<br>地址：深圳市光明路201号<br>联系人：杨欢<br>联系电话：13650000000 | 产装地址及预计日期2：<br>单位名称：<br>地址：<br>联系人：<br>联系电话： | 产装地址及预计日期3：<br>单位名称：<br>地址：<br>联系人：<br>联系电话： |
| TOTAL NUMBER OF CONTAINERS OR PACKAGES (IN WORDS)    ONE CONTAINER ONLY | | | |
| 费用明细：<br>海运费：            电放费：<br>THC：              单证费：<br>港杂费：           报关费：<br>装箱费：<br>陆运费：           确认签章：<br>舱单传输费： | | 订舱公司：<br>联系人：<br>电话：<br>传真： | |

图 2.10　订舱委托书格式

## 【示范操作】

订舱委托书没有固定格式，不同进出口公司缮制的委托书不尽相同，但主要内容都要包含在内。

订舱委托书的主要内容包括托运人、收货人、装货港、卸货港、唛头、货物描述、货物毛重、货物体积、运费的支付方式、所订船期、订舱章以及其他需求要在订舱委托书中体现的内容，例如，目的港免用箱期申请等。

**1．托运人（Shipper）的名称和营业场所**

此栏填写出口商的名称和地址或信用证没有特殊规定时应填写信用证受益人的名称和地址，如果信用证要求以第三者为托运人，则必须按信用证的要求予以缮制。

**2．收货人或指示（Consignee or Order）的名称**

收货人的指定关系到提单能否转让，以及货物的归属问题，收货人的名称必须按信用证的规定填写。

**3．Notify Party：被通知人**

如果来证未说明哪一方为被通知人，那么将 L/C 中的申请人名称、地址填入副本 B/L 中，正本先保持空白。

**4．收货地点（Place of Receipt）**

本栏只有在转船运输时填写。

**5．海运船只（Ocean Vessel）**

本栏按实际情况填写承担本次运输货物的船舶的名称和航次。

**6．VOYAGE NO：航次**

**7．通知地址（Notify Address）**

被通知人即进口方或进口方的代理人，如信用证有具体规定，要严格按照信用证规定缮制。

**8．装货港（Port of Lading）**

本栏填写货物的实际装船的港口名称，即起运港。

**9．卸货港（Port of Discharge）**

本栏填写海运承运人终止承运责任的港口名称。

**10．交货地点（Place of Delivery）**

本栏只有在转船运输时填写。

**11. 托单的号码（D/R.NO.）**

承运人或其代理人按承运人接受托运货物的先后次序或按舱位入货的位置编排的号码。

**12. 提单的名称**

必须注明"提单"（Marine/Ocean Bill of Lading）字样。

**13. 标志和号码（Marks and Nos）**

标志又称唛头，是提单与货物联系的主要纽带，是收货人提货的重要依据，必须按信用证或合同的规定填写。

如无唛头规定时可注：NO MARKS（N/M）。用大写填表示集装箱或其他形式最大外包装件数。

**14. 提单签发的时间与地点**

时间是指货物实际装运的时间或已接受船方监管的时间；地点指的是货物实际装运的港口或接受监管的地点。

**15. NO. OF ORIGINAL B/L**

正本提单签发的份数，必须符合信用证规定的份数。

如图 2.11 所示是周力勇制作好的订舱委托书。

## 项目二 出口货物托运单证缮制

| Shipper Name<br>SHENZHEN FRUITS AND VEGETABLES IMP. AND EXP. CO., LTD.<br>188 NANSHAN ROAD SHENZHEN, CHINA<br>Tel: 55338822 ||||| 订舱委托书 ||
|---|---|---|---|---|---|---|
| Consignee：<br>KWONG FOO YOUNG CO., LTD.<br>34 JALAP STREET, 50050 SINGAPORE<br>Tel: 89763421 ||||| 合同号：KFY1230/2012<br>TO：广东飞腾国际货运代理有限公司<br>我司配载贵司货物如下：<br>开 船 日：2013 年 2 月 22 日<br>箱型，箱量：20FCL X1<br>（请将海运费和相关人民币费用填入左下表格） ||
| Notify<br>KWONG FOO YOUNG CO., LTD.<br>34 JALAP STREET, 50050 SINGAPORE<br>Tel: 89763421 ||||| ||
| ||||| Vessel/Voyage  DONGFENG V. 037 ||
| Port of Loading<br>SHENZHEN, CHINA | | Port of Discharge | | Place of Receipt | | Place of Delivery<br>SINGAPORE |
| Marks & Numbers<br>（For FCL must be stated） | | No. of Packages | Description of Goods<br>（请务必填写中文品名以及商品编码） | | Gross Weight<br>（Kilos） | Measurement<br>（Cu.Metres） |
| N/M<br><br><br>注：装柜要求： | | 400PKGS | 200Ctns  BEAN CURD<br>腐乳商品编号：2100.9090<br><br>200Jars  VINEGAR<br>米醋商品编号：2209.0000 | | 14800.00KGS | 25CBM |
| | 客户要求 ||||||
| | □ 送货  □ 产装  □ 三自  □ 代理报关  □ 代理报检  □ 投保  □ 产地证 ||||||
| 产装信息 | 产装地址及预计日期1：2013-2-5<br>单位名称：深圳得力食品有限公司<br>地址：深圳市光明路201号<br>联系人：杨欢<br>联系电话：13650000000 ||| 产装地址及预计日期2：<br>单位名称：<br>地址：<br>联系人：<br>联系电话： || 产装地址及预计日期3：<br>单位名称：<br>地址：<br>联系人：<br>联系电话： |
| TOTAL NUMBER OF CONTAINERS OR PACKAGES (IN WORDS)     ONE CONTAINER ONLY |||||||
| 费用明细：<br>海运费：              电放费：<br>THC：                单证费：<br>港杂费：              报关费：<br>装箱费：<br>陆运费：              **确认签章：**<br>舱单传输费： ||||| 订舱公司：<br>联系人：<br><br>电话：<br>传真： ||

图 2.11  制作好的订舱委托书

## 【知识支撑】

在国际贸易中，如采用 CIF 或 CFR 术语成交，则根据《INCOTERMS 2000》（《2000年国际贸易术语解释通则》）的有关规定：出口方必须自付费用同承运人订立运输合同，同时负责租用适航的船舶或向班轮公司订妥必要的舱位。

通常，采用租船还是向班轮公司订舱是根据货物的具体情况而定的。一般而言，除了部分初级产品诸如原油、矿石、粮食及部分特殊规格或者特殊要求的商品如大型机械、化学品外，越来越多的国际贸易货物采用了集装箱运输的方式。这不仅由于集装箱运输具有装卸效率高，船舶周转快，装卸费用低，货损、货差小等优点，更因为集装箱运输适应并促进了国际多式联运的飞速增长，与整个世界生产、流通、消费社会化、国际化的大趋势紧密相连。同时，由于集装箱班轮运输相对于传统的件杂货班轮运输具有快速、方便的特点，使得国际贸易中运输这个环节更加通畅，也从另一方面促进了国际贸易特别是国际货物买卖的发展。因此，集装箱运输已日趋成为国际贸易运输的主要方式。我国的进出口货物 90% 以上都是通过海运来完成的，其中有相当大的部分，采用的就是集装箱班轮运输。

## 一、出口订舱流程

对于出口商而言，如果货物采用集装箱班轮运输，那么在备货及落实信用证的同时，就应该开始着手订舱，以便及时履行合同及信用证项下的交货和交单的义务。向班轮公司租订舱位（箱位），首先要了解各个班轮公司的船舶、船期、挂靠港及船舶箱位数等具体情况。目前，经营中国国际集装箱海运班轮业务的著名航运公司主要有：中远（COSCO）、中外运（SINOTRAN）、海陆（SEALAND）、日本邮船（NYK）、东方海外（OOCL）、马士基（MAERSK）、韩进海运（HANJIN）、铁行渣华（P&O NEDLLOYD）等。这些班轮公司利用各种媒体和渠道定期发布本公司船舶、船期及运价信息。提供定船期、定船舶、定航线、定挂靠港的集装箱班轮运输服务。同时，一些航运中介机构，如上海航运交易所等也定期发布各种航运信息，以供托运人订舱时参考。托运人查询船期表以选择合适的船舶、航次，然后向具体的船公司洽订舱位。

出口托运订舱流程如图 2.12 所示。

订舱流程图文字说明：

（1）出口企业（货主）在货证齐备后，填制订舱委托书，随附商业发票、装箱单等其他必备单据，委托货代代为订舱。有的还委托其代理报关及货物储运等事宜。

（2）货代接受订舱委托后，缮制集装箱货物托运单，随同发票、装箱单及其他必要单证一同向船公司办理订舱。

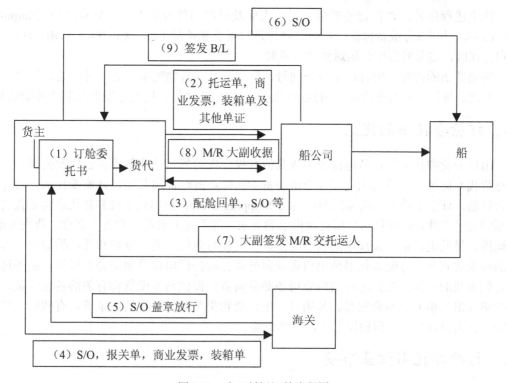

图 2.12 出口托运订舱流程图

(3) 船公司根据具体情况，如果接受订舱则在托运单的几联单据上编上与提单号码一致的编号，填上船名、航次，并签署，即表明已经确认托运人的订舱，同时把配舱回单、装货单、S/O 等与托运人有关的单据退还给托运人。

(4) 托运人持船公司签署的 S/O 填制出口货物报关单，连同商业发票、装箱单等其他有关的出口单证向海关办理报关手续。

(5) 海关根据有关规定对货物进行查验，如同意，则在 S/O 上盖章，并将 S/O 退还给托运人。

(6) 托运人持海关盖章的由船公司签署的 S/O 要求船长装船。

(7) 装船后，由船上的大副签署大副收据 M/R，交给托运人。

(8) 托运人持 M/R 向船公司换取正本已装船提单。

(9) 船公司凭 M/R 签发正本提单并交给托运人凭以结汇。

注：货主与货代建立委托代理关系，即以统一的托运人身份出现，但此"托运人"概念与运输单据中的托运人项不一样，后者是指出口方，即信用证的收益人。

除上述程序外，在货物装船后，托运人应及时向国外收货人发出装船通知（Shipping Advice），以便对方准备付款、赎单、办理进口报关和接货手续。如 CFR、FOB 合同由买方自办保险，则及时发出装运通知尤为重要。

装船通知的内容一般有订单或合同号、信用证号、货物明细、装运港、装运期限、船名、航次、预计开航日期或预计的到达日期等。出口公司往往用商业发票改制成装船通知。

## 二、订舱委托书的定义

出口企业委托对外贸易运输公司或其他有权受理对外货运业务的货运代理公司（以下简称货代）向承运人或其他代理办理出口货物运输业务时需向其提供订舱委托书，委托其代为订舱。订舱委托书，简称托书，英文 Shipping Note，是出口企业和货代之间委托代理关系的证明文件，内容包括信用证对提单的要求，即委托人名称、收货人名称、货物明细、起运港、目的港、信用证规定的装运期限、信用证有效期、关于分批和转运的规定、对运输的要求达到等。订舱委托书是出口企业向外运公司提供出口货物的必要资料，是外运公司订舱配载的依据。在托运时出口公司还必须向货代提供与本批货物有关的各项单证，如提货单（出仓单）、商业发票、装箱单、出口货物报关单、外汇核销单等。有些特定货物还需提供出口许可证、商检证书等，以供查验。

## 三、订舱委托书注意事项

（1）确认委托书所载品名是否是危险品，是否是液体（对接载液体以及电池有特殊要求）。确认品名的另外一个作用就是查明货物是否对该产品存在海关监管条件。

（2）确认件数，确认货物尺寸体积是否超过装载装箱能力，确认重量是否有单件货物超过 3 吨，如果超过 3 吨需要和仓库确认是否能有装箱能力。

（3）订舱委托书是预配舱单以及提单确认的初步依据，如果一次性正确可为提单确认省去许多麻烦。

（4）如需要投保、熏蒸、打托缠膜、拍照、换单、买单，要在订舱委托书显要位置注明。

（5）所订船期受到外商订购合同、备货时间、商检时间等制约，根据时间合理安排订舱日期。

（6）遇到拼箱出口未能按时出运，并未按时撤载，会产生亏舱费。

### 单项实训 2-3

在单项实训 2-1 和 2-2 中，杨东已经制作好商业发票和装箱单，打算委托广东远迅捷货运代理公司代为订舱。于是，杨东需要填写订舱委托书，以委托其货运代理公司代为订舱。请你代杨东填写以下出口货物订舱委托书，如图 2.13 所示。

| 出 口 货 物 订 舱 委 托 书 | | 日期　　月　　日 | |
|---|---|---|---|
| 1) 发货人 | 4) 信用证号码 | | |
| | 5) 开证银行 | | |
| | 6) 合同号码 | 7) 成交金额 | |
| | 8) 装运口岸 | 9) 目的港 | |
| 2) 收货人 | 10) 转船运输 | 11) 分批装运 | |
| | 12) 信用证有效期 | 13) 装船期限 | |
| | 14) 运费 | 15) 成交条件 | |
| | 16) 公司联系人 | 16) 电话/传真 | |
| 3) 通知人 | 18) 公司开户行 | 19) 银行账号 | |
| | 20) 特别要求 | | |
| 21) 标记唛码　22) 货号规格　23) 包装件数　24) 毛重　25) 净重　26) 数量　27) 单价　28) 总价 | | | |
| 　　　　29) 总件数　　　30) 总毛重　　　31) 总净重　　　32) 总尺码　　　33) 总金额 | | | |
| 34) 备注 | | | |

图 2.13　出口货物订舱委托书

## 任务四　托运单缮制

**任务描述**：根据订舱委托书的要求，缮制集装箱货物托运单。

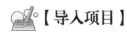【导入项目】

广东飞腾国际货运代理有限公司接受订舱委托后，需要缮制集装箱货物托运单，以便能够随同商业发票、装箱单等其他必要单证一同向船公司办理订舱。现在，广东飞腾国际

货运代理公司根据深圳果蔬进出口有限公司的订舱委托书要求，填制出口货物托运单，其格式如图 2.14 所示。

## 出口货物托运单

填制日期：　　年　月　日

| 托运人： | | 合同号 | |
|---|---|---|---|
| | | 发票号 | |
| 收货人： | | 信用证号 | |
| | | 运输方式 | |
| 通知人： | | 运输条款：☐ CY/CY　☐ CY/HK　☐ CY/FO | |
| | | ☐ CY/DR　☐ DR/DR　☐ DR/CY | |
| | | 提单：☐　需正本提单　　☐ 电放 | |
| 装船期： | | | |
| 装运港： | | 海运费：☐ FREIGHT PREPAID | |
| 转船/分批： | | ☐ FREIGHT COLLECT | |
| 目的港： | | | |

| 标记唛码 | 件数 | 货物品名及规格 | 箱量 | 毛重 | 尺码 |
|---|---|---|---|---|---|
| | | | | | |

| 拖车行名称： | 电话： | 联系人： |
|---|---|---|
| 如委托我司拖车、报关，请填写：电话：　　　联系人： | | |
| 装货时间：　　　　　装货地点： | | |
| 特别事项： | | |
| 托运人签名和签章： | | |

图 2.14　出口货物托运单格式

## 【示范操作】

## 一、托运单的内容及缮制要求

无论是纸质托运单还是电子托运单，以下内容和缮制规范都是一样的。

**1. 托运人（Shipper）**

填托运人的全称、街名、城市、国家名称，并填写联系电话、传真号。

（1）托运人可以是货主。
（2）托运人可以是货主的贸易代理人。
（3）托运人也可以是货主的货运代理人。

在信用证结汇方式下，托运人一般按信用证的受益人（Beneficiary）内容填写。

**2．收货人（Consignee）**

填收货人的全称、街名、城市、国家名称，并填写联系电话、传真号。

（1）收货人可以不记名，填写凭指示字样如 to order 或 to order of shipper 等，这种提单可以转让。一般托运人依据信用证对装运文件的要求，显示这种凭指示字样。

（2）收货人可以记名，填写实际收货人，也可以是货运代理人。通常，货主委托其货运代理托运并且运费到付时，承运人提单上收货人是货运代理人，货代提单上收货人是实际收货人。

（3）承运人一般不接受一票货物有两个或两个以上收货人。如果实际业务中有两个或者两个以上收货人，托运单中收货人栏内填写第一收货人，通知人栏内填写第二收货人。

**3．通知人（Notify Party）**

填写通知人的全称、街名、城市、国家名称，并填写联系电话、传真号。

通知人一般为第一收货人或其代理人。在信用证结汇方式下，银行作为第一收货人，显示在提单收货人栏内，开证申请人是实际收货人，显示在提单的通知人栏内。

**4．装运港（Port of Loading）**

填写装运实际货物的港口全称，必要时加上港口所在国家（地区）的名称。

（1）在信用证项下，必须按照信用证规定的装运港填制。
（2）对于从内陆点送货到沿海港口，发货地不一定是装运港。

**5．卸货港（Port of Discharge）**

填写实际货物被最后卸离船舶的港口全称，必要时加上港口所在国家（地区）的名称。

（1）通常，卸货港是最终收货人所在国家（地区）的港口。但有时候卸货港只是靠近收货人所在国家（地区），不在收货人所在国境或关境内，这时托运人要依照合同规定或收货人清关要求，并结合承运人的航线、挂港、转运等情况来选择卸货港或指运地。

（2）对于信用证结汇方式，必须按信用证中规定的卸货港填制。

（3）对于有中间商加入的三角交易，一般货物被直接运到最终收货人所在国家（地区）的港口，而货款包括运费则可以与中间商结算。

**6．目的地（Final Destination for the Merchant's Reference）**

填写货物最终目的地的城市名称、国家（地区）名称。

有时候最终目的地与卸货港相距甚远，从卸货港到最终目的地的费用需要明确由谁支付，才可以填制目的地。常见的承运人提单显示卸货港，在货代提单才显示最终目的地，这时，由货代的卸货港海外代理在卸货港支付从装运港到卸货港的运费给承运人，并从承运人处提取货物后，自行用其他运输工具将货运至最终目的地，货代向收货人收取从装运港到最终目的地的全程运费后将货交给真正收货人。

### 7. 货物名称与包装种类（Kind of Packages and Description of Goods）

本栏填写符合信用证或合同规定并与实际货物的名称、规格、型号、成分、品牌等相一致的货物名称和包装种类。

这部分内容相当重要，一方面提单受让人是根据提单中对货物描述来判断接受货物和支付货款的；另一方面也是向海关申报放行的主要内容，是出口企业取得海关退税证明联的主要内容。因此，严格做到品名、包装、数量的"单单一致，单证一致，单货一致"有重要意义。

### 8. 箱数与件数（NO. of Containers or Packages）

此栏填制装入集装箱内货物的外包装件数或集装箱个数，分别用罗马数字小写和英文大写来表示。

（1）在提单正面印有"不知条款"，表示承运人不知道集装箱内实际装入的货物品质和数量。因此，托运人对于实际货物的品质、数量和件数承担全部的责任。承运人不承担集装箱内货损、货差和短缺的责任。

（2）件数有时候是承运人对货物的灭失或损坏支付赔偿金的计费标准。因此，一般要求托运人填写件数的小写数字同时还要填写大写件数，以防篡改。例如，托运货物100箱，此栏填写"100CTNS"和"SAY ONE HUNDRED CARTONS ONLY."。

（3）对不同包装种类的货物混装在一个集装箱内，这时，货物的总件数显示数字相加的和，包装种类用件数统称"packages"来表示。例如，托运 A 货物100箱、B 货物50包，此栏填写"150PKGS"和"SAY ONE HUNDRED AND FIFTY PACKAGES ONLY."。

（4）对于集成托盘包装的货物，一般除了填报托盘只数外，还在托盘只数后的括号内填报每只托盘上的货物的小件数。例如，5 pallets（s．t．c．30 cartons），表示共计有5只托盘，每只托盘上装有30纸箱货物。

### 9. 封志号、标记与号码（Seal NO.、Marks&NOS.）

（1）封志号是发货人装箱完毕后在集装箱箱门上加封封志的号码，此号码是唯一的。一般在提单上显示封志号，托运单上不填报。收货人提货时应检查封志号，如果实际货箱上封志号与提单载有的封志号相一致，表示该集装箱门未曾被开启。

（2）常用的封志有承运人规定的"专用封志"和非规定的"普通封志"两大种类。一般一个集装箱加封一个封志，必要时可以同时使用两个封志，允许一个集装箱有两个封志。

（3）如果遇到海关开箱查验，通常会发生更换封志的情况，这时，托运人必须将更换后新的封志号显示在提单上，同时作废旧的封志号。

（4）此栏填报的标记与号码应与实际货物外包装上正面唛头的全部内容完全一致，包括数字、字母和简单图形。

（5）如果货物外包装上的唛头内容较多而无法在有限空间的本栏目中显示，一般承运人接受"贴唛"，但提单贴唛处须盖上与"签单章"一致的骑逢章。

（6）托运单上的唛头与实际货物唛头不一致时，承运人或海关都可以认为是货单不一致而拒绝放行或装运。

10．毛重（Gross Weight）

填报实际货物的毛重，以公斤为计量单位。

（1）托运单填报的毛重应与实际货物毛重相一致，不得伪报、瞒报或虚报。

（2）实际毛重应不超过集装箱最大限重，否则，由此造成的运输过程中因超重而产生的损失均由托运人负责。

（3）托运单上的重量应与其他文件上的重量一致，如报检单、通关单、报关单和提单等。

11．体积（Measurement）

填写实际货物的体积，一般以立方米为计量单位。

12．运费支付（Payment of Freight）

运费是由托运人对承运人安全运送和交付货物而支付的一种酬劳，也是合同成立的对等条件。因此，有关运费由何方在何地支付，都应在托运单上载明。一般显示"FREIGHT PREPAID"为托运人在装运港支付运费；"FREIGHT COLLECT"为收货人在目的港支付运费。

13．要求签发的提单份数（Number of Original B/Ls）

托运人要求签发提单的份数，在此栏内填报。

（1）根据 UCP600，信用证规定的每种单据须至少提交一份正本。如果信用证使用诸如"一式两份"（in duplicate）、"两份"（in two fold）、"两套"（in two copies）等用语要求提交多份单据，则提交至少一份正本，其余使用副本即可满足要求，除非单据本身另有说明。

（2）每份提单具有同等效力。

（3）收货人持凭其中的任一份提单提取货物后，其他份提单即刻自动失效。

14．要求签发的提单日期和地点（Place and Date of Issue）

托运单上应提出提单签发时间和地点的要求，以满足结汇文件的要求。提单的签发日期将被视为发送、接管或装运的日期，也即发运的日期。如单据以印戳或批注的方式表明了发送、接管或装运日期，该日期将被视为发运日期。提单签发地点通常为装运港所在城市，并在该地签发。

15．托运人签字、盖章

托运人在完成上述内容的填写后，必须盖章签字以生效。

如图 2.15 所示是根据项目资料缮制的出口货物托运单。

## 出口货物托运单

填制日期：2013 年 1 月 29 日

| 托运人：<br>SHENZHEN FRUITS AND VEGETABLES IMP. AND EXP. CO.，LTD.<br>188 NANSHAN ROAD SHENZHEN，CHINA<br>Tel: 55338822 | 合同号 | KFY1230/2012 |
|---|---|---|
| | 发票号 | JF090210 |
| 收货人：<br>KWONG FOO YOUNG CO.，LTD.<br>34 JALAP STREET，50050 SINGAPORE<br>Tel: 89763421 | 信用证号 | |
| | 运输方式 | BY SEA |
| 通知人：<br>KWONG FOO YOUNG CO.，LTD.<br>34 JALAP STREET，50050 SINGAPORE<br>Tel: 89763421 | 运输条款 | ☑ CY/CY  ☐ CY/H  ☐ CY/FO<br>☐ CY/DR  ☐ DR/DR  ☐ DR/CY |
| | 提单： | ☑ 需正本提单   ☐ 电放<br>2 COPIES |
| 装船期：  NOT LATER THAN FEB 22 ，2013 | | |
| 装运港：SHENZHEN, CHINA | 海运费： | ☑ FREIGHT PREPAID<br>☐ FREIGHT COLLECT |
| 转船/分批：转船:NOT ALLOWED; 分批: NOT ALLOWED | | |
| 目的港：SINGAPORE | | |

| 标记唛码 | 件数 | 货物品名及规格 | 箱量 | 毛重 | 尺码 |
|---|---|---|---|---|---|
| N/M | 400PKGS | 200Ctns   BEAN CURD<br>腐乳商品编号：2100.9090<br>200Jars    VINEGAR<br>米醋商品编号：2209.0000 | 1*20' FCL | 14800.00KGS | 25CBM |

| 拖车行名称： | | 电话： | | 联系人： | |
|---|---|---|---|---|---|

如委托我司拖车、报关，请填写：电话：0755-55338822   联系人：杨欢
装货时间：  2013 年 2 月 20 日        装货地点：广东省深圳市光明路 201 号得力食品有限公司

特别事项：
请订于 2 月 22 日的船期
备注/Note: 美国货物限重：17.2T/20'GP 19.9T/40'GP 19.9T/40'HQ；其他地区限重：21.7T/20'GP 26.6T/40'GP 26.6T/40'HQ

托运人签名和签章：
SHENZHEN FRUITS AND VEGETABLES IMP. AND EXP. CO.，LTD.
188 NANSHAN ROAD SHENZHEN，CHINA
Tel: 0755-55338822
杨欢

图 2.15   制作好的出口货物托运单

## 二、缮制托运单的注意事项

（1）目的港：名称须明确具体，并与信用证描述一致，如有同名港时，须在港口名称后注明国家、地区或州、城市。如信用证规定目的港为选择港（OPTIONAL PORTS），则应是同一航线上的，同一航次挂靠的基本港。

（2）运输编号，即委托书的编号。每个具有进出口权的托运人都有一个托运代号（通常也是商业发票号），以便查核和财务结算。

（3）货物名称应根据货物的实际名称，用中英文两种文字填写，要与信用证所列货名相符。

（4）托盘货要分别注明盘的重量、尺码和货物本身的重量、尺码，对超长、超重、超高货物，应提供每一件货物的详细的体积（长、宽、高）以及每一件的重量，以便货运公司计算货物积载因素，安排特殊的装货设备。

（5）运费付款方式一般有运费预付和运费到付。有的转运货物，一程运输费预付，二程运费到付，要分别注明。

（6）可否转船，分批，以及装期，效期等均应按信用证或合同要求——注明。

（7）有关的运输条款，订舱，配载信用证或客户有特殊要求的也要——列明。

## 【知识支撑】

## 一、托运单的含义

托运单，英文 Booking Note，货代接受出口企业委托后即须缮制集装箱托运单，这是外运机构向船公司订舱配载的依据。该托运单一般一式数份，分别用于货主留底、船代留底、运费通知、装货单、交纳出口货物港务费申请书、场站收据、货代留底、配舱回单、场站收据副本（大副联）等。其中比较重要的单据有装货单和场站收据副本。

**1. 装货单（Shipping Order，S/O）**

装货单又称关单、下货纸，是船公司或其代理签发给货物托运人的一种通知船方装货的凭证，船公司收到托运单后根据船舶配载原则，结合货物和具体航线、港口的情况，安排船只和舱位，然后签发 S/O 表示船公司接受这批货物的承诺。S/O 一经签发，承运托运双方即受其约束。同时，托运人凭船公司签章的装货单要求船长将货物装船之前，还需先到海关办理货物装船出口的报关手续，经海关查验后，在 S/O 上加盖海关放行章，表示该票货物已允许装船出口，才能要求船长装货，这就是装货单习称关单的由来。

### 2. 场站收据副本（Mate's Receipt，M/R）

场站收据副本即传统的收货单，它是船方收到货物的凭证，在货物装船后由大副签署后退还给托运人，故又称大副收据。托运人凭此向船公司换取正本已装船提单。如装船时，船方发现货物包装不良或有其他残损等缺陷，即在 M/R 内作各种批注，这些批注将全部转移到提单上，就成为不清洁提单，托运人不能凭有批注的收货单换取清洁提单，除非向船公司出具保函。

## 二、托运单的作用

（1）货物托运订舱的凭证。
（2）承运人接受订舱、安排运输、组织装运、转运、联运等作业的书面依据。
（3）最终签发提运单的原始依据。
（4）托运人与承运人之间运输契约的书面记录。
（5）出口货物报关的货运单据。

## 三、托运单的种类及样例

托运单有散装运输托运单和集装箱货物托运单之分。

散装运输托运单（件杂货物运输+大宗货物散装运输），是散装货物在托运所需的装货单（S/O）和收货单（M/R）的基础上发展而成的一种综合单据。一套完整的散装海运托运单共有十二联。

第一联，船代留底。

第二、三联，运费通知单（1）（2）。

第四联，装货单（Shipping Order，S/O），此联经船代盖章后即确认货已配定船只，海关在此联上盖章放行，船方凭此联收受货物，又叫关单。

第五联，收货单，即大副收据（Mate's Receipt，M/R）货物装上船后，大副在此联上签收，船公司或船代凭此联签发全套正本海运提单。

第六联，货运代理留底。

第七、八联，配舱回单（1）（2）。

第九联，货主留底。

第十联，港务部留存，用于收取港务费。

第十一、十二联，备用联（为空白）。

样例（一）：散装运输托运单（见图2.16）

# 海运出口托运单
## SHIPPING LETTER OF INSTRUCTION

| 托运人 Shipper: | | | | | |
|---|---|---|---|---|---|
| 编号 No.: | | 船名 S/S: | | 目的港 For: | |
| 标记及号码 Marks & Nos. | 件数 Quantity | 货名 Description of Goods | 重量公斤 Weight Kilos | | |
| | | | 净 Net | | 毛 Gross |
| | | | 运费付款方式 Method of Freight Payment | | |
| 共计件数（大写）Total Number of Packages in Writing | | | | | |
| 运费计算 Freight | | | 尺码 Measurement | | |
| 备注 Remarks | | | | | |
| 抬头 ORDER OF | | 可否转船 Whether transshipment allowed | | 可否分批 Whether partial shipment allowed | |
| 通知 Notice | | 装运期 Period of shipment | | 效期 Period of validity | 提单份数 No. of B/L |
| 收货人 Receiver | | 银行编号 Bank No. | | 信用证号 L/C No. | |

图 2.16 散装运输托运单样例

集装箱货物托运单，又称为场站收据（Dock Receipt, D/R），是指承运人委托集装箱堆场、集装箱货运站或内陆站在收到整箱货或拼箱货后签发的收据，是集装箱运输专用的出口单据。托运人或其代理人可凭场站收据，向船代换取已装船或备运提单。不同的港口、货运站使用的场站收据也不一样，其联数有十联、十二联、七联不等，以十联单较为常用。

第一联，货主留底。

第二联，集装箱货物托运单（船代留底）。

第三、四联，运费通知单（1）（2）。

第五联，装货单场站收据副本（关单）。

第六联，场站收据副本——大副联。

第七联，场站收据（正本）。

第八联，货代留底。

第九、十联，配舱回单（1）（2）。

样例（二）：集装箱货物托运单（见图2.17）

## 单项实训 2-4

广东远迅捷货运代理公司接受订舱委托后，需要缮制集装箱货物托运单，以便随同商业发票、装箱单等其他必要单证一同向船公司办理订舱。请你代广东远迅捷货运代理公司填制以下集装箱货物托运单，如图 2.18 所示。

| Shipper （发货人） | | D/R No.（编号） | |
|---|---|---|---|
| Consignee （受货人） | | 集装箱货物托运单 | |
| Notify Party （通知人） | | | |
| Pre-carriage by （前程运输） | | Place of Receipt （收货地点） | |
| Ocean Vessel （船名） Port of | | Voy No.（航次） | Loading （装货港） |
| Port of Discharge （卸货港） | | Place of Delivery （交货地点） | Final Destination （目的地） |

| Container No. （集装箱号） | Seal No.（封志号） Marks & No. （标记与号码） | No. of Containers or Pkgs, （箱数或件数） | Kind of Pkgs ;Description of Goods （包装种类与货名） | Gross Weight （毛重/千克） | Measurement （尺码/立方米） |
|---|---|---|---|---|---|
| | | | | | |

| Total Number of containers or Packages （IN WORDS） 集装箱数或件数合计（大写） | | | | | |
|---|---|---|---|---|---|
| Freight & Charges （运费） | Revenue Tons （运费吨） | Rate（运费率） | Per （每） | Prepaid （运费预付） | Collect （运费到付） |
| Ex Tate （兑换率） | Prepaid at （预付地点） | | Payable at （到付地点） | Place of Issue （签发地点） | |
| | Total Prepaid （预付总额） | | | No. of Original B（S）/L （正本提单份数） | |

| Service Type on Receiving<br>□—CY  □—CFS<br>□—DOOR | Service Type on Delivery<br>□—CY  □—CFS<br>□—DOOR | Reefer-Temperature Required （冷藏温度） | F | C |
|---|---|---|---|---|
| Type of Goods （种类） | □Ordinary， □Reefer， □Dangerous， □Auto.<br>（普通） （冷藏） （危险品） （裸装车辆） | 危险品 | Class:<br>Property: | |
| | □Liquid， □Live Animal， □Bulk ---，<br>（液体） （活动物） （散货） | | IMDG Code Page:<br>UN No. | |

| 可否转船 | 可否分批 |
|---|---|
| 装 期 | 有 效 期 |
| 金 额 | |
| 制单日期 | |

图 2.17 集装箱货物托运单样例

| | | | | |
|---|---|---|---|---|
| Shipper（发货人） | | | D/R NO.（编号） | |
| Consignee（收货人） | | | **集装箱货物托运单** | |
| Notify Party（通知人） | | | | |
| Pre-carriage by（前程运输） Place of receipt（收货地点） | | | | |
| Ocean Vessel（船名） Voy No.（航次） Port of Loading（装货港） | | | | |
| Port of Discharge（卸货港） Place of Delivery（交货地点） Final Destination（目的地） | | | | |
| Container No.（集装箱号） Seal No.（封志号） Marks & Nos.（标记与号码） | | No. of Containers or P'kgs.（箱数或件数） | Kind of Packages; Description of Goods（包装种类与货名） | Gross Weight（毛重/千克） | Measurement（尺码/立方米） |
| TOTAL NUMBER OF CONTAINERS OR PACKAGES (IN WORDS) 集装箱数或件数合计（大写） | | | | | |
| FREIGHT & CHARGES（运费与附加费） | Revenue Tons（运费吨） | Rate（运费率） | Per（每） | Prepaid（运费预付） | Collect（到付） |
| Ex Rate（兑换率） | Prepaid at（预付地点） | | Payable at（到付地点） | Place of Issue（签发地点） | |
| | Total Prepaid（预付总额） | | No. of Original B（S）/L（正本提单份数） | | |
| Service Type on receiving □-CY □-CFS □-DOOR | | Service Type on Delivery □-CY □-CFS □-DOOR | Reefer-Temperature Required（冷藏温度） | F | |
| | | | | | C |
| TYPE OF GOODS （种类） | □Ordinary，□Reefer，□Dangerous， □Auto.（普通）（冷藏）（危险品）（裸装车辆） □Liquid， □Live animal， □Bulk □_____（液体）（活动物）（散货） | | 危险品 | Class: Property: IMDG Code Page: UN No. | |
| 可否转船 装 期 金 额 制单日期 | | 可否分批 效 期 | | | |

图 2.18 集装箱货物托运单

# 项目三　报关报检单证缮制

**【学习目标】**

通过本项目的训练和学习，掌握报关报检流程以及基本单证，熟悉各种单证的性质、作用以及流转程序，能根据所提供的资料准确缮制各种单证，包括报检单、报关单、保险单。

**【主要知识点】**

报检单、报关单的缮制要求；出口货物报关单的含义种类、构成、填制要求以及规范；保险单的作用、内容以及填制要求。

**【关键技能点】**

具备报检单、报关单、保险单的缮制能力；具备收集和分析基础资料的能力。

## 任务一　报检单缮制

**任务描述**：要求学生掌握出口报检的流程，报检单的含义、种类、构成，报检单填制的一般要求、法律责任以及填制规范。

报检是指办理商品出入境检验检疫业务的行为，报检所需材料有报检单、工厂检验报告、出口合同等。

### 【导入项目】

在项目二中，深圳果蔬进出口有限公司已经委托广东飞腾国际货运代理公司向东方海外（OOCL）船公司办理了租船订舱，船公司收到托运单并已经预配好舱位，预计开船日期为2013年3月15日。在装运前，深圳果蔬进出口有限公司需要向检验检疫机构报检，取得合格证书后才能进行报关离境。

请根据项目二中资料及以下补充资料缮制报检单。

**补充资料：**

报检单位登记号：3100407948

联系人：周力　联系电话：0755-34253647

## 【示范操作】

### 一、报检单填制说明

（1）报检单应由持有报检员证的人员如实填制，并加盖单位公章；代理报检的应加盖代理报检机构在检验检疫机构备案的印章。

（2）原则上一批货物填制一份报检单。入境货物一批指同一合同、发票、提单；出境货物一批指同一品名、运输工具、运往同一地点、同一收货人。

（3）报检单填制应完整、真实、准确、不得涂改。栏目内容确实无法填制的，应以"***"注明。采用打印或钢笔填制，字迹要清晰。

（4）任何人不得涂改已受理报检的单据。

（5）发货人/受货人：应按对外贸易合同的发货人或信用受益人填制；H.S.编码：按《商品分类及编码协调制度》中所列货物的编码填制；报检数量：填申请检验检疫的数量，并注明货物计量单位的名称；报检重量：填申请检验检疫的重量，并注明净重/毛重和计量单位；货物总值：按合同、发票所列货物值填制，注明币种；检验检疫项目：对法检项目或合同约定项目逐条填制完整；申请检验检疫单证：准确注明所需检验检疫证书的种类。

（6）必须在报检人声明栏内签上报检员姓名。

### 二、出境货物报检单填制规范

出境货物报检单（见图3.1）所列各栏必须填写完整、准确、清晰，没有内容填写的栏目应以斜杠"/"表示，不得留空。

**1. 编号**

编号是由检验检疫机构受理人指定，前六位为检验检疫机构代码，第七位为报检类代码，第八位、第九位为年份代码，第十位至第十五为位为流水号。

**2. 报检单位以及报检单位登记号**

报检单位指向检验检疫机构申报检验、检疫、鉴定业务的单位，并取得国家质检总局颁发的《自理报检单位备案登记证明书》或《代理报检单位备案登记证明书》的企业。报检单应加盖报检单位公章。报检单位登记号指在检验检疫机构登记的号码，本栏填10位数登记证号码，填报检人员姓名和报检人员的联系电话。

**3. 发货人**

发货人指本批货物贸易合同中卖方名称或信用证中受益人名称。如需要出具外文证书的，填写中/外文。

**4. 收货人**

收货人指本批出境货物贸易合同中或信用证中买方名称。如需要出具外文证书的，填写中/外文。

**5. 货物名称**

按贸易合同或发票所列的货物名称，根据需要可填写型号、规格或牌号。货物名称不得填写笼统的商品类，如"陶瓷"、"玩具"等。货物名称必须填写具体的类别名称，如"日用陶瓷"、"塑料玩具"。不够位置填写的，可用附页的形式填报。

**6. H.S.编码**

H.S.编码指货物对应的海关商品代码，填写8位数或10位数。

**7. 产地**

产地指货物生产/加工的省（自治区、直辖市）以及地区（市）名称。

**8. 数量/重量**

数量/重量填写报检货物的数量/重量，重量一般填写净重。如填写毛重，或以毛重作净重则需注明。本栏可以填报一个以上计量单位，如第一计量单位："个"；第二计量单位："公斤"等。

**9. 货物总值**

按本批货物合同或发票上所列的总值填写（以美元计）。如同一报检单报检多批货物，需列明每批货物的总值。（注：如申报货物总值与国内、国际市场价格有较大差异，检验检疫机构保留核价权力）。

**10. 包装种类及数量**

包装种类及数量指本批货物运输包装的种类及件数。本栏应按照实际运输外包装的种类及相应的数量填报，如"130箱"等。如有托盘集装包装，除了填报托盘种类及数量以外，还应填报托盘上小包装的数量及种类。

**11. 运输工具名称号码**

填写货物实际装载的运输工具类别名称（如船、飞机、货柜车、火车等）及运输工具编号（船航次名、飞机航班号、车牌号码、火车车次）。报检时，未能确定运输工具编号的，可只填写运输工具类别。

**12. 贸易方式**

贸易方式至该批货物的贸易性质，即买卖双方将商品所有权通过什么方式转让。一般有以下几种：一般贸易、来料加工、进料加工、易货贸易、补偿贸易、其他等。

# 中华人民共和国出入境检验检疫
# 出境货物报检单

| 报检单位（加盖公章）：(2) | | | | *编　　号 | (1) |
|---|---|---|---|---|---|
| 报检单位登记号：(2) | 联系人： | 电话： | 报检日期： | | 年　月　日 |

| 发货人 (3) | （中文） | |
| | （外文） | |
| 收货人 (4) | （中文） | |
| | （外文） | |

| 货物名称（中/外文） | H.S.编码 | 产地 | 数量/重量 | 货物总值 | 包装种类及数量 |
|---|---|---|---|---|---|
| (5) | (6) | (7) | (8) | (9) | (10) |

| 运输工具名称号码 | (11) | 贸易方式 | (12) | 货物存放地点 | (13) |
|---|---|---|---|---|---|
| 合同号 | (14) | 信用证号 | (15) | 用途 | (16) |
| 发货日期 | (17) | 输往国家（地区） | (18) | 许可证/审批号 | (19) |
| 启运地 | (20) | 到达口岸 | (21) | 生产单位注册号 | (22) |
| 集装箱规格、数量及号码 | | (23) | | | |

| 合同、信用证订立的检验检疫条款或特殊要求 | 标记及号码 | 随附单据（划"✓"或补填） (26) | |
|---|---|---|---|
| (24) | (25) | □合同 | □包装性能结果单 |
| | | □信用证 | □许可/审批文件 |
| | | □发票 | □ |
| | | □换证凭单 | □ |
| | | □装箱单 | □ |
| | | □厂检单 | □ |

| 需要证单名称（划"✓"或补填） (27) | | | | *检验检疫费 | |
|---|---|---|---|---|---|
| □品质证书　__正__副 | □植物检疫证书　__正__副 | | | 总金额（人民币元） | |
| □重量证书　__正__副 | □熏蒸/消毒证书　__正__副 | | | | |
| □数量证书　__正__副 | □出境货物换证凭单　__正__副 | | | 计费人 | |
| □兽医卫生证书　__正__副 | □ | | | | |
| □健康证书　__正__副 | □ | | | 收费人 | |
| □卫生证书　__正__副 | □ | | | | |
| □动物卫生证书　__正__副 | □ | | | | |

| 报检人郑重声明：(28) | 领取证单 | |
|---|---|---|
| 1. 本人被授权报检。 | 日期 | |
| 2. 上列填写内容正确属实，货物无伪造或冒用他人的厂名、标志、认证标志，并承担货物质量责任。 | 签名 | |
| 签名： | | |

注：有"*"号栏由出入境检验检疫机关填写。　　　　　　　◆国家出入境检验检疫局制

[1-2 (2000.1.1)]

图 3.1　出境货物报检单

**13. 货物存放地点**

货物存放地点指本批货物存放的地点。按实际填报具体地点、仓库。

**14. 合同号**

合同号指本批货物贸易合同编号。应与随附合同、订单号一致。

**15. 信用证号**

信用证号指本批货物的信用证编号。

**16. 用途**

用途指本批出境货物用途,从以下 9 个选项中选择:种用或繁殖;食用;奶用;观赏或演艺;伴侣动物;实验;药用;饲用;其他。

**17. 发货日期**

按本批货物信用证或合同上所列的出境日期填写。以年、月、日的顺序填报。

**18. 输往国家(地区)**

输往国家(地区)指贸易合同中买方(进口方)所在的国家或地区。填输往国家的中文名称。

**19. 许可证/审批号**

对实施许可证制度或者审批制度管理的货物,报检时填写许可证编号或审批单编号。无许可证或没有审批文件的出境货物本栏免填。

**20. 启运地**

启动地指装运本批货物最后离境的交通工具的启运口岸/地区城市名称。

**21. 到达口岸**

到达口岸指装运本批货物的交通工具最终抵达目的地停靠的口岸名称。最终到达口岸不可预知时,可按尽可能预知的到达口岸填报。

**22. 生产单位注册号**

生产单位注册号指生产/加工本批货物的单位在检验检疫机构的注册登记编号。

**23. 集装箱规格、数量及号码**

填写装载本批货物的集装箱规格(如 40 英尺、20 英尺等)以及分别对应的数量和集装箱号码。

若集装箱太多,可用附单形式填报。填写规范"数量 X 规格/箱号"。如"1X 40'/TGHU8249349"。

**24. 合同、信用证订立的检验检疫条款或特殊要求**

合同、信用证订立的检验检疫条款或特殊要求指贸易合同或信用证中贸易双方对本批货物特别约定而订立的质量、卫生等条款和报检单位对本批货物检验检疫的特别要求。

**25．标记及号码**

按出境货物实际运输包装标记填写。如没有标记，填写 N/M。标记栏不够位置填写时，可用附页填写。

**26．随附单据**

按实际提供的单据，在对应的"□"打"√"。对报检单上未标出的，须自行填写提供的单据名称。

**27．需要证单名称**

按需要检验检疫机构出具的证单，在对应的"□"打"√"，并对应注明所需证单的正副本的数量。对报检单上未标出的，如"通关单"等，须自行填写所需证单的名称和数量。

**28．报检人郑重声明**

必须有报检人的亲笔签名。

本说明未尽事宜按国家质检总局发布的有关规定办理。

以下是根据客户资料填制好的报检单，如图3.2所示。

## 【知识支撑】

## 一、报检流程

需要检验的出入境货物必须先经过中国出入境检验检疫机构进行检验检疫合格后，才能放行通关。

若货物的产地和报关地一致，检验检疫合格，出具《出境货物通关单》/《检验证书》；产地和报关地不一致，出具出境货物换证凭条，至报关地检验检疫机构换发《出境货物通关单》/《检验证书》。报检的流程包含以下四个程序。

（1）出口报检的申请；

（2）抽样、制样；

（3）检验；

（4）签证。

电子报检的一般工作流程，如图3.3所示。

# 中华人民共和国出入境检验检疫
## 出境货物报检单

报检单位（加盖公章）：深圳果蔬进出口公司　　　　*编　　号_____
报检单位登记号：3100407948　　联系人：周力　电话：34253647　报检日期：2013年2月15日

| 发货人 | （中文） | 深圳果蔬进出口公司 | | | | |
|---|---|---|---|---|---|---|
| | （外文） | Shenzhen Fruits & Vegetables IMP/EXP Co., Ltd. | | | | |
| 收货人 | （中文） | *** | | | | |
| | （外文） | Kwong Foo Young Co., Ltd. | | | | |
| 货物名称（中/外文） | | H.S.编码 | 产地 | 数/重量 | 货物总值 | 包装种类及数量 |
| 食品<br>腐乳 BEAN CURD<br>米醋 VINEGAR | | 2100.9090<br>2209.0000 | 深圳市 | 13800 千克 | 5850.0 美元 | 400 箱 |
| 运输工具名称号码 | | DONGFENG V. 037 | 贸易方式 | 一般贸易 | 货物存放地点 | 仓库 |
| 合同号 | | KFY1230/2012 | 信用证号 | | 用途 | 食用 |
| 发货日期 | | 2013.2.22 | 输往国家（地区） | 新加坡 | 许可证/审批号 | |
| 启运地 | | 深圳 | 到达口岸 | 新加坡 | 生产单位注册号 | |
| 集装箱规格、数量及号码 | | 1×20'/ STEU4597111<br>STEU4597111 | | | | |

| 合同、信用证订立的检验<br>检疫条款或特殊要求 | 标 记 及 号 码 | 随附单据（划"✓"或补填） | |
|---|---|---|---|
| | N/M | ☑合同<br>☐信用证<br>☑发票<br>☐换证凭单<br>☑装箱单<br>☐厂检单 | ☐包装性能结果单<br>☐许可/审批文件<br>☐<br>☐<br>☐<br>☐ |

| 需要证单名称（划"✓"或补填）（27） | | *检验检疫费 | |
|---|---|---|---|
| ☐品质证书　　__正__副<br>☐重量证书　　__正__副<br>☑数量证书　　__正__副<br>☐兽医卫生证书　__正__副<br>☐健康证书　　__正__副<br>☑卫生证书　　__正__副<br>☐动物卫生证书　__正__副 | ☐植物检疫证书　__正__副<br>☐熏蒸/消毒证书　__正__副<br>☑出境货物换证凭单　__正__副<br>☐<br>☐<br>☐<br>☐ | 总金额<br>（人民币元）<br><br>计费人<br><br>收费人 | |

| 报检人郑重声明：（28） | 领 取 证 单 |
|---|---|
| 1. 本人被授权报检。<br>2. 上列填写内容正确属实，货物无伪造或冒用他人的厂名、标志、认证标志，并承担货物质量责任。<br>签名：周力 | 日期<br><br>签名 |

注：有"*"号栏由出入境检验检疫机关填写。　　　　◆国家出入境检验检疫局制
　　　　　　　　　　　　　　　　　　　　　　　　　　[1-2（2000.1.1）]

图3.2　出境货物报检单填制

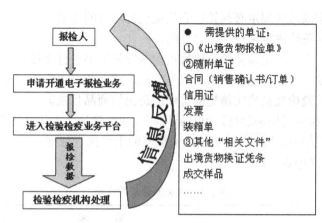

图 3.3 电子报检流程

## 二、出入境检验检疫报检范围

**1. 出入境检验检疫报检范围**

（1）国家法律法规规定必须由出入境检验检疫机构检验检疫的。具体包括以下内容：

① 列入《出入境检验检疫机构实施检验检疫的进出境商品目录》内的货物；

② 入境废物、进口旧机电产品；

③ 出口危险货物包装容器的性能检验和使用鉴定；

④ 进出境集装箱；

⑤ 进境、出境、过境的动植物、动植物产品及其他检疫物；

⑥ 装载动植物、动植物产品和其他检疫物的装载容器、包装物、铺垫材料；进境动植物性包装物、铺垫材料；

⑦ 来自动植物疫区的运输工具；装载进境、出境、过境的动植物、动植物产品及其他检疫物的运输工具；

⑧ 进境拆解的废旧船舶；

⑨ 出入境人员、交通工具、运输设备以及可能传播检疫传染病的行李、货物和邮包等物品；

⑩ 旅客携带物（包括微生物、人体组织、生物制品、血液及其制品、骸骨、骨灰、废旧物品和可能传播传染病的物品以及动植物、动植物产品和其他检疫物）和携带伴侣动物；

⑪ 国际邮寄物（包括动植物、动植物产品和其他检疫物、微生物、人体组织、生物制品、血液及其制品以及其他需要实施检疫的国际邮寄物）；

⑫ 其他法律、行政法规规定需经检验检疫机构实施检验检疫的其他应检对象。

(2)输入国家或地区规定必须凭检验检疫机构出具的证书方准入境的。

(3)有关国际条约规定须经检验检疫的。

(4)对外贸易合同约定须凭检验检疫机构签发的证书进行交接、结算的。

(5)申请签发一般原产地证明书、普惠制原产地证明书等原产地证明书的。

**2．《出入境检验检疫机构实施检验检疫的进出境商品目录》**

以《商品分类和编码协调制度》为基础编制而成,包括了大部分法定检验检疫的货物,是检验检疫机构依法对出入境货物实施检验检疫的主要执行依据。其中海关监管条件、检验检疫类别代码含义如表3.1所示。

表3.1 海关监管条件代码

| 代 码 | 含 义 |
|---|---|
| A | 表示对应商品须实施进境检验检疫 |
| B | 表示对应商品须实施出境检验检疫 |
| D | 表示对应商品海关与检验检疫联合监管 |
| M | 表示对应商品须实施进口商品检验 |
| N | 表示对应商品须实施出口商品检验 |
| P | 表示对应商品须实施进境动植物、动植物产品检疫 |
| Q | 表示对应商品须实施出境动植物、动植物产品检疫 |
| R | 表示对应商品须实施进口食品卫生监督检验 |
| S | 表示对应商品须实施出口食品卫生监督检验 |
| L | 表示对应商品须实施民用商品入境验证 |

**3．出境报检的要求**

出境报检时,应填写出境货物报检单,并提供外贸合同(售货确认书或函电)、信用证、发票、装箱单等必要的单证。

下列情况还应按要求提供有关文件:

(1)凡实施出口质量许可、卫生注册登记或需审批审核的货物,应提供有关证明。

(2)凭样成交的货物,应提供经买卖双方确认的样品。

(3)实施品质检验的,须由生产经营部门出具厂检结果单原件;如有运输包装,还应提供检验检疫机构签发的《出境货物运输包装性能检验结果单》(正本)。

(4)报检出境危险货物的,必须提供危险货物包装容器性能鉴定结果单和使用鉴定结果单。

(5)出境特殊物品的,应提供国家出口批文和有关证明、检验证书等,以及深圳检验检疫局卫生检疫处签发的《入/出境特殊物品卫生检疫审批单》。

（6）出境废旧物品的，应提供深圳检验检疫局各分支机构签发的《入/出境废旧物品检验检疫预申报证》。

（7）用于展览、工程、科研等临时出境货物报检时，须提供政府批文或其他有效证明。

**4．出境货物产地检验检疫原则**

检验检疫机构对出口货物实行产地检验检疫原则，出口企业必须到货物的生产地所属检验检疫机构办理报检手续。如货物需要异地报关，可由产地检验检疫机构实施电子转单或出具《出境货物换证凭单》，然后持电子转单凭条或换证凭单到口岸检验检疫机构换发《出境货物通关单》办理通关手续。

**5．产地为深圳地区的一般贸易出境货物的检验检疫手续**

供港鲜活产品，一般在文锦渡出入境检验检疫局办理检验检疫手续。其他货物由企业所在地检验检疫局（辖区局）受理报检、计收检验检疫费、实施检验检疫，并签发检验检疫证书及"出境货物通关单"。对企业零星收购，在深圳进行再加工、分级、包装等最后一道工序在深圳完成的一般性出口货物，货主可凭加工合同及有关报检资料在货物加工地检验检疫局办理检验检疫手续。

**6．加工贸易出境货物的检验检疫手续**

加工贸易企业的集中报检和逐批报检出境货物，一律由企业所在地检验检疫局（辖区局）受理报检、计收检验检疫费、实施检验检疫，并办理签证、通关手续。

企业必须把货物的出境情况逐次填写在《管理手册》上，并凭《管理手册》和《海关登记手册》、海关货物清单以及"出境货物通关单"、"熏蒸/消毒证书"等有关单据到辖区局办理月报核销手续。

## 三、报检应该注意的事项

**1．报检资格**

（1）报检单位首次报时须持本单位营业执照和政府批文办理登记备案手续，取得报检单位代码。其报检人员经检验检疫机构培训合格后领取"报检员证"，凭证报检。

（2）代理报检单位须按规定办理注册登记手续，其报检人员经检验检疫机构培训合格后领取"代理报检员证"，凭证办理代理报检手续。

（3）代理报检的，须向检验检疫机构提供委托书，委托书由委托人按检验检疫机构规定的格式填写。

（4）非贸易性质的报检行为，报检人凭有效证件可直接办理报检手续。

**2．报检证单的更改**

（1）报检人申请撤销报检时，应书面说明原因，经批准后方可办理撤销手续。

（2）报检后30天内未联系检验检疫事宜的作自动撤销报检处理。

（3）有下列情况之一的应重新报检：
① 超过检验检疫有效期限的；
② 变更输入国家或地区，并又有不同检验检疫要求的；
③ 改换包装或重新拼装的；
④ 已撤销报检的。

（4）报检人申请更改证单时，应填写更改申请单，交附有关函电等证明单据，并交还原单证，经审核同意后方可办理更改手续。

（5）品名、数（重）量、检验检疫结果、包装、发货人、收货人等重要项目更改后与合同、信用证不符的，或者与输出、输入国家或地区法律法规规定不符的，均不能更改。

（6）报检人遗失检验检疫证单的，必须由报检人书面说明理由，经法定代表人签字，加盖公章，并在指定的报纸或刊物上声明作废，经检验检疫局审批同意后，再重新签发。

（7）更改申请单填制说明。
① 申请人：填报检单位，并加盖公章。
② 联系人：填报检员名及报检员证号。
③ 原发证单：填明原发证单种类、编号及交还的证单正、副本数量。
④ 货物品名及数量：按原发证单上所列货物名称和数量填制。
⑤ 更改原因：详细注明需要改证原因。
⑥ 更改内容：详细列出更改前和更改后的证书内容。
⑦ 申请单其他栏目，也应如实填制。

**3. 出境货物报检应提供的"相关单证"（见表 3.2）**

表 3.2  出境货物报检相关单证

| 出 境 货 物 | 相 关 单 证 |
| --- | --- |
| 凡报检安全质量许可、卫生注册、其他需审批的出境货物 | 应提供相关证明 |
| 产地与报关地不一致的出境货物 | 向报关地检验检疫机构申请《出境货物通关单》时，应递交产地检验检疫机构核准的电子《出境货物换证凭条》 |
| 凭样品成交的出境货物 | 附加成交样品 |
| 实行卫生注册和质量许可的出境货物 | 提供检验检疫机构批准的注册编号和许可证编号 |
| 凡申请重量、数量鉴定出境货物 | 提供《重量明细单》或《磅码单》 |
| 报检出境运输工具、集装箱 | 提交检疫证明，并申报有关人员健康状况 |
| 出境特殊物品 | 应提供有关的批件或规定的文件 |
| 出境危险物品 | 提供《出境货物运输包装性能检验结果单》和《出境危险货物运输包装使用鉴定结果单》 |

## 四、各种单证以及证书样本

如图 3.4 至图 3.12 所示为各种单证以及证书样本，供读者参考。

```
                    报 检 委 托 书
出入境检验检疫局：
    本委托人声明，保证遵守《中华人民共和国进出口商品检验法》、《中华人民
共和国进出境动植物检疫法》、《中华人民共和国国境卫生检疫法》、《中华人民
共和国食品卫生检疫法》等有关法律、法规的规定和检验检疫机构制定的各项规章
制度。如有违法行为，自愿接受检验检疫机构的处罚并负法律责任。
    本委托人所委托受委托人向检验检疫机构提交的"报检单"和随附各种单据所
列内容是真实无讹的。具体委托情况如下：
    本单位将于      年     月间进口 / 出口如下货物：
    品    名：                      信用证号：
    数（重）量：                    提  单  号：
    合  同  号：                    船名 / 航次：
    特委托              （地址：                    ），代表本公
司办理所有检验检疫事宜，其间产生的一切相关的法律责任由本公司承担。请贵局
按有关法律规定予以办理。
    委托方名称：              委托方印章：
    单位地址：
    邮政编码：
    法人代表：
    联系电话：
    企业性质：
                              年      月      日
    本委托书有效期至       年      月      日
```

图 3.4　报检委托书

## 出境货物换证凭条

| 转单号 | 331200209027684 T0566 | | 报检号 | 331200209037171 |
|---|---|---|---|---|
| 报检单位 | 深圳市普莱斯顿贸易有限公司 | | | |
| 品　名 | 女式针织T恤 | | | |
| 合同号 | HBA0908 | | HS编码 | 6109100022 |
| 数(重)量 | 6708件 | 包装件数 113纸箱 | 金额 | 16440.1633美元 |
| 评定意见： 贵单位报检的该批货物，经我局检验检疫，已合格。请执此单到汕头局本部办理出境验证业务。本单有效期截止于2009年9月06日。 义乌局本部 2009年07月08日 | | | | |

批号 3312000142090599

图 3.5　出境货物换证凭条

## 出境货物通关单

| 1. 发货人： 浙江金苑进出口有限公司 | | 5. 标记及号码 SIK ZJJUY0000 L357/358 DUBAI,U.AE C/NO.:1-502 |
|---|---|---|
| 2. 收货人： SIK TRADING CO.,LTD | | |
| 3. 合同/信用证号： ZJJUY0000/FFF01246 | 4. 输往国家或地区： 阿联酋 | |
| 6. 运输工具及名称： 船舶 | 7. 发货日期： 200.4.17 | 8. 集装箱规格及数量 1X40'FCL |
| 9. 货物名称及规格 全棉女士夹克 | 10. H.S编码 6204320090 | 11. 申报总值 54216美元 | 12. 数/重量、包装及种类 4518件/502个纸箱 |
| 13. 证明 上述货物业经检验检疫，请海关予以放行。 本通关单有效期至二〇〇八年七月十四日。 签字：　　　　　　　　　（盖章）　　　2008年4月14日 | | | |

图 3.6　出境货物通关单

# 兽医（卫生）证书
## VETERINARY (HEALTH) CERTIFICATE

| | |
|---|---|
| 发货人名称及地址<br>Name and Address of Consignor | |
| 收货人名称及地址<br>Name and Address of Consignee | |
| 品名<br>Description of Goods | |

| | | | |
|---|---|---|---|
| 报检重量<br>Weight Declared | | 产地<br>Place of Origin | 标记及号码<br>Mark & No. |
| 包装种类及数量<br>Number and Type of Packages | | | |

| | |
|---|---|
| 集装箱号<br>Container No. | |
| 铅封号<br>Seal No. | |
| 加工厂名称、地址及编号（如果适用）<br>Name, Address and approval No. of the approved Establishment (if applicable) | |

| | | |
|---|---|---|
| 启运地<br>Place of Despatch | 到达国家及地点<br>Country and Place of Destination | |
| 运输工具<br>Means of Conveyance | 发货日期<br>Date of Despatch | |

屠宰日期　　　　　　　　热处理日期　　　　　　　　检验日期
Date of slaughter＿＿＿＿ Date of heat processing ＿＿＿＿ Date of Inspection ＿＿＿＿

| 印章<br>Official Stamp | 签证地点 Place of Issue | 签证日期 Date of Issue | |
| | 官方兽医 Official Veterinarian | 签　名 Signature | |

图 3.7　兽医卫生证书

国际物流单证缮制

## 中华人民共和国出入境检验检疫
### ENTRY-EXIT INSPECTION AND QUARANTINE OF THE PEOPLE'S REPUBLIC OF CHINA

正本 ORIGINAL

### 熏蒸/消毒证书
### FUMIGATION/DISINFECTION CERTIFICATE

编号 No.: 441120208457790

发货人名称及地址　SHENZHEN HENGHUAHUI TRADING CO.,LTD
Name and Address of Consignor 39-1 ZHUSIGANG 2ND STREET DONGSHAN SHENZHEN,CHINA

收货人名称及地址　WORKBENCH FURNITURE LTD
Name and Address of Consignee BLOCK NO.1 SPRING GARDEN ST. MICHAEL,BARBADOS

品名　　　　　　　　　　　　　　　　　　产地
Description of Goods FURNITURE COMPONENT PARTS　　Place of Origin　GUANGDONG, CHINA

报检数量　CHAIR,TABLE, SOFA BED ,FOOTSTOOL　　标记及号码
Quantity Declared 320 PKGS　　　　　　　　　　　　Mark & No.　　M/N

启运地
Place of Despatch HUANGPU, CHINA

到达口岸
Port of Destination BRIDGETOWN(BARBADOS)

运输工具
Means of Conveyance BY VESSEL

杀虫和/或灭菌处理　DISINFESTATION AND/OR DISINFECTION TREATMENT

日期：　　　　　　　　　　　　药剂及浓度
　06-SEP-2006　　　　　　　　　　　　　　　　METHYL BROMIDE 80g/m³
Date　　　　　　　　　　　　Chemical and Concentration

处理方法　　　　　　　　　　持续时间及温度
　FUMIGATION　　　　　　　　　　　　　　　24hrs.25℃
Treatment　　　　　　　　　　Duration and Temperature

附加声明：
ADDITIONAL DECLARATION:

签证地点 Place of Issue GUANGZHOU　　签证日期 Date of Issue MAY-2006
授权签字人 Authorized Officer ZHANGTONG　　签名 Signature

图3.8　熏蒸/消毒证书

## 中华人民共和国出入境检验检疫
### ENTRY-EXIT INSPECTION AND QUARANTINE
### OF THE PEOPLE'S REPUBLIC OF CHINA
## 植物检疫证书
### PHYTOSANITARY CERTIFICATE

编号 No.210100201013788

发货人名称及地址
Name and Address of Consignor __XING LONG GROUP COMPANY LIMITED__

收货人名称及地址 __FAIR GUAIN &CO.85 , NAYA BAZAR,DELHI 110006 (INDIA)__
Name and Address of Consignee

品名 __CHINESE LIGHT SPECKLED KIDNEY BEANS__ 植物学名
Name of Produce __2010 CROP.(INNER MONGOLIA ORIGIN)__ Botanical Name of Plants
******

报检数量 | 标记及号码
Quantity Declared –108.575-M/T | Mark &No.
包装的种类 | N/M
Number and Type of Package -2,150-GUNNY BAGS
产地
Place of Origin __CHINA__
到达口岸
Port of Destination __MUMBAI  INDIA__
运输工具                              检验日期
Means of Conveyance __VICTORY V.146E__ Date of inspection __7 Nov,2010__

兹证明上述植物、植物产品或其他检疫物已经按照规定程序进行检查和/或检验，被认为不带有输入国或地区规定的检疫性有害生物，并且基本不带有其他的有害生物，因而符合输入国或地区现行的植物检疫要求。

This is to certify that the plants, plant products or other regulated articles described above have been inspected and /or tested according to appropriate procedures and are considered to be free from quarantine pests specified by the importing country /region, and practically free from other injurious pests; and that they are considered to conform with the current phytosanitary requirements of the importing country/ region.

杀虫和/或灭菌处理 DISINFESTATION AND/OR DISINFECTION TREATMENT
日期                      药剂及浓度
Date   *******           Chemical and Concentration    ***********
处理方法                 持续时间及温度
Treatment  *******       Duration and Temperature      *********

附加声明 ADDITIONAL DECLARATION
*CHINESE LIGHT SPECKLED KIDNEY BEANS 2010 CROP.(INNER MONGOLIA ORIGIN)
HDMU2132707/2147245/2166420/2288198/2320978

印章           签证地点 Place of Issue __DALIAN,CHINA__  签证日期 Date of Issue __8 Nov,2010__
Official Stamp

图 3.9  植物检疫证书

# 無木質包裝声明

本批貨物：<u>**COVER**</u>（貨名）<u>840 KGS/2 PLTS</u>（数量/重量），不含有木質包裝.

## Declaration of no-wood packing material

To the service of China Entry and exit Inspection and Quarantine:
It is declared that this shipment <u>**COVER**</u> (commodity) <u>**840 KGS/2 PLTS**</u> (quantity/weight) does not contain wood packing materials.

**Name of Export Company:**
**SHUAN BAN INDUSTRIAL CO., LTD.**

**Date:**                                26-MATCH.-2007

图 3.10　非木质包装证明

# 中华人民共和国出入境检验检疫
# ENTRY-EXIT INSPECTION AND QUARANTINE OF THE PEOPLE'S REPUBLIC OF CHINA

数量检验证书
QUANTITY CERTIFICATE

编号
No.: 325422

发货人:  SHANGHAI
Consignor IMPORT & EXPORT TRADE CORPORATION

收货人:
Consignee        RIMAS BROWN & SONS

品 名:
Description of Goods ---- 100%COTTON DISHCLOTHS

标记及号码
Mark & No.

报验数量/重量:
Quantity/Weight Declared 33350DOZ/19911KG
SAFDIE-MTC
S/CT0303

包装种类及数量:
Number and Type of Packages 367 BALES
NOS. 1-367

运输工具:
Means of Conveyance ---- PUDONG V. 053

检验结果:
Results of Inspection 14"×14"   PACKED IN 80 BALES OF 200 DIZ EACH
                     15"×25"   PACKED IN 60 BALES OF 100 DIZ EACH
                     22"×32"   PACKED IN 227 BALES OF 50 DIZ EACH
                     TOTAL:  33350 DOZENS
                     TOTAL:  367 BALES

我们已尽所知和最大能力实施上述检验,不能因我们签发本证书而免除卖方或其他方面根据合同和法律所承担的产品数量责任和其他责任。

All inspections are carried out conscientiously to the best of our knowledge and ability. This certificate does not in any respect absolve the seller and other related parties from his contractual and legal obligations especially when product quantity is concerned.

丁毅
JUN. 17, 2002

图 3.11  数量证书

## 中华人民共和国出入境检验检疫
## ENTRY-EXIT INSPECTION AND QUARANTINE OF THE PEOPLE'S REPUBLIC OF CHINA

品质检验证书　　编号 NO.:200
INSPECTION CERTIFICATE OF QUALITY

发货人
Consignor　　NINGBO DONGYA IMP. AND EXP. CO., LTD

收货人
Consignee　　SIL INDUSTRIAL CO., LTD

品名
Description of Goods　　GARDEN TOOL SETS

报检数量/重量
Quantity Weight Declared　2 000 SETS

包装种类及数量
Number and Type of Packages　200 WOODEN CASES

标记及号码
Marks & No.
SIL
C/NO.1 - UP

产地
Place of Origin　　NINGBO, CHINA

到达口岸
Port of Destination　　SINGAPORE

运输工具
Means of Conveyance s.s.　BY VESSEL

检验日期
Date of Insp　JUNE 16, 2008

检验结果:
Results of Inspection:
WE HEREBY STATE THE RESULTS OF INSPECTION ARE IN CONFORMITY WITH THE CHINESE STANDARD.

签证地点 Place of Issue　NINGBO, CHINA　　签证日期 Date of　JUNE 16, 2008

授权签字人 Authorized Officer　王小二　　签名 Signatu 王小二

图 3.12　品质证书

## 单项实训 3-1

根据资料缮制报检单。
**1．项目说明**
完成任务一的教学即可开展本项目实训。
**2．操作步骤**
（1）根据项目二单项实训 2-1 中给出的内容以及以下补充资料填制完成报检单。
补充资料：
商品名称：毛龙拖鞋　报检单位登记号：3871900023　联系人：周晓。
（2）教师点评，学生撰写并提交实训报告。

# 任务二　出口报关单缮制

**任务描述**：要求学生掌握出口报关单含义、种类、构成，报关单填制的一般要求、法律责任以及填制规范。

进出口货物的收发人或其代理人向海关办理进出口手续时，在货物进出口的时候填写《进口货物报关单》或《出口货物报关单》，同时提供批准货物进出口的证件和有关的货运、商业票据，以便海关审查货物的进出口是否合法，确定关税的征收或减免事宜，编制海关统计。能否正确填制报关单将直接影响报关率、企业的经济利益和海关监管的各个工作环节。因此，正确填制报关单是海关对报关企业和报关员的基本要求，也是报关员必须履行的义务。

## 【导入项目】

深圳果蔬进出口有限公司在向当地出入境检验检疫机构报检后，经检验合格并顺利拿到通关单，为了不耽误时间，深圳果蔬进出口有限公司报关员立即准备相关资料，如商业发票、装箱单等，向海关申请报关离境。但还缺少一份重要的单据——报关单，请根据前面的资料以及补充资料缮制报关单。

## 【示范操作】

### 一、报关单填制的一般要求

进出境货物的收发货人或代理人向海关申报时，必须填写并向海关递交进口或出口货物报关单。申报人在填制报关单时,必须做到真实、准确、齐全、清楚。

**1. 如实申报**

报关员必须按照《海关法》、《中华人民共和国海关进出口货物申报管理规定》和《填制规范》的有关规定和要求,向海关如实申报。

**2. 真实填报**

报关单的填写必须真实,要做到两个相符:一是单证相符,即报关单与合同、批文、发票、装箱单等相符;二是单货相符,即报关单中所报内容与实际进出口货物情况相符。特别是货物的品名、规格、数量、价格等内容必须真实,不得出现差错,更不能伪报、瞒报及虚报。

**3. 报关单中填报的项目要准确、齐全、完整、清楚**

报关单所列各栏要逐项详细填写,内容无误;要求尽可能打字填报,如用笔写,字迹要清楚、整洁、端正,不可用铅笔(或红色复写纸)填报;填报项目若有更改,必须在更改项目上加盖校对章。

**4. 分别填报**

不同批文或合同的货物、同一批货物中不同贸易方式的货物、不同备案号的货物、不同提运单的货物、不同征免性质的货物、不同运输方式的货物、相同运输方式但不同航次的货物、不同原产地证书项下的货物,均应分别填写报关单。

**5. 正当理由更正**

向海关申报的进出口货物报关单,事后由于各种原因,出现原来填报的内容与实际进出口货物不相一致,需立即向海关办理更正手续,填写报关单更正单,对原来填报项目的内容进行更改,更改内容必须清楚,一般情况下,错什么,改什么;但是,如果更改的内容涉及货物件数的变化,则除应对货物的件数进行更改外,与件数有关的项目,如货物的数量、重量、金额等也应作相应的更改;如一张报关单上有两种以上的不同货物,更正单上应具体列明是哪些货物作了更改。

## 二、出口货物报关单的填制规范

出口货物报关单如图3.13所示,具体填制规范如下。

**1. 预录入编号**

预录入编号是指预录入单位录入报关单的编号,用于申报单位与海关之间引用其申报后尚未接受申报的报关单。预录入编号由接受申报的海关决定编号规则,计算机自动打印。

**2. 海关编号**

海关编号是指海关接受申报时给予报关单的顺序号。海关编号由各直属海关在接受申报时确定，并标识在报关单的每一联上。一般来说海关编号就是预录入编号，由计算机自动打印，不须填写。

编号规则如下：

（1）出口报关单和进口报关单应分别编号，确保在同一公历年度内，能按进口和出口唯一地标识本关区的每一份报关单。

（2）报关单海关编号由 18 位数字组成，其中前 4 位为接受申报海关的编号，即《关区代码表》中相应的海关代码，第 5~8 位为海关申报的公历年份，第 9 位为进出口标志，"1"为进口，"0"为出口，第 10~18 位为报关单顺序编号。

**3．出口口岸**

在出口货物报关单中出口口岸均特指货物实际进出我国关境口岸海关的名称。具体填报要求如下：

口岸海关名称及代码从海关《关区代码表》中查找，能具体就具体。如果《关区代码表》中只有直属海关关别及代码的，填报直属海关的名称及代码，如果有隶属海关关别及代码的，应填报隶属海关的名称及代码。

**4．备案号**

备案号指进出口企业在海关办理加工贸易合同备案或征、减、免税审批备案等手续时，海关给予《中华人民共和国海关加工贸易手册》、《中华人民共和国海关加工贸易设备登记手册》、电子账册及其分册，《中华人民共和国海关进出口货物征免税证明》或其他有关备案审批文件的编号。

备案号为 12 个字符，其中第一位为标记代码。

《加工贸易手册》第一位为："A"表示备料；"B"是来料加工；"C"是进料加工；"D"是加工贸易设备（包括作价和不作价设备）；"F"是加工贸易异地进出口分册；"G"是加工贸易深加工结转分册。《征免税证明》的第一位是"Z"。"H"表示出入出口加工区的保税货物的电子账册备案号；出入出口加工区的征免税货物、物品应填报"H"、第六位为 D 的电子账册备案号。《原产地证书》第一位为"Y"。

该栏目填报要求如下：

（1）一份报关单只允许填报一个备案号。

（2）无备案审批文件的报关单，本栏免填。

（3）加工贸易合同项下使用《加工贸易手册》的货物和凡涉及减免税备案审批的货物，应填报《加工贸易手册》编号和《征免税证明》编号。

（4）加工贸易转为享受减免税或需审批备案后办理形式进口的货物，进口报关单填报《征免税证明》等审批证件备案编号，出口货物报关单填报《加工贸易手册》编号。

（5）出入出口加工区的保税货物，应填报标记代码为"H"的电子账册备案号；出入出口加工区的征免税货物、物品，应填报标记代码为"H"、第六位为"D"的电子账册备案号。

（6）使用异地直接报关分册和异地深加工结转出口分册在异地口岸报关的，本栏目应填分册号；本地直接报关分册和本地深加工结转出口分册限制在本地报关，本栏目应填报总册号。

（7）对减免税设备及加工贸易设备之间的结转，转入和转出企业分别填制进、出口报关单，分别填报加工贸易手册编号、征免税证明编号或免予填报。

（8）实行原产地证书联网管理的香港、澳门CEPA项下的进口货物，填报"Y"+"11位的原产地证书编号"；未实行原产地证书联网管理的曼协规则和东盟规则项下的进口货物均不填报原产地证书编号。

### 5. 出口日期

出口日期是指申报货物的运输工具申报进境（办结出境手续）的日期。

具体填报要求如下：

（1）本栏目为8位数，顺序为年（4位）、月（2位）、日（2位），如2006.08.10。

（2）出口日期栏供海关打印报关单证明联用，免于填报。

（3）无实际进出境的报关单填报向海关办理申报手续的日期，以海关接受申报的日期为准。

### 6. 申报日期

申报日期指海关接受出口货物收、发货人或受其委托的报关企业申请的日期。填报要求如下：

（1）本栏目为8位数字，顺序为年（4位）、月（2位）、日（2位）。

（2）以电子数据报关单方式申报的，申报日期为海关计算机系统接受申报数据时记录的日期。以纸质报关单方式申报的，申报日期为海关接受纸质报关单并进行登记处理的日期。

（3）除特殊情况外，出口货物申报日期不得晚于出口日期。

## 中华人民共和国海关出口货物报关单

| 预录入编号：（1） | | | 海关编号：（2） | |
|---|---|---|---|---|
| 出口口岸（3） | 备案号（4） | | 出口日期（5） | 申报日期（6） |
| 经营单位（7） | 运输方式（8） | 运输工具名称（9） | 提运单号（10） | |
| 发货单位（11） | 贸易方式（12） | | 征免性质（13） | 结汇方式（14） |
| 许可证号（15） | 运抵国（地区）（16） | 指运港（17） | 境内货源地（18） | |
| 批准文号（19） | 成交方式（20） | 运费（21） | 保费（22） | 杂费（23） |
| 合同协议号（24） | 件数（25） | 包装种类（26） | 毛重（公斤）（27） | 净重（公斤）（28） |
| 集装箱号（29） | 随附单据（30） | | 生产厂家（31） | |
| 标记唛码及备注（32） | | | | |

| 项号 | 商品编号 | 商品名称、规格型号 | 数量及单位 | 最终目的国（地区） | 单价 | 总价 | 币制 | 征免 |
|---|---|---|---|---|---|---|---|---|
| （33） | （34） | （35） | （36） | （37） | （38） | （39） | （40） | （41） |
| | | | | | | | | |

| 税费征收情况（42） | | |
|---|---|---|
| 录入员　　　　录入单位 | 兹声明以上申报无讹并承担法律责任 | 海关审单批注及放行日期（签章）（47） |
| （43）　　　（44) | | |
| 报关员 | | 审单　　　　　　　　　　　　审价 |
| | 申报单位（签章） | 征税　　　　　　　　　统计 |
| 单位地址 | （46） | |
| 邮编　　　　　电话 | 填制日期　　（45） | 查验　　　　　　　　　　放行 |

图 3.13　报关单

### 7. 经营单位

经营单位是指对外签订并执行出口贸易合同的中国境内企业、单位或个人。填报要求如下：本栏目应填报经营单位中文名称和经营单位编码。经营单位编码是经营单位在海关办理注册登记手续时，海关给予的注册登记10位数的编码。

（1）经营单位编码的结构为：第1~4位为进出口单位属地的行政区划代码；第5位为市经济区划代码（见表3.3）；第6位为进出口企业经济类型代码（见表3.4）；第7至第10位为顺序编号。

（2）特殊情况下确定经营单位的原则。

① 援助、赠送、捐助的货物，填报直接接受货物的单位。

② 出口企业之间相互代理出口的，填报代理方。

③ 外商投资企业委托进出口企业进口投资设备、物品的，填报外商投资企业，并在唛头栏注明"委托某进出口企业进口"。

④ 合同的签订者和执行者不是同一个企业的，经营单位应该填合同执行企业。

⑤ 境外企业不得作为经营单位填报。对于委托我驻港澳机构成交的货物，国内委托人为经营单位。

⑥ 只有报关权而没有进出口经营权的企业不得作为经营单位填报。

表3.3 市经济区划代码表

| 市经济区划代码 | 市经济区划说明 |
| --- | --- |
| 1 | 经济特区 |
| 2 | 经济开发区和上海浦东新区、海南洋浦经济开发区 |
| 3 | 高新技术产业开发区 |
| 4 | 保税区 |
| 5 | 出口加工区 |
| 7 | 物流园区 |
| 9 | 其他 |

表3.4 企业经济类型代码表

| 企业性质代码 | 企业性质代码说明 |
| --- | --- |
| 1 | 有进出口经营权的国有企业 |
| 2 | 中外合作企业 |
| 3 | 中外合资企业 |
| 4 | 外商独资企业 |
| 5 | 有进出口经营权的集体企业 |
| 6 | 有进出口经营权的私营企业 |
| 7 | 有进出口经营权的个体工商户 |
| 8 | 有报关权而没有有进出口经营权的企业 |
| 9 | 其他 |

**8. 运输方式**

运输方式指载运货物进出关境所使用的运输工具的分类,包括实际运输方式和海关规定的特殊运输方式。实际运输方式专指用于载运货物实际进出关境的运输方式,主要包括江海运输、铁路运输、航空运输、汽车运输、邮递运输和其他运输(驮畜、电网、管道等)。

特殊运输方式仅用于标识没有实际进出境的货物,包括以下六种情况。

(1)非保税区运入保税区货物和保税区退区货物。
(2)境内存入出口监管仓库和出口监管仓库退仓货物。
(3)保税区运往非保税区货物。
(4)保税仓库转内销货物。
(5)出口加工区与区外之间进出的货物。
(6)其他没有实际进出境的货物。

本栏目应根据实际运输方式按海关规定的《运输方式代码表》(见表3.5)填报。

表3.5 运输方式代码表

| 运输方式代码 | 名 称 | 运输方式名称 |
| --- | --- | --- |
| 0 | 非保税区 | 非保税区运入保税区和保税区退区 |
| 1 | 监管仓库 | 境内运入出口监管仓库和出口监管仓库退仓 |
| 2 | 江海运输 | 江海运输 |
| 3 | 铁路运输 | 铁路运输 |
| 4 | 汽车运输 | 汽车运输 |
| 5 | 航空运输 | 航空运输 |
| 6 | 邮件运输 | 邮件运输 |
| 7 | 保税区 | 保税区运往非保税区 |
| 8 | 保税仓库 | 保税仓库转内销 |
| 9 | 其他运输 | 其他运输(驮畜、管道、电网) |
| X | 物流园区 | 从境内(指国境内特殊监管区域之外)运入园区内或从保税物流园区运往境内 |
| Y | 保税港区 | 保税港区(不包括直通港区)运送区外和区外运入保税港区的货物 |
| Z | 出口加工 | 出口加工区运往区外和区外运入出口加工区(区外企业填报) |
| W | 物流中心 | 从中心外运入保税物流中心或从保税物流中心运往区外 |

特殊情况下运输方式的填报原则:

(1)非邮政方式进出口的快递货物,按实际运输方式填报。
(2)进出境旅客随身携带的货物,按旅客所乘运输工具填报。
(3)进口转关运输货物,按载运货物抵达进境地的运输工具填报;出口转关运输货物,按载运货物驶离出境地的运输工具填报。

（4）出口加工区与区外之间进出的货物，区内填报"9"，区外填报"Z"。

（5）同一出口加工区内或不同出口加工区的企业之间相互结转（调拨）的货物，出口加工区与其他海关特殊监管区域之间、不同保税区之间、同一保税区内不同企业之间、保税区与出口加工区等海关特殊监管区域之间转移（调拨）的货物，以及加工贸易余料结转、深加工结转和内销货物，填报"9"。

**9. 运输工具名称**

运输工具名称栏目填报载运货物进出境的运输工具的名称或运输工具编号。一份报关单只允许填报一个运输工具的名称，且与运输部门向海关申报的载货清单所列相应内容一致。具体填报要求如下。

（1）直接在进出境地办理报关手续的报关单。

① 江海运输：填报船舶编号（来往港澳小型船舶为监管簿编号）或船舶英文名称。

② 汽车运输：填报该跨境运输车辆的国内行驶车牌号，深圳提前报关模式填报国内行驶车牌号+"/"+"提前报关"四个字。

③ 铁路运输：填报车厢编号或交接单号。

④ 航空运输：填报航班号。

⑤ 邮政运输：填报邮政包裹单号。

⑥ 其他运输：填报具体运输方式名称，如管道、驮畜等。

⑦ 对于"清单放行，集中报关"的货物：填报"集中报关"四个字。

（2）转关运输货物报关单——出口。

① 江海运输：非中转填报"@"+16位转关申报单预录入号（或13位载货清单号）。如多张报关单需要通过一张转关单转关的，运输工具名称字段填报"@"。

中转，境内江海运输填报驳船船名；境内铁路运输填报车名[主管海关 4 位关别代码+"TRAIN"（英文单词）]；境内公路运输填报车名[主管海关 4 位关别代码+"TRUCK"（英文单词）]。

② 铁路运输：填报"@"+16位转关申报单预录入号（或13位载货清单号），如多张报关单需要通过一张转关单转关的，填报"@"。

③ 航空运输：填报"@"+16位转关申报单预录入号（或13位载货清单号），如多张报关单需要通过一张转关单转关的，填报"@"。

④ 其他各类出境运输方式：填报"@"+16位转关申报单预录入号（或13位载货清单号）。

（3）无实际进出境货物报关单，本栏目免予填报。

**10．提运单号**

提运单号是指出口货物提单或运单的编号。本栏目填报的内容应与运输部门向海关申报的载货清单的相应内容一致。一份报关单只允许填报一个提运单号，一票货物对应多个提运单时，应分单填报。无实际进出境的，免于填报。填报要求如下。

（1）直接在进出境地办理报关手续的报关单。

① 江海运输：填报进出口提运单号，如果有分提运单的，填报进出口提运单号+"*"+分提运单号。例如，1320135*P130。

② 汽车运输：免予填报。

③ 铁路运输：填报铁路运单号。

④ 航空运输：填报总运单号+"_"（下划线）+分运单号，无分运单的填报总运单号。

⑤ 邮政运输：填报邮运包裹单号。

（2）进出境转关运输货物报关单。

① 江海运输：中转货物填报提单号，非中转货物免于填报，广东省内提前报关的转关货物填报车牌号。

② 其他运输方式：广东内提前报关的转关货物填报车牌号；其他地区免于填报。

**11．收货单位/发货单位**

发货单位指出口货物在境内的生产或销售单位，如自行出口货物的单位和委托有进出口经营权的企业出口货物的单位等。具体填报要求如下。

（1）备有海关注册编号或加工生产企业编号的收、发货单位，本栏目填报其经营单位的编码或加工生产企业编号；否则填报其中文名称。

（2）加工贸易报关单的收、发货单位应与《加工贸易手册》的货主单位一致。

（3）减免税货物报关单的收、发货单位应与《征免税证明》的申请单位一致。

**12．贸易方式（监管方式）**

贸易方式是专指以国际贸易中进出口货物的交易方式为基础，结合海关对进出口货物监督管理需要综合设定的对进出口管理管理方式。本栏目填报要求如下。

（1）一份报关单只允许填报一种贸易方式。

（2）根据实际情况，按照海关规定的《监管方式代码表》（见表 3.6）选择填报相应的贸易方式简称或代码。

（3）出口加工区内企业填制的"出口加工区进（出）境货物备案清单"应选择填报适用于出口加工区货物的贸易方式简称或代码。

表 3.6　监管方式代码表

| 贸易方式代码 | 贸易方式简称 | 贸易方式全称 |
| --- | --- | --- |
| 0110 | 一般贸易 | 一般贸易 |
| 0130 | 易货贸易 | 易货贸易 |
| 0214 | 来料加工 | 来料加工装配贸易进口料件及加工出口货物 |
| 0245 | 来料料件内销 | 来料加工料件转内销 |
| 0255 | 来料深加工 | 来料深加工结转货物 |
| 0258 | 来料余料结转 | 来料加工余料结转 |
| 0265 | 来料料件复出 | 来料加工复出出境的原进口料件 |
| 0300 | 来料料件退换 | 来料加工料件退换 |
| 0320 | 不作价设备 | 加工贸易外商提供的不作价进口设备 |
| 0345 | 来料成品减免 | 来料加工成品凭征免税证明转减免税 |
| 0420 | 加工贸易设备 | 加工贸易项下外商提供的进口设备 |
| 0444 | 保区进料成品 | 按成品征税的保税区进料加工成品转内销货物 |
| 0445 | 保区来料成品 | 按成品征税的保税区来料加工成品转内销货物 |
| 0446 | 加工设备内销 | 加工贸易免税进口设备转内销 |
| 0456 | 加工设备结转 | 加工贸易免税进口设备结转 |
| 0466 | 加工设备退运 | 加工贸易免税进口设备退运出境 |
| 0513 | 补偿贸易 | 补偿贸易 |
| 0544 | 保区进料料件 | 按料件征税的保税区进料加工成品转内销货物 |
| 0545 | 保区来料料件 | 按料件征税的保税区来料加工成品转内销货物 |
| 0615 | 进料对口 | 进料加工 |
| 0700 | 进料料件退换 | 进料加工料件退换 |
| 0744 | 进料成本减免 | 进料加工成品凭征免税证明转减免税 |
| 0815 | 低值辅料 | 低值辅料 |
| 0844 | 来料边角料内销 | 来料加工项下边角料转内销 |
| 0845 | 进料边角料内销 | 进料加工项下边角料转内销 |
| 0864 | 进料边角料复出 | 进料加工项下边角料复出口 |
| 0865 | 来料边角料复出 | 来料加工项下边角料复出口 |
| 1139 | 国轮油物料 | 中国籍运输工具境内添加的保税油料、物料 |
| 1215 | 保税工厂 | 保税工厂 |
| 1233 | 保税仓库货物 | 保税仓库进口境货物 |
| 1234 | 保税区仓储转口 | 保税区进出境仓储转口货物 |
| 1300 | 修理物品 | 进出境修理物品 |
| 1427 | 出料加工 | 出料加工 |
| 1500 | 租赁不满一年 | 租赁不满一年的租赁贸易货物 |

续表

| 贸易方式代码 | 贸易方式简称 | 贸易方式全称 |
| --- | --- | --- |
| 1523 | 租赁贸易 | 租期在一年及以上的租赁贸易货物 |
| 1616 | 寄售代销 | 寄售、代销货物 |
| 1741 | 免税品 | 免税品 |
| 1831 | 外汇商品 | 免税外汇商品 |
| 2025 | 合资合作设备 | 合资合作设备企业作为投资进口设备物品 |
| 2225 | 外资设备物品 | 外资企业作为投资进口的设备物品 |
| 2439 | 常驻机构公用 | 外国常驻机构进口办公用品 |
| 2600 | 暂时进出口货物 | 暂时进出口货物 |
| 2700 | 展览品 | 进出境展览品 |
| 2939 | 陈列样品 | 驻华商业机构不复运出口的进口陈列样品 |
| 3010 | 货样广告品A | 有经营权单位进出口的货样广告品 |
| 3039 | 货样广告品B | 无经营权单位进出口的货样广告品 |
| 3100 | 无代价抵偿 | 无代价抵偿货物 |
| 3339 | 其他进口免费 | 其他进口免费提供货物 |
| 3410 | 承包工程出口 | 对外承包工程进口物资 |
| 3422 | 对外承包进口 | 对外承包工程出口物资 |
| 3511 | 援助物资 | 国家和国际组织无偿援助物资 |
| 3612 | 捐赠物资 | 华侨，港、澳、台同胞，外籍华人捐赠物资 |
| 4019 | 边境小额 | 边境小额贸易（边民互市贸易除外） |
| 4200 | 驻外机构运回 | 我驻外机构运回旧公用物品 |
| 4239 | 驻外机构购进 | 我驻外机构境外购买运回国的公务用品 |
| 4400 | 来料成品退换 | 来料加工成品退换 |
| 4500 | 直接退运 | 直接退运 |
| 4539 | 进口溢误卸 | 进口溢、误卸货物 |
| 4561 | 退运货物 | 因质量不符、延误交货等原因退运进出境货物 |
| 4600 | 进料成品退换 | 进料成品退换 |
| 5000 | 料件进出区 | 用于区内外非实际进出境货物 |
| 5015 | 区内加工货物 | 加工区内企业从境外进口 |
| 5033 | 区内仓储货物 | 加工区内仓储企业从境外进口的货物 |
| 5100 | 成品进出区 | 用于区内外非实际进出境货物 |
| 5200 | 区内边角调出 | 用于区内外非实际进出境货物 |
| 5300 | 设备进出区 | 用于区内外非实际进出境货物 |
| 5361 | 境外设备进区 | 加工区内企业从境外进口的设备物资 |
| 9639 | 海关处理货物 | 海关变卖处理的超期未报货物，走私违规货物 |

续表

| 贸易方式代码 | 贸易方式简称 | 贸易方式全称 |
|---|---|---|
| 9700 | 后续补税 | 无原始报关单的后续退、补税 |
| 9739 | 其他贸易 | 其他贸易 |
| 9800 | 租赁征税 | 租赁期一年及以上的租赁贸易货物的租金 |
| 9839 | 留赠转卖物品 | 外交机构转售境内或国际活动留赠放弃特批货 |
| 9900 | 其他 | 其他 |

**13. 征免性质**

征免性质是指海关根据《海关法》、《关税条例》及国家有关政策对进出口货物实施的征、减、免税管理的性质类别。填报要求如下。

（1）一份报关单只允许填报一种征免性质。

（2）按照海关核发的征免税证明中批注的征免性质填报，或根据进出口货物的实际情况，参照《征免性质代码表》（见表3.7）选择填报相应的征免性质简称或代码。

（3）加工贸易货物应按海关核发的登记手册中批注的征免性质填报相应的征免性质简称或代码。

（4）特殊情况填报要求如下：

① 外商投资企业为加工内销产品而进口料件，填报"一般征税"；

② 加工贸易转内销货物，按实际应享受的征免性质填报；

③ 料件退运出口、成品退运进口的货物填报"其他法定"；

④ 加工贸易结转货物，免填。

表3.7 征免性质代码表

| 征免性质代码 | 征免性质简称 | 征免性质全称 |
|---|---|---|
| 101 | 一般征税 | 一般征税进出口货物 |
| 201 | 无偿援助 | 无偿援助进出口物资 |
| 299 | 其他法定 | 其他法定减免税进出口货物 |
| 301 | 特定区域 | 特定区域进口自用物资及出口货物 |
| 307 | 保税区 | 保税区进口自用物资 |
| 399 | 其他地区 | 其他执行特殊政策地区出口货物 |
| 401 | 科教用品 | 大专院校及科研机构进口科教用品 |
| 403 | 技术改造 | 企业技术改造进口货物 |
| 406 | 重大项目 | 国家重大项目进口货物 |
| 412 | 基础设施 | 通信、港口、铁路、公路、机场建设进口设备 |
| 413 | 残疾人 | 残疾人组织和企业进出口货物 |
| 417 | 远洋渔业 | 远洋渔业自捕水产品 |

续表

| 征免性质代码 | 征免性质简称 | 征免性质全称 |
|---|---|---|
| 418 | 国产化 | 国家定点生产小轿车和摄录机企业进口散件 |
| 501 | 加工设备 | 加工贸易外商提供的不作价进口设备 |
| 502 | 来料加工 | 来料加工装配和补偿贸易进口料件及出口成品 |
| 503 | 进料加工 | 进料加工贸易进口料件及出口成品 |
| 506 | 边境小额 | 边境小额贸易进口货物 |
| 601 | 中外合资 | 中外合资经营企业进出口货物 |
| 602 | 中外合作 | 中外合作经营企业进出口货物 |
| 603 | 外资企业 | 外商独资企业进出口货物 |
| 606 | 海上石油 | 勘探、开发海上石油进口货物 |
| 608 | 陆地石油 | 勘探、开发陆地石油进口货物 |
| 609 | 贷款项目 | 利用贷款进口货物 |
| 611 | 贷款中标 | 国际金融组织贷款、外国政府贷款中标机电设备零部件 |
| 789 | 鼓励项目 | 国家鼓励发展的内外资项目进口设备 |
| 799 | 自有资金 | 外商投资额度外利用自有资金进口设备、备件、配件 |
| 801 | 救灾捐赠 | 救灾捐赠进口物资 |
| 898 | 国批减免 | 国务院特准减免税的进出口货物 |
| 998 | 内部暂定 | 享受内部暂定税率的进出口货物 |
| 999 | 例外减免 | 例外减免税进出口货物 |

## 14. 征税比例/结汇方式

结汇方式是指出口货物的发货人或其代理人收结外汇的方式。

按海关规定的《结汇方式代码表》（见表3.8）选择填报相应结汇方式的名称或缩写或代码。

表3.8 结汇方式代码表

| 结汇方式代码 | 结汇方式名称 |
|---|---|
| 1 | 信汇（M/T） |
| 2 | 电汇（T/T） |
| 3 | 票汇（D/D） |
| 4 | 付款交单（D/P） |
| 5 | 承兑交单（D/A） |
| 6 | 信用证（L/C） |
| 7 | 先出后结 |
| 8 | 先结后出 |
| 9 | 其他 |

### 15. 许可证号

许可证号是国务院商务主管部门及其授权发证机关签发的进出口货物许可证的编号。填报要求如下。

（1）许可证管理商品必须填报，非许可证管理商品本栏留空。注意这里填报的是"许可证"而非"许可证件"的编号，长度为10位字符。

（2）一张报关单只允许填报一个许可证号。

### 16. 运抵国（地区）

运抵国（地区）是指出口货物直接运抵的国家（地区）。填报要求如下。

（1）本栏目应按海关规定的《国别（地区）代码表》选择填报相应的运抵国（地区）中文名称或代码。

（2）无实际进出境的，本栏目填报"中国"（代码142）。

（3）对发生运输中转的货物，如中转地未发生任何商业性交易，则起、抵地不变，如中转地发生商业性交易，则中转地作为运抵国（地区）填报。

### 17. 指运港

指运港是指出口货物运往境外的最终目的港。本栏目应根据实际情况按海关规定的《港口航线代码表》选择填报相应的港口中文名称或代码，具体填报要求如下。

（1）对于直接运抵货物，货物直接运抵的港口为运抵港。

（2）对于发生运输中转的货物，中转港为装货港，指运港不受中转影响。

（3）对于无实际进出境的货物，本栏目填报"中国境内"（代码"0142"）。

### 18. 境内货源地

境内货源地指出口货物在境内的生产地或原始发货地（包括供货地点）。填报要求如下：

（1）"境内货源地"栏按《国内地区代码表》选择填报国内地区名称或代码，代码含义与经营单位代码前5位的定义相同。

（2）境内货源地要填报具体的行政区域。

（3）境内货源地以出口货物的生产地为准。如出口货物在境内多次周转，不能确定生产地，应以最早的启运地为准。

### 19. 批准文号

出口报关单本栏目用于填报《出口收汇核销单》编号。

### 20. 成交方式

成交方式是指在进出口贸易中进出口商品的价格构成和买卖双方各自应承担的责任、费用和风险，以及货物所有权转移的界限。本栏目填报要求如下。

（1）本栏目应根据实际成交价格条款按海关规定的《成交方式代码表》（见表 3.9）

填报相应的成交方式代码。

（2）无实际进出境的，进口填报 CIF 或其代码，出口填报 FOB 或其代码。

（3）如果采用"CPT"术语成交，本栏目填报"C&F"；如果采用"FCA"术语成交，本栏目填报"FOB"。

表 3.9　成交方式代码表

| 成交方式代码 | 成交方式名称 |
| --- | --- |
| 1 | CIF |
| 2 | C&F |
| 3 | FOB |
| 4 | C&I |
| 5 | 市场价 |
| 6 | 垫仓 |

**21. 运费**

运费是指进出口货物从始发地至目的地的国际运输所需要的各种费用。填报要求如下。

（1）本栏目用于成交价格中不包含运费的进口货物或成交价格中含有运费的出口货物，即 FOB 进口或 CIF、CFR 出口，应填报该份报关单所含全部货物的国际运输费用。

（2）可按运费单价、总价或运费率三种方式之一填报，同时注明运费标记，并按海关规定的《货币代码表》选择填报相应的币种代码。

运费标记"1"表示运费率，"2"表示每吨货物的运费单价，"3"表示运费总价。

填纸质报关单时，本栏目不同的运费标记填报如下：

① 运费率：直接填报运费率的数值，如 5%的运费率填报为"5"。

② 运费单价：填报运费币值代码+"/"+运费单价的数值+"/"+运费单价标记，如 30 美元的运费单价填报为"502/30/2"。

③ 运费总价：填报运费币值代码+"/"+运费总价的数值+"/"+运费总价标记，如 3000 美元的运费总价填报为"502/3000/3"。

（3）运保费合并计算的，运保费填报在运费栏目中。

**22. 保费**

保费是指进出口货物在国际运输过程中，由被保险人付给保险人的保险费用。填报要求如下。

（1）本栏目用于成交价格中不包含保险费的进口货物或成交价格中含有保险费的出口货物，即"FOB、CFR"进口或"CIF"出口，应填报该份报关单所含全部货物国际运输的保险费用。

（2）可按保险费总价或保险费率两种方式之一填报，同时注明保险费标记，并按海关规定的《货币代码表》选择填报相应的币种代码。

保险费标记"1"表示保险费率,"3"表示保险费总价。

填纸质报关单时,本栏目不同的保费标记填报如下:

① 保费率:直接填报保费率的数值,如:5‰的保险费率填报为"0.5"。

② 保费总价:填报保费币值代码+"/"+保费总价的数值+"/"+保费总价标记,如500美元保险费总价填报为"502/500/3"。

③ 运保费合并计算的,运保费填报在运费栏目中,本栏目免予填报。

### 23. 杂费

杂费是指成交价格以外的、按照《中华人民共和国进出口关税条例》相关规定应计入完税价格或应从完税价格中扣除的费用。填报要求如下:

(1)可按杂费总价或杂费率两种方式之一填报,同时注明杂费标记,并按海关规定的《货币代码表》选择填报相应的币种代码。

填纸质报关单时,本栏目不同的杂费标记填报如下。

① 杂费率:直接填报杂费率的数值,如应计入完税价格的 1.5%的杂费率填报为"1.5";应从完税价格中扣除的1%的回扣率填报为"−1"。

② 杂费总价:填报杂费币值代码+"/"+杂费总价的数值+"/"+杂费总价标记,如应计入完税价格的 500 英镑杂费总价填报为"303/500/3"。

(2)应计入完税价格的杂费填报为正值或正率,应从完税价格中扣除的杂费填报为负值或负率。例如,在成交价格外需另行支付给卖方的佣金,属于应计入完税价格的杂费,应填为正值或正率;我方支付给采购代理人的购货佣金,或是国外卖方给我方的折扣等,属于应从完税价格中扣除的杂费,应填报为负值或负率。

(3)无杂费时,免填。

### 24. 合同协议号

本栏目应填报进(出)口货物合同(协议)的全部字头和号码。

### 25. 件数

件数是指有外包装的单件进出口货物的实际件数,货物可以单独计数的一个包装称为一件。填报要求如下:

(1)本栏目应填报有外包装的进(出)口货物的实际件数。

(2)本栏目不得填报为零,裸装与散装货物应填报为"1"。

(3)有关单据仅列明托盘件数,或者既列明托盘件数,又列明单件包装件数的,填报托盘数。如"3PALLET/S.T.C. 150CARTONS"本栏目填报"3"。

(4)有关单据既列明集装箱个数,又列明托盘件数、单件包装件数的,按以上要求填报;如果只列明集装箱个数,未列明托盘件数、单件包装件数的,填报集装箱数。

**26．包装种类**

包装种类指出口货物在运输过程中外表所呈现的状态。填报要求如下。

（1）本栏目应填报出口货物的实际外包装的名称。常见的包装种类中英文名称如表3.10所示。

（2）如果有多种包装材料，统报为"其他"。件数是各种包装的合计数。

表3.10　包装种类表

| 中文名称 | 英文名称 |
| --- | --- |
| 木箱 | （WOODEN）CASE |
| 纸箱 | CARTONS/CTNS |
| 桶装 | DRUM/BARREL |
| 包 | BALES/BLS |
| 散装 | BULK |
| 裸装 | NUDE |
| 托盘 | PALLET |

**27．毛重**

毛重指货物及其包装材料的重量之和。填报要求如下。

本栏目填报出口货物实际毛重，计量单位为公斤，不足一公斤的填报为"1"。

**28．净重**

净重指货物的毛重减去外包装材料后的重量，即商品本身的实际重量。填报要求如下。

本栏目填报出口货物的实际净重，计量单位为公斤，不足一公斤的填报为"1"。

**29．集装箱号**

集装箱号是在每个集装箱箱体两侧标示的全球唯一的编号。填报要求如下。

（1）在填制纸质报关单时，按照"集装箱号"＋"/"＋"规格"＋"/"＋"自重"方式填报。如"COSU8491952/20/2275"。多个集装箱的，第一个集装箱号填报在本栏目，其余填报在"标记唛码及备注"栏内。

（2）非集装箱货物，填报为"0"。

**30．随附单据**

随附单据指随出口货物报关单一并向海关递交的单证或文件。包括发票、装箱单、提单、运单等基本单证，监管证件、征免税证明、外汇核销单等特殊单证和合同、信用证等预备单证。填报要求如下。

（1）基本单证和预备单证不在本栏目填报，"随附单据"栏仅填报除进出口许可证之外的监管证件的代码及编号。

（2）本栏目分为随附单据代码和随附单据编号两项，其中代码应按海关规定的《监管证件名称代码表》（见表3.11）选择填报相应证件的代码填报；编号应填报监管证件编号，格式为：监管证件代码+":"+监管证件编号。

（3）所申报货物涉及多个监管证件的，第一个监管证件代码和编号在本栏目填报，其余填报在"标记唛码及备注"栏。

（4）原产地证书相关内容的填报：

① 实行原产地证书联网管理的，在本栏随附单证代码项下填写"Y"，在随附单证编号项下的"<>"内填写优惠贸易协定代码。例如，香港CEPA项下进口商品，应填报为："Y：<03>"。

② 未实行原产地证书联网管理的，在报关单"随附单据"栏随附单证代码项下填写"Y"，在随附单证编号项下"< >"内填写优惠贸易协定代码+":"+需证商品序号。例如《曼谷协定》项下进口报关单中第1～3项和第5项为优惠贸易协定项下商品，应填报为："Y：<01：1-3，5>"。

③ 一份原产地证书只能对应一份报关单，同一份报关单上的商品不能同时享受协定税和减免税。

④ 报关单上申报商品的计量单位必须与原产地证书上对应商品的计量单位一致。

表3.11 监管证件名称代码表

| 监管证件代码 | 监管证件名称 |
| --- | --- |
| 1 | 进口许可证 |
| 4 | 出口许可证 |
| 5 | 纺织品临时出口许可证 |
| 7 | 自动进口许可证 |
| A | 入境货物通关单 |
| B | 出境货物通关单 |
| E | 濒临物种允许出口许可证 |
| F | 濒临物种允许进口许可证 |
| O | 自动进口许可证（新旧机电产品） |
| P | 固体废物进口许可证 |
| Y | 原产地证明 |
| t | 关税配额证明 |

**31．生产厂家**

生产厂家是指出口货物的境内生产企业的名称。本栏目供必要时填报。

**32．标记唛码及备注**

标记唛码是**运输标记**的俗称，出口货物报关单上的标记唛码专指货物的运输标记。其填报要求如下：

（1）标记唛码中除图形以外的文字、数字。

（2）受外商投资企业委托代理其进口投资设备、物品的进出口企业名称，格式为："委托\*\*\*公司进口"。

（3）填报关联备案号。与本报关单有关联关系的，同时在业务管理规范方面又要求填报的备案号，如加工贸易结转货物及凭《征免税证明》转内销货物，其对应的备案号应填报在本栏，格式为："转至（自）\*\*\*\*\*\*\*\*\*\*\*\*手册"。

（4）填报关联报关单号。与本报关单有关联关系的，同时在业务管理规范方面又要求填报的报关单号，应填报在本栏。

（5）所申报货物涉及多个监管证件的，除第一个监管证件外的其余监管证件和代码。

（6）所申报货物涉及多个集装箱的，除第一个集装箱号以外的其余集装箱号。

（7）其他申报时必须说明的事项。

**33．项号**

项号是指申报货物在报关单中的商品排列序号。其填报要求如下：

（1）一张纸质报关单最多可打印 5 项商品，纸质报关单表体共有 5 栏，可另外附带 3 张纸质报关单，合计一个报关单编号下的一份报关单最多可打印 20 项商品。

（2）本栏目分两行填报及打印。第一行打印报关单中的商品排列序号。第二行专用于加工贸易和实行原产地证书联网管理等已备案的货物，填报和打印该项货物在《加工贸易手册》中的项号和对应的《原产地证书》上的商品项号。

加工贸易合同项下出口货物，必须填报与《加工贸易手册》一致的商品项号，所填报项号用于核销对应项号下的料件或成品数量。

如一张加工贸易料件出口报关单上某项商品的项号是上"03"、下"027"，说明其位列报关单申报商品第 3 项，且对应加工贸易登记手册备案料件第 27 项。

（3）特殊情况填报要求如下。

① 深加工结转货物，分别按照《加工贸易手册》中的进口料件项号和出口成品项号填报。

② 料件结转货物（包括料件、成品和半成品折料），出口报关单按照转出《加工贸易手册》中进口料件的项号填报。

③ 料件复出货物（包括料件、边角料、来料加工半成品折料），按照《加工贸易手册》中进口料件的项号填报；料件退换货物（包括料件、不包括半成品），出口报关单按照《加

工贸易手册》中进口料件的项号填报。

④ 成品退运货物，退运进境报关单和复运出境报关单按照《加工贸易手册》原出口成品的项号填报。

⑤ 加工贸易成品凭《征免税证明》转为享受减免税进口货物的，应先办理进口报关手续。出口报关单本栏目填报《加工贸易手册》原出口成品项号，进、出口报关单货物数量应一致。

⑥ 加工贸易料件、成品放弃，本栏目应填报《加工贸易手册》中的项号。半成品放弃的应按单耗折回料件，以料件放弃申报，本栏目填报《加工贸易手册》中对应的料件项号。

⑦ 加工贸易副产品退运出口、结转出口或放弃，本栏目应填报《加工贸易手册》中新增的变更副产品的出口项号。

⑧ 经海关批准实行加工贸易联网监管的企业，对按海关联网监管要求企业需申报报关清单的，应在向海关申报货物进出口（包括形式进出口）报关单前，向海关申报"清单"。一份报关清单对应一份报关单，报关单商品由报关清单归并而得。加工贸易电子账册报关单中项号、品名、规格等栏目的填制规范比照《加工贸易手册》。

**34．商品编号**

商品编号指按《中华人民共和国海关进出口税则》确定的出口货物的商品编号。其填报要求如下：

（1）此栏目填报《中华人民共和国海关进出口税则》8位税则号列，有附加编号的，还应填报商品编号附加的第9、10位附加编号。

（2）《加工贸易手册》中商品编号与实际商品编号不符的，应按实际商品编号填报。

**35．商品名称、规格型号**

商品名称是指出口货物规范的中文名称。商品的规格型号是指反映商品性能、品质和规格的一系列指标，如品牌、等级、成分、含量、纯度、大小、长短、粗细等。其填报要求如下：

（1）本栏目分两行填报。第一行填报进出口货物规范的中文商品名称，必要时可加注原文；第二行填报规格型号。

（2）商品名称及规格型号应据实填报，并与所提供的商业发票相符。

（3）商品名称应当规范，规格型号应当足够详细，以能满足海关归类、审价及许可证件管理要求为准。根据商品属性，本栏目填报内容包括品名、牌名、规格、型号、成分、含量、等级、用途、功能等。

（4）加工贸易等已备案的货物，本栏目填报录入的内容必须与备案登记中同项号下货物的名称与规格型号一致。

(5) 加工贸易边角料和副产品内销、边角料复出口，本栏目填报其报验状态的名称和规格型号。属边角料、副产品、残次品、受灾保税货物且按规定需加以说明的，应在本栏目中填注规定的字样。

(6) 一份报关单最多允许填报 20 项商品。

**36. 数量及单位**

数量及单位是指出口商品的实际数量及计量单位。计量单位分为成交计量单位和海关法定计量单位。海关法定计量单位又分为海关法定第一计量单位和海关法定第二计量单位，以《海关统计商品目录》中的规定为准。填报要求如下。

(1) 本栏目分三行填报及打印。具体填报要求如下。

① 出口货物必须按海关法定计量单位填报，法定第一计量单位及数量填报在本栏目第一行。

② 凡海关列明第二计量单位的，必须报明该商品第二计量单位及数量，填报在本栏目第二行。无第二计量单位的，本栏目第二行为空。

③ 以成交计量单位申报的，须填报与海关法定计量单位转化后的数量，同时须将成交计量单位及数量填报在第三行。如成交计量单位与海关法定计量单位一致时，本栏目留空。

(2) 法定计量单位为"千克"的数量填报，特殊情况下填报要求如下。

① 装入可重复使用的包装容器的货物，按货物的净重填报，如罐装同位素、罐装氧气及类似品等，应扣除其包装容器的重量。

② 使用不可分割包装材料和包装容器的货物，按货物的净重填报（即包括内层直接包装的净重重量），如采用供零售包装的酒、罐头、化妆品及类似品等。

③ 按照商业惯例以公量重计价的商品，应按公量重填报，如未脱脂羊毛、羊毛条等。

④ 采用以毛重作为净重计价的货物，可按毛重填报，如粮食、饲料等价格较低的农副产品。

⑤ 根据 H.S.归类规则，零部件按整机归类的，法定第一数量填报"0.1"，有法定第二数量的，按照货物实际净重申报。

⑥ 具有完整品或制成品基本特征的不完整品、未制成品，按照 H.S.归类规则应按完整品归类的，申报数量按照构成完整品的实际数量申报。

(3) 加工贸易等已备案的货物，成交计量单位必须与《加工贸易手册》中同项号下货物的计量单位一致，不一致时必须修改备案或转换一致后填报。

**37. 最终目的国（地区）**

最终目的国（地区）指已知的出口货物的最终实际消费、使用或进一步加工制造国家（地区）。其填报要求如下。

（1）本栏目应按海关规定的《国别（地区）代码表》选择填报相应的国家（地区）名称或代码。

（2）加工贸易报关单特殊情况填报要求为：

① 料件结转货物，出口报关单填报"中国"（代码142）。

② 深加工结转货物和以产顶进货物，填报"中国"（代码142）。

③ 加工出口成品因故退运境内的，填报"中国"（代码142），复运出境时填报实际最终目的国（地区）。

④ 区外运入出口加工区的货物，最终目的国为中国。

（3）一份原产地证书只能对应一份报关单。

### 38．单价

单价是指商品的一个计量单位以某一种货币表示的价格。一个完整的单价包括计价货币、单位价格金额、计量单位、价格术语四个部分，如果含佣金和折扣，也应注明。填报要求如下：

（1）本栏目应填报同一项号下出口货物实际成交的商品单位价格。单价如果不是整数，小数点后保留4位。如原始单据显示单价条款为：USD31.68 PER DOZEN CIF LONDON，则本栏填报"31.68"。

（2）无实际成交价格的，本栏目填报货值。

### 39．总价

总价是指出口货物实际成交的商品总值。填报要求如下。

（1）本栏目应填报同一项号下出口货物实际成交的商品总价。总价如果不是整数，小数点后保留4位。如原始单据显示：TOTAL AMOUNT：USD56234.16，则本栏填报 56234.16。

（2）无实际成交价格的，本栏目填报货值。

### 40．币制

币制指出口货物实际成交价格的币种。填报要求如下。

（1）本栏目应根据实际成交情况按海关规定的《货币代码表》选择填报相应的货币名称或代码或符号。

（2）《货币代码表》（见表3.12）中无实际成交币种的，需转换后填报。

表3.12 币制代码表

| 币 制 代 码 | 币 制 符 号 | 币 制 名 称 |
| --- | --- | --- |
| 110 | HKD | 港币 |
| 116 | JPY | 日元 |
| 121 | MOP | 澳门元 |

续表

| 币制代码 | 币制符号 | 币制名称 |
|---|---|---|
| 132 | SGD | 新加坡元 |
| 142 | CNY | 人民币 |
| 300 | EUR | 欧元 |
| 302 | DKK | 丹麦克朗 |
| 303 | GBP | 英镑 |
| 330 | SEK | 瑞典克朗 |
| 331 | CHF | 瑞士法郎 |
| 501 | CAD | 加拿大元 |
| 502 | USD | 美元 |
| 601 | AUD | 澳大利亚元 |

## 41．征免

征免指海关对进出口货物进行征税、减税、免税或特案处理的实际操作方式。其填报要求如下。

（1）本栏目应按照海关核发的《征免税证明》或有关政策规定，对报关单所列每项商品选择填报海关规定的《征减免税方式代码表》（见表 3.13）中相应的征减免税方式的名称。

（2）加工贸易报关单应根据《加工贸易手册》中备案的征免规定填报。

（3）《加工贸易手册》中备案的征免规定为"保金"或"保函"的，不能按备案的征免规定填报，而应填报"全免"。

表 3.13 征减免税方式代码表

| 征减免税方式代码 | 征减免税方式名称 |
|---|---|
| 1 | 照章征税 |
| 2 | 折半征税 |
| 3 | 全免 |
| 4 | 特案 |
| 5 | 随征免性质 |
| 6 | 保证金 |
| 7 | 保函 |
| 8 | 折半补税 |
| 9 | 全额退税 |

主要征减免税方式说明：
① 照章征税（1）：指对进出口货物依照法定税率计征各类税、费。
② 折半征税（2）：指依照主管海关签发的征免税证明或海关总署的通知，对进出口货物依照法定税率折半计征关税和增值税，但照章征收消费税。
③ 全免（3）：指依照主管海关签发的征免税证明或海关总署的通知，对进出口货物依照法定税率免征关税和增值税，但照章征收消费税。
④ 特案（4）：指依照主管海关签发的征免税证明或海关总署的通知规定的税率计征各类税、费。
⑤ 随征免性质（5）：指对某些监管方式下进出口的货物按照征免性质规定的特殊计税公式或税率计征税、费。
⑥ 保证金（6）：指经海关批准具保放行的货物，由担保人向海关缴纳现金的一种担保形式。
⑦ 保函（7）：指担保人根据海关的要求，向海关提交的订有明确权利义务的一种担保形式。

**42．税费征收情况**

本栏目供海关批注出口货物税费征收及减免情况。

**43．录入员**

本栏目用于记录预录入操作人员的姓名并打印。

**44．录入单位**

本栏目用于记录并打印电子数据报关单的录入单位名称。

**45．填制日期**

填制日期指报关单的填制日期，填报要求如下。

电子数据报关单的填制日期由计算机自动打印。栏目为8位数字，顺序为年（4位）、月（2位）、日（2位）。

**46．申报单位**

申报单位是指经海关注册登记，有权向海关办理报关手续，并对其申报内容的真实性、有效性、合法性直接向海关负责的中国境内企业或单位，其填报要求如下。

（1）自理报关的，应填报出口货物的经营单位中文名称及编码。
（2）委托代理报关的，应填报经海关批准的报关企业中文名称及编码。

**47．海关审单批注及放行日期**

本栏目指供海关内部作业时签注的总栏目，由海关关员手工填写在预录入报关单上。其中"放行"栏填写海关对接受申报的出口货物作出放行决定的日期。

以下是报关员根据资料填制的报关单，如图3.14所示。

# 中华人民共和国海关出口货物报关单

| 预录入编号：（1） | | 海关编号：（2） | | |
|---|---|---|---|---|
| 出口口岸 深圳盐田口岸 5316 | 备案号（4） | | 出口日期 2013.02.22 | 申报日期 2013.02.18 |
| 经营单位<br>深圳果蔬进出口公司 | 运输方式 2<br>江海 | 运输工具名称（9）<br>DONGFENG /037 | | 提运单号（10） |
| 发货单位（11）<br>深圳果蔬进出口公司 | 贸易方式 0110<br>一般贸易 | | 征免性质 101<br>一般征税 | 结汇方式 4<br>D/P |
| 许可证号（15） | 运抵国（地区）（16）<br>新加坡 | | 指运港（17）<br>新加坡 | 境内货源地（18）<br>深圳 |
| 批准文号（19） | 成交方式 1<br>CIF | 运费<br>502/2200/3 | 保费（22）<br>502/640/3 | 杂费（23） |
| 合同协议号<br>KFY1230/2012 | 件数（25）<br>400 | 包装种类<br>其他 | 毛重（公斤）（27）<br>14800 | 净重（公斤）（28）<br>13800 |
| 集装箱号 STEU4597111/20/2275 | | 随附单据 | | 生产厂家（31） |
| 标记唛码及备注 N/M | | | | |

| 项号 | 商品编号 | 商品名称、规格型号 | 数量及单位 | 最终目的国（地区） | 单价 | 总价 | 币制 | 征免 |
|---|---|---|---|---|---|---|---|---|
| 1 | 2100.9090 | 腐乳 | 200 箱 | 新加坡 | 12.75 | 2550.00 | 502 | 1 照章征税 |
| 2 | 2209.0000 | 米醋 | 200 听 | 新加坡 | 16.50 | 3300.00 | 502 | 1 照章征税 |

| 税费征收情况（42） | | | |
|---|---|---|---|
| 录入员<br><br>（43） | 录入单位<br><br>（44） | 兹声明以上申报无讹并承担<br>法律责任 | 海关审单批注及放行日期（签章）<br>（47） |
| 报关员 周力 | | | 审单　　　　　　　审价 |
| | | | 征税　　　　　　　统计 |
| 单位地址 深圳市南山路 188 号<br>邮编 510000　电话 0755-34253647 | | 申报单位（签章）<br>（46）深圳果蔬进出口公司<br>填制日期　　（45） | 查验　　　　　　　放行 |

图 3.14 报关单填制

## 【知识支撑】

### 一、进出口货物报关单的含义和种类

**1. 含义**

进出口货物报关单是指进出口货物的收发货人或其代理人，按照海关规定的格式对进出口货物的实际情况作出书面申明，以此要求海关对其货物按照适用的海关制度办理通关手续的法律文书。

**2. 类别**

按照货物的流转状态、贸易性质和海关监管方式的不同，进出口货物报关单可以分为以下几种类型。

（1）按进出口状态分：进口货物报关单和出口货物报关单。

（2）按表现形式分：纸质报关单和电子数据报关单。

（3）按使用性质分：进料加工进出口货物报关单、来料加工及补偿贸易进出口报关单及一般贸易及其他贸易进出口货物报关单。

（4）按用途分。

① 报关单录入凭单：指申报单位按海关规定的格式填写的凭单，用作报关单预录入的依据。

② 预录入报关单：指预录入单位录入、打印，由申报单位向海关申报的报关单。

③ 电子数据报关单：指申报单位通过电子计算机系统，按照《填制规范》的要求，向海关申报的电子报文形式的报关单及事后打印、补交备核的纸质的报关单。

④ 报关单证明联：指海关在核实货物实际入、出境后按报关单格式提供的证明，用作企业向税务、外汇管理部门办结有关手续的证明文件。

报关单证明联包括：第一，出口货物报关单出口退税证明联。第二，进口货物报关单付汇证明联。第三，出口货物报关单收汇核销联。

### 二、出口货物报关单的构成

纸质出口货物报关单一式六联，分别是海关作业联、海关留存联、企业留存联、海关核销联、出口收汇证明联、出口退税证明联。

具体介绍如表 3.14 所示。

表 3.14　出口货物报关单的构成及作用

| 报 关 单 | 作 用 |
| --- | --- |
| 海关作业联<br>海关留存联 | 是报关员配合海关查验、交纳税费、提取或装运货物的重要单据，也是海关查验货物、征收税费、编制海关统计以及处理其他海关事务的重要凭证 |
| 企业留存联 | 企业留存联是作为合法出境货物的依据，是在海关放行货物和结关以后，向海关申领进出口货物付汇、收汇证明联和出口货物退税证明联的文件 |
| 海关核销联 | 海关核销联是指口岸海关对已实际出口的货物所签发的证明文件，是海关办理加工贸易合同核销、结案手续的重要凭证。加工贸易的货物出口后，申报人应当向海关领取出口货物报关单海关核销联，并凭以向主管海关办理加工贸易合同核销手续 |
| 出口收汇证明联 | 出口收汇证明联是海关对已实进出境的货物所签发的证明文件，是银行和国家外汇管理部门办理售汇、收汇及核销手续重要依据之一<br>对需要办理出口收汇核销的货物，出口货物的发货人或其代理人应当在海关放行货物或结关以后，向海关申领进口货物出口收汇核销联 |
| 出口退税证明联 | 出口退税证明联是海关对已实际出口并已装运离境的货物所签发的证明文件，是国家税务部门办理出口货物退税手续的重要凭证之一<br>对可办理出口退税的货物，出口货物发货人或其代理人应当在载运货物的运输工具实际离境、海关收到载货清单、办理结关手续后，向海关申领出口退税证明联 |

## 三、填写报关单的法律责任

《中华人民共和国海关行政处罚实施细则》第十一条第五款规定："进出境货物的品名、数量、规格、价格、原产国别、贸易方式、消费国别、贸易国别或者其他应当申报的项目申报不实的"当处货物等值以下或者应缴税款两倍以下的罚款。

又根据中华人民共和国海关对报关单和报关员的管理规定："代理报关单位和自理报关单位，应当按照海关的要求选用报关员并对本单位报关员的报关行为负法律责任"，报关员应"完整准确地填制报关单"、"递交洪合法齐全有效的报关单证"，不按规定填写报关单将暂停或取消报关员的报关资格。

因此，填写报关单是向海关办理报关手续的一项法律行为，报关员必须对其一切报关行为负责，他们必须保证按照海关规定和要求认真如实地填写报关单。

海关对发现有违章、走私行为的除依法处理外，还将根据违法行为的情节轻重，在一定时期内停止其报关业务、吊销有关报关员的证书。

## 四、海关对填报不实行为的处罚

为了有效地改进报关单填报质量，海关对单据因报关填报不实，不属于走私、偷逃税等违法违规性质，而仅影响统计数据准确的行为规定了罚款或停止报关员报关资格的处罚措施。

（1）填报的价格与实际不符，处以两者差额 1%以下的罚款，罚款金额一般不超过人民币 1 万元。

（2）填报其他统计项目违反规定按照其商品的到（离）岸价格计算，处以 1%以下的罚款，罚款金额一般不超过人民币 1 万元。

（3）有下列行为之一的，海关对当事人处人民币 1000 元以下罚款：

① 报关单上的统计项目填报不全、字迹模糊不清或乱涂改的；

② 对收取工缴费的来料加工装配成品出口，未分别填报原料费和加工费的；

③ 对于不同海关统计商品编号或不同产、消国别（地区）的货物，未分别填报的；

④ 实行集中报关的企业；对不同产、消国别（地区），未分别汇总填制报关单的；

⑤ 报关人对海关的查询未按期作出答复，或者申报内容有变动，未及时向海关办理更正手续，从而影响海关实施统计的；

⑥ 其他填制统计项目不符合海关要求的。

（4）统计项目填报不实，当事人主动纠正或经海关指出后积极采取措施改正的，从轻或免于处罚；拒绝改正填报差错或经海关多次处罚仍不能如实填报的，除从重处罚外，海关可视情节暂停其报关资格和吊销有关报关员的报关员证书。

## 五、报关单证样本

**1. 出口报关委托书样本**（见图 3.15）

**2. 报关单样本 1**（见图 3.16）

**3. 报关单样本 2**（见图 3.17）

# 出口货物代理报关委托书

编号：

| 委托单位 | | 十位编码 | |
|---|---|---|---|
| 地　　址 | | 联系电话 | |
| 经办人 | | 身份证号 | |

我单位委托_____公司代理以下进出口货物的报关手续，保证提供的报关资料真实、合法，与实际货物相符，并愿承担由此产生的法律责任。

| 货物名称 | | 商品编号 | | 件　数 | |
|---|---|---|---|---|---|
| 重　　量 | | 价　值 | | 币　制 | |
| 贸易性质 | | 货物产地 | | 合同号 | |
| 是否退税 | | 船名/航次 | | | |

| 委托单位开户银行 | | 账号 | |
|---|---|---|---|

随附单证名称、份数及编号：
1. 合同　　　　　份；　　　　　　　　　　6. 机电证明　　　份、编号：
2. 发票　　　　　份；　　　　　　　　　　7. 商检证　　　　份；
3. 装箱清单　　　份；　　　　　　　　　　8.
4. 登记手册　　　本、编号：　　　　　；　9.
5. 许可证　　　　份、编号：　　　　　；　10.

（以上内容由被委托单位填写）

| 被委托单位 | | 十位编码 | |
|---|---|---|---|
| 地　　址 | | 联系电话 | |
| 经办人 | | 身份证号 | |

（以上内容由被委托单位填写）

| 代理（专业）报关企业章及法人代表章 | | 委托单位章及法人代表章 | |
|---|---|---|---|

图 3.15　出口报关委托书

# 中华人民共和国海关出口货物报关单

预录入编号：　　　　　　　　　　　　　海关编号：3201010101

| 出口口岸 SHANGHAI PORT | 备案号 | | 出口日期 | 申报日期 |
|---|---|---|---|---|
| 经营单位　XXXXXX CO.,LTD.<br>Room 2901, HuaRong Mansion, GuanJiaQiao | 运输方式<br>BY VESSEL | 运输工具名称 | | 提运单号 |
| 发货单位　85#, Shanghai 200005, P.R.China<br>TEL:021-4711363 FAX:021-4691619 | 贸易方式<br>GENERAL TRADE | | 征免性质 | 结汇方式<br>L/C AT SIGHT |
| 许可证号 | 运抵国（地区）<br>SAUDI ARABIA | | 指运港<br>DAMMAM PORT | 境内货源地 |
| 批准文号 | 成交方式<br>CFR | 运费<br>USD2800.00 | 保费 | 杂费 |
| 合同协议号　DS2001SC205 | 件数<br>4400CARTONS | 包装种类<br>EXPORT CARTONS | 毛重（公斤）<br>39494.00KGS | 净重（公斤）<br>35904.00KGS |
| 集装箱号 | 随附单据<br>PACKING LIST；INVOICE | | | 生产厂家 |
| 标记唛码及备注<br>N/M | | | | |

| 项号 | 商品编号 | 商品名称、规格型号 | 数量及单位 | 最终目的国（地区） | 单价 | 总价 | 币制 | 征免 |
|---|---|---|---|---|---|---|---|---|
| 1 | 2007.9910 | CANNED APPLE JAM<br>24 TINS X 340 GMS | 2200CARTONS | | USD6.80 | USD14960.00 | USD | |
| 2 | 2007.9910 | CANNED STRAWBERRY JAM<br>24 TINS X 340 GMS | 2200CARTONS | | USD6.80 | USD14960.00 | USD | |
| | | Total: 4400CARTONS | | | | USD29920.00 | | |
| | | | | | FREIGHT: | USD2800.00 | | |
| | | | | | FOB VALUE: | USD27120.00 | | |

| 税费征收情况 | | |
|---|---|---|
| 录入员　　录入单位 | 兹声明以上申报无讹并承担法律责任 | 海关审单批注及放行日期（签章） |
| | | 审单　　　　审价 |
| 报关员 | 申报单位（签章） | 征税　　　　统计 |
| 单位地址　Room 2901, HuaRong Mansion, GuanJiaQiao<br>85#, Shanghai 200005, P.R.China | | 查验　　　　放行 |
| 邮编 200005　　电话 021-4711363` | 填制日期 2001-09-09 | |

图 3.16　出口报关单

# 中华人民共和国海关出口货物报关单

预录入编号：　　　　　　　　　　　　海关编号：

| 出口口岸 5301 | | 备案号 | 出口日期 | 申报日期 |
|---|---|---|---|---|
| 经营单位 潍坊市三田科技有限公司 3707966114 | | 运输方式　运输工具名称 汽车运输 | | 提运单号 |
| 收货单位 潍坊市三田科技有限公司 3707966114 | | 贸易方式 0110 | 征免性质 101 | 结汇方式 T/T |
| 许可证号 | 运抵国（地区）阿联酋 | | 指运港 | 境内货源 37073 |
| 批准文号 814541002 | 成交方式 FOB | 运费 | 保费 | 杂费 |
| 合同协议号 STE110701 | 件 51 | 包装种类 | 毛重（公斤）351 | 净重（公斤）325 |
| 集装箱号 | 随附单据 | | | 用途 |
| 标记唛码及备注 | 品牌 Microsim<br>型号：1. MIC-BTH45<br>　　　2. MIC-BTH160MP | | | |

| 项号 | 商品编号 | 商品名称、规格型号 | 数量及单位 | 最终目的国 | 单价 | 总价 | 币制 | 征免 |
|---|---|---|---|---|---|---|---|---|
| 1 | 8518301000 | 蓝牙耳机　MIC-BTH45 | 2000PCS/ | 阿联酋 | 3.75 | 7500 | 美金 | 照章征税 |
| 2 | 8518301000 | 蓝牙耳机　MIC-BTH160MP | 1000PCS/ | 阿联酋 | 6.5 | 6500 | 美金 | 照章征税 |

| 税费征收情况 | | | |
|---|---|---|---|
| 录入员　　录入单位 | 兹声明以上申报无讹并承担法律责任 | 海关审单批注及放行日期（签章） | |
| 报关员 | | 审单 | 审价 |
| | 申报单位（签章） | 征税 | 统计 |
| 单位地址 | | 查验 | 放行 |
| 邮编　　　电话 | 填制日期 | | |

图 3.17　出口货物报关单

### 单项实训 3-2

**1．项目说明**

完成任务一的教学即可开展本项目实训。

**2．操作步骤**

（1）根据项目二单项实训 2-1 中给出的资料填制完成出口报关单。

（2）教师点评，学生撰写并提交实训报告。

## 任务三　保险单缮制

**任务描述**：要求学生掌握保险单的作用，保险合同，保险条款和保险单的种类；掌握保险单的内容及缮制要求。

在国际贸易中，出口商将货物运抵进口商需经过长途运输，中途多次搬运有可能受到自然灾害、意外事故等因素的影响导致货损货差。为了减少风险，避免损失，往往需要对货物投保运输险。投保后，投保人即得到了保险单。保险单亦称为保单，是保险人与被保险人订立保险合同的正式书面证明。保险单必须完整地记载保险合同双方当事人的权利义务及责任。保险单记载的内容是合同双方履行的依据，保险单是保险合同成立的证明。

### 【导入项目】

在前面的操作中，深圳果蔬进出口有限公司已经成功向海关报关，海关经查验无误后加盖放行章，给予放行。此份合同为 CIF 成交的合同，根据 CIF 的性质，卖方需要在开船前为此份货物购买保险，并提供保险单给进出口公司作为其付款的单证之一。因此，2013年 2 月 20 日深圳果蔬进出口有限公司按照合同要求向中国人民财产保险公司广东分公司投保一切险，并取得保险单。请根据合同及相关资料缮制保险单。

### 【示范操作】

## 一、缮制保单注意事项

（1）保单和保险凭证的关系。两者同效，前者有背面条款，较常见，如要求前者，不可以提供后者，如要求后者，提供前者不会有问题。

（2）预约保险单多见于常有货物运输的公司或我国进口业务中，这样做的最大好处是：防止漏保、方便客户和不必逐笔洽谈保险条件。

（3）FOB、CFR 出口卖方代保问题。如保险费用有保障，卖方可以按 L/C 或合同规定予以代办。

（4）避免业务中一律一切险的做法。应针对不同商品、按不同条款选择投保合适的险别。

（5）保险责任起讫时间规定为 W/W 不意味着这期间发生的损失保险公司都会赔偿（按 FOB 和 CFR 成交，装运前的风险由出口方负责）。

（6）投保单可以中英文混合填写，保单必须英文制作。

## 二、保险单的内容及缮制要求

不同保险公司出具保险单据内容大同小异，多以英国劳合社船货保险单（S.G. Policy）为蓝本，它是世界上通用的保险条款。此外，中国保险条款（China Insurance Clause，CIC）是中国人民保险公司参照国际通常做法结合我国实际情况拟定的，经过几十年来的应用与实践，已被国际贸易、航运、保险界广泛接受。在国际贸易中也得到较多运用。

如图 3.18 所示为根据项目资料填写的保险单，各项目具体内容及缮制要求如下。

### 1. 保险合同的当事人

保险合同当事人一般有保险人、被保险人、保险经纪人、保险代理人、勘验人、赔付代理人等。

被保险人（Insured）即保险单的抬头，托收时，应填出口商；信用证方式下，正常情况下应是 L/C 的受益人，但如果信用证和合同无特别规定，一般有以下几种填写方法，如表 3.15 所示。

表 3.15 保险单抬头

| 项 目 | 信用证保险条款要求 | 保险单被保险人填写 |
| --- | --- | --- |
| 1 | To order of ××× bank 或 In favor of ××× bank | "受益人名称 + held to order of ××× bank 或 in favor of ××× bank" |
| 2 | 以 ABC CO.,LTD 为抬头人 | ABC CO.,LTD |
| 3 | 中性抬头（third party 或 in neutral form） | To whom it may concern |
| 4 | made out to order and endorsed in blank | 受益人名称+ to order |
| 5 | 无特殊规定或只要求 "endorsed in blank" 或 "in assignable/ negotiable form" | 受益人名称 |

中外保险公司都可以以自己名义签发保单并成为保险人,其代理人是保险经纪人;保险代理人代表货主;勘验人一般是进口地对货物损失进行查勘之人;赔付代理人指单据上载明的在目的地可以受理索赔的指定机构,应详细注明其地址和联系办法。

**2. 合同号、发票号、信用证号码**

如有,可以都填上去,一般只需要填发票号码,如果是做 L/C,最好将 L/C 号码填上去。

**3. 保险单号**

此栏填写保险公司的保险单号码。

**4. 保险货物项目**

保险货物项目包括品名(Description of Goods)、唛头、包装及数量,应与提单保持一致。

**5. 保险金额(Amount Insured)**

保险金额是所保险的货物发生损失时保险公司给予的最高赔偿限额,一般按 CIF/CIP 发票金额的 110%投保,加成如超出 10%,超过部分的保险费由买方承担可以办理,L/C 项下的保单必须符合 L/C 规定,如发票价包含佣金和折扣,应先扣除折扣再加成投保,被保险人不可能获得超过实际损失的赔付,保险金额的大小写应一致,保额尾数通常要"进位取整"或"进一取整",即不管小数部分数字是多少,一律舍去并在整数部分加"1"。

**6. 保费(Premium)和费率(Rate)**

通常事先印就"As Arranged"(按约定)字样,除非 L/C 另有规定,两者在保单上可以不具体显示。保险费通常占货价的比例为 1%~3%,险别不同,费率不一(水渍险的费率约相当于一切险的 1/2,平安险约相当于 1/3;保一切险,欧美等发达国家费率可能是 0.5%,亚洲国家是 1.5%,非洲国家则会高达 3%以上)。

**7. 运输方面的要求**

开航日期(Date of Commencement)通常填提单上的装运日,也可填"As Per B/L"或"As per Transportation Documents";启运地、目的地、装载工具(Per Conveyance)的填写与提单上的操作相同。

**8. 承保险别(Conditions)**

承保险别是保险单的核心内容,填写时应与 L/C 规定的条款、险别等要求严格一致;在 L/C 无规定或只规定"Marine/Fire/Loss Risk"、"Usual Risk"或"Transport Risk"等,可根据所买卖货物、交易双方、运输路线等情况投保 All Risks、WA 或 WPA、FPA 三种基本险中的任何一种;如 L/C 中规定使用中国保险条款(CIC)、伦敦协会货物条款(ICC)或美国协会货物条款(AICC),应按 L/C 规定投保、填制,所投保的险别除明确险别名称外,还应注明险别适用的文本及日期;某些货物的保单上可能出现 IOP(不考虑损失程度/

无免赔率)的规定；目前许多合同或 L/C 都要求在基本险的基础上加保 War Risks 和 S.R.C.C（罢工、暴动、民变险）等附加险；集装箱或甲板货的保单上可能会显示 J.W.O.B（抛弃、浪击落海）险；货物运往偷盗现象严重的地区/港口的保单上频现 TPND（偷窃、提货不着险）。

**9．赔付地点（Claim Payable At/In）**

此栏按合同或 L/C 要求填制。如 L/C 中并未明确，一般将目的港/地作为赔付地点。

**10．日期（Date）**

日期指保单的签发日期。由于保险公司提供仓至仓（W/W）服务，所以出口方应在货物离开本国仓库前办结手续，保单的出单时间应是货物离开出口方仓库前的日期或船舶开航前或运输工具开航前。除另有规定，保单的签发日期必须在运输单据的签发日期之前。

**11．签章（Authorized Signature）**

由保险公司签字或盖章以示保险单正式生效。单据的签发人必须是保险公司/承保人或他们的代理人，在保险经纪人的信笺上出具的保险单据，只要该保险单据是由保险公司或其代理人，或由承保人或其代理人签署的可以接受；UCP 规定除非 L/C 有特别授权，否则银行不接受由保险经纪人签发的暂保单。

# 【知识支撑】

## 一、保险单的作用

**1．保险合同证明**

根据英国法律（许多国家的保险法都以英国法为母法），保险单是合格的保险合同证明。

**2．赔偿证明**

保险合同是赔偿证明。当遇到风险时，被保险人可凭保险单要求赔偿。保险单是赔偿权的证明文件，是一种潜在的利益凭证。若被保险货物发生投保责任范围内的损失，俗称"出险"时，被保险人可凭保单要求保险公司的理赔，获得相应的经济补偿。

货物运输保险单经过背书后，可以随货物所有权的转移而进行转让，其他类型的保险单则不可以转让。

## 二、保险单的种类

目前在我国进出口业务中应用的保险单主要有以下几种。

## 1. 保险单（Insurance Policy）

保险单又称大保单，一般指的是海洋货物运输保险单，是保险人根据被保险人的要求，表示已接受承保责任而出具的一种独立文件。它是一种正规的保险单据，是被保险人在货物发生损失时进行索赔的主要依据。

保险单是我国保险经营中应用最广泛的一种保险单证，内容比较详尽。在保险单正面有双方约定保险标的物的有关内容，包括保险人名称和被保险人名称；保险标的的名称（货物名称）、数量、包装；保险金额、保险费率和保险费；运输工具开航日期、装运港和目的港；承保险别；检验理赔人或代理人名称；赔款偿付地点；签订日期等。背面列明了一般保险条款（海洋运输货物保险条款）以及保险人与被保险人的各项权利和义务，基本险的责任范围，还有除外责任、责任起讫、索赔期限、保险争议处理等。

## 2. 保险凭证（Insurance Certificate）

保险凭证也称小保单，又称保险条。保险凭证是保险人签发给投保人的，表明其已接受其投保的证明文件，是一种简化的保险单。保险凭证上不载明保单背面保险条款，其正面内容与大保单完全相同。凡保险凭证上没有列明的内容均以同类的大保单为准。小保单的法律效力与大保单相同，但不能作为对保险人提出诉讼的依据，因而在国际市场上使用不多。

## 3. 预约保险单（Open Policy）

预约保险单又称为"开口保险单"，它是被保险人和保险人之间订立的总合同。订立这种合同的目的是简化保险手续，又可使货物一经装运即可取得保障。合同中规定承保货物的范围、险别、费率、责任、赔款处理等条款，凡属合同约定的运输货物，在合同有效期内自动承保。

用于出口货物的预约保险单，要求出口公司在预约保险合同范围内的出口货物装船发运之前或发运时，填制"出口货物装运通知书"，将该批货物的名称、数量、保险金额、运输工具的种类和名称、航程起讫点、开航或启运日期等通知保险人，保险人据此签发正式的保险单证。凡属预约保险单规定范围内的货物，货物一经启运保险合同即自动按预约保险单上的承保条件生效。

用于进口货物的预约保险单，要求进口公司在收到出口商的"装船通知"后，应当填制"国际运输起运通知书"给保险公司，内容包括货品名称、数量、金额、装运港、目的港、启运日期等内容。凡属于预约保单规定范围内的进口货物，一经启运，我国保险公司即自动按预约保单所订立的条件承保。

事先订立预约保险合同，可以防止因漏保或迟保而造成的无法弥补的损失，因为出口公司若因疏漏未通知的，应补办保险。补办时货物若已受损的，保险公司仍予赔偿。

## 4. 保险批单（Endorsement）

保险批单是保险公司在保险单处理后，根据投保人的需求，对保险内容补充或变更，而出具的一种凭证。批单是保险单的组成部分。

保险单据应按信用证规定的内容提交。如信用证规定提交保险单，则银行只能接受保险单；如信用证规定是预约保险下的保险证明/声明，则保险单可接受。

## 三、保险单的使用

### 1. 保单的背书

保单的背书分为空白背书（只注明被保险人名称）、记名背书（业务中使用较少）和记名指示背书（在保单背面打上"To Order of ×××"和被保险人的名称）三种，保单做成空白背书意味着被保险人或任何保单持有人在被保货物出险后享有向保险公司或其代理人索赔的权利并得到合理的补偿，做成记名背书则意味着保单的受让人在被保货物出险后享有向保险公司或其代理人索赔的权利。在货物出险时，只有同时掌握提单和保单才能真正的掌握货权。

### 2. 保单的份数

当 L/C 没有特别说明保单份数时，出口公司一般提交一套完整的保险单，如有具体份数要求，应按规定提交，注意提交单据的正（Original）、副本（Copy）不同要求。

### 3. 保单的其他规定

号码（Policy Number）由保险公司编制，投保及索赔币种以 L/C 规定为准，投保地点一般为装运港/地的名称，如 L/C 或合同对保单有特殊要求也应在单据的适当位置加以明确。

## 四、具体保险条款分析

（1）INSURANCE POLICIES/CERTIFICATE IN TWO FOLD PAYABLE TO THE ORDER OF COMMERCIAL BANK OF LONDON LTD COVERING MARINE INSTITUTE CARGO CLAUSES A,INSTITUTE STRIKE CLAUSES CARGO, INSTITUTE WAR CLAUSES CARGO FOR INVOICE VALUE PLUS 10% INCLUDING WAREHOUSE TO WAREHOUSE UP TO THE FINAL DESTINATION AT SWEDEN,MARKED PREMIUM PAID ,SHOWING CLAIMS IF ANY,PAYABLE IN GERMANY,NAMING SETTLING AGENT IN GERMANY.根据上述规定，制作保单时应做到：两份正本、被保险人填写为"受益人+ HELD TO THE ORDER OF COMMERCIAL BANK OF LONDON LTD"，险别为协会货物 A 险、罢工险和战争险，保险金额为发票金额加成 10%，含到目的地瑞士的仓至仓条款，标明保费已付，索赔地点在德国，列明设在德国的赔付代理人。

（2）INSURANCE PLOICIES/CERTIFICATE IN TRIPLICATE ENDORSED IN BLANK FOR 110% OF INVOICE VALUE COVERING ALL RISKS AND WAR RISKS AS PER CIC WITH CLAIMS PAYABLE AT SINGAPORE IN THE CURRENCY OF DRAFT (IRRESPECTIVE OF PERCENTAGE), INCLUDING 60 DAYS AFTER DISCHARGES OF THE GOODS AT PORT OF DESTINATION (OF AT STATION OF DESTINATION) SUBJECT TO CIC. 其意思是：保单或保险凭证三份，做成空白背书，按发票金额的110%投保中国保险条款的一切险和战争险，按汇票所使用的货币在新加坡赔付（无免赔率），并以中国保险条款为准确定承保期限在目的港卸船（或在目的地车站卸车）后60天为止。

（3）INSURANCE COVERED BY THE APPLICANT. ALL SHIPMENT UNDER THIS CREDIT MUST BE ADVISED BY THE BENEFICIARY AFTER SHIPMENT DIRECTLY TO PRAGATI INSURANCE LTD JUBILEE ROAD BRANCH, CHITTAGONG, BANGLADESH AND APPLICANT ALSO TO US QUOTING OUR CREDIT NO. AND MARINE COVER NOTE NO. PIL/JBL/0102005 DATED AUG 01 2005 GIVING FULL DETAILS OF SHIPMENT AND COPY OF SUCH ADVICE MUST ACCOMPANY SHIPPING DOCUMENTS. 该L/C对保险单的要求是：申请人买保险。货装船后，受益人应发装船通知给PRAGATI保险公司（地址是孟加拉吉大港Jubilee支路）、申请人和开证行。通知上标明信用证号码、2005年8月1日签发的暂保单的号码PIL/JBL/0102005和详细的装船信息，装船通知副本要随整套单据一并交银行。

## 五、保险单样本

如图3.19所示为货物运输保险投保单样本。

### 单项实训 3-3

根据资料缮制出口货物保险单。

**1．项目说明**

完成任务三的教学即可开展本项目实训。

**2．操作步骤**

（1）根据项目二单项实训2-1中给出的内容缮制保险单。

（2）教师点评，学生撰写并提交实训报告。

# 货物运输保险投保单
## APPLICATION FORM FOR CARGO TRANSPORTATION INSURANCE

投保单号：

| | | |
|---|---|---|
| 被保险人（INSURED）CNOOC BIOLUX（Nantong）Bioenergy Protein Feed Co.,Ltd. | 组织机构代码 | 787658681 |
| 投保人（APPLICANT）CNOOC BIOLUX（Nantong）Bioenergy Protein Feed Co.,Ltd. | 组织机构代码 | 787658681 |

| | | |
|---|---|---|
| 联系电话（TEL）0513-81157262 | 传真（FAX）0513-85922146 | 地址（ADRESS）No.8,South of Tongsheng Road, NETDA, Nantong,Jiangsu Province,P.R.China |
| 合同号（CONTRACT NO.）21006380 | | 提单号（B/L NO.） |
| 信用证号（L/C NO.）LC95GA1268/1 | | 赔款偿付地点（CLAIM PAYABLE AT）Nantong,China |
| 发票金额（INVOICE AMOUNT）USD31,437,120.18 | 价格条件（PRICE CONDITION） CFR Nantong | 投保加成（PLUS） 10% |

| 标记<br>MARKS & NOS.<br>AS PER INVOICE NO. | 包装与数量<br>QUANTITY | 保险货物项目<br>DESCRIPTION OF GOODS | 保险金额<br>AMOUNT INSURED |
|---|---|---|---|
| N/M | 60,587.662MT | U.S.NO.2 or better Yellow Soyabeans 2010 CORP | USD34,580,832.2 |

| | |
|---|---|
| 启运日期　6 NOV 2010<br>DATE OF COMMENCEMENT | 运输工具　M/V Full Comfort/OBN<br>PER CONVEYANCE |
| 自　　　　　　　　　　经<br>FROM　KALAMA,WASHINGTON,USA PORT　　VIA | 到<br>TO Nantong Port（s）,China |

投保险别（PLEASE INDICATE THE CONDITIONS &/OR SPECIAL COVERAGES）
ALL risks

显示保单正本份数（NUMBERS OF THE ORIGINAL POLICY）：（　3/3　）

请如实告知下列情况：（如是在[　]中打√）
1. 货物包装　　袋装/箱装[　] 散装/裸装[√] 冷藏[　] 捆扎[　] 罐装[　]
2. 集装箱种类　普通[　] 开顶[　] 框架[　] 平板[　] 冷藏[　]
3. 运输工具　　海轮[√] 飞机[　] 火车[　] 汽车[　] 内河船[　] 驳船[　]
4. 船舶资料　　船级_____　　建造年月　1994

**保险人（保险公司）提示**

请您仔细阅读保险条款，尤其是黑体字标注部分的条款内容，并听取保险公司业务人员的说明，如对保险公司业务人员的说明不明白或有异议的，请在填写本投保单之前向保险公司业务人员进行询问，如未询问，视同已经对条款内容完全理解并无异议。

**投保人声明**

投保人及被保险人兹声明所填上述内容（包括投保单及投保附件）属实。

本人已经收悉并仔细阅读保险条款，尤其是黑体字部分的条款内容，并对保险公司就保险条款内容的说明和提示完全理解，没有异议，申请投保。

投保人签章：　　　　　　　　　　　　投保日期：　　　　年　　月　　日

以下内容由保险公司填写

| 协议编号[　] | 代理点编号[　] | 费率[　] | 免赔[　] | 客户代码[　] | 共保信息[　] |
|---|---|---|---|---|---|
| 回分情况[　] | 最低保费[　] | 结算币种[　] | 经办人[　] | | |

图 3.19　货物运输保险投保单

# 项目四  货物装运单证缮制

**【学习目标】**

通过本项目的训练和学习，掌握货物装运的过程以及基本单证，熟悉各种单证的性质、作用以及流转程序，能根据所提供的资料准确缮制各种单证，包括集装箱装箱单、海运提单、装船通知。

**【主要知识点】**

集装箱装箱单的作用以及缮制要求；海运提单的作用、种类，各国海关对提单的特殊要求，提单的缮制要点；装船通知的作用、签发人、签发时间、缮制要求。

**【关键技能点】**

具备集装箱装箱单、海运提单、装船通知的缮制能力；具备收集和分析基础资料的能力。

## 任务一  集装箱设备交接单缮制

**任务描述**：要求学生掌握集装箱设备交接单的作用、内容及单据的流转与缮制要求，能根据资料缮制集装箱设备交接单。

### 【导入项目】

深圳果蔬进出口有限公司已经成功委托广东飞腾国际货运代理公司办理报检报关手续，结关日期为2013年2月21日。2013年2月19日，货代公司通知下属车队派车到工厂装货，司机到东方海外指定的集装箱堆场提取空箱，前往深圳工厂装货，在此过程中，堆场负责发箱，收箱人员将交给司机一份集装箱设备交接单，要求客户按照实际情况填写，请您根据项目资料以及以下补充资料完成设备交接单。

**补充资料**：载货工具（拖车）车牌号：粤 B5031

集装箱尺寸：请上网查阅相关资料

### 【示范操作】

## 一、集装箱设备交接单的主要内容

设备交接单分进场设备交接单和出场谁被交接单，各有三联，分别为管箱单位（或船公司）联、码头、堆场联和用箱人、运箱人联。出口集装箱设备交接单 IN 联是指重箱进港区，交港区留底；OUT 联是指空箱出堆场，交堆场留底。进口集装箱设备交接单 IN 联是指空箱进堆场，由堆场留底；OUT 联是指重箱出港区，由港区留底。

**1．出场集装箱设备交接单（OUT 联）**

（1）提箱（用箱人和运箱人）；

（2）发往地点；

（3）用途（出口载货、修理、进口重箱等）；

（4）集装箱号、封号（铅封号、关封号）；

（5）集装箱尺寸、类型；

（6）集装箱所有人；

（7）提离日期；

（8）提箱运载工具牌号；

（9）集装箱出场检查记录（完好或损坏）。

**2．进场集装箱设备交接单（IN 联）**

（1）送箱人；

（2）送箱日期；

（3）集装箱号、封号；

（4）集装箱尺寸、类型；

（5）集装箱所有人；

（6）用途：

① 返还重箱；

② 出口集装箱，此时需登记该集装箱发往的时间、地点（航次、时间）；

（7）送箱运载工具牌号：车牌号；

（8）集装箱进场检查记录。

**3．设备交接单填制要求**

设备交接单的各栏分别由作为管箱单位的船公司或其代理人、用箱人、运箱人和码头、堆场的经办人员填写。具体填制要求如下。

（1）由船公司或其代理人填写的栏目有：用箱人/运箱人、提箱地点、船名/航次、集装箱的类型及尺寸、集装箱状态、免费使用期限和进（出）场目的等。

（2）由用箱人、运箱人填写的有：运载工具牌号；如果是进场设备交接单，还须填记来自地点、集装箱号、提单号、铅封号等栏目。

（3）由码头、堆场填写的则有：集装箱进出场日期、检查记录；如果是出场设备交接单；还需填记提箱地点和集装箱号等栏目。

经交接双方签字的设备交接单是划分交接双方责任和核算有关费用的依据，同时也是对集装箱进行跟踪管理的必要单证。因此其内容填写要如实、明确，任何人不得擅自更改。

## 二、填写设备交接单

以下是根据项目资料填写的设备交接单，如图 4.1 所示。

## 【知识支撑】

## 一、集装箱设备交接单

集装箱设备交接单（Equipment Receipt，E/R）简称设备交接单，是集装箱所有人（船公司）或集装箱经营人委托集装箱码头、堆场、货方或集装箱货运站（即用箱人）相交接集装箱或冷藏集装箱，或特种集装箱及电动机等设备的凭证。

设备交接单既是分清集装箱设备交接责任的单证，也是对集装箱进行追踪管理的必要单证。由于集装箱货物是按箱交接的，在集装箱外表无异状，铅封完好的情况下，它实际也是一种证明箱内货物交接无误的单证。

## 二、设备交接单的流转过程

（1）由管箱单位填制设备交接单交用箱人、运箱人。

（2）由用箱人、运箱人到码头、堆场提箱送收箱地（或到发箱地提箱送码头、堆场），经经办人员对照设备交接单，检查集装箱的外表状况后，双方签字，码头、堆场留下管箱单位联和码头、堆场联，将用箱人、运箱人联退还给用箱人、运箱人。

（3）码头、堆场将留下的用箱人、运箱人联退还给用箱、运箱单位。

集装箱交接地点应详细认真进行检查和录入，并将进出场集装箱的情况及时反馈给集装箱代理人，积极配合集装箱代理人的工作，使集装箱代理人能够及时、准确地掌握集装箱的利用情况，及时安排集装箱的调运、修理，追缴集装箱延期使用费，追缴集装箱的损坏、灭失费用等工作。

## 三、进场设备交接单的格式样例

如图 4.2 所示为集装箱发放/设备交接单样本。

## 集装箱发放/设备交接单
### EQUIPMENT INTERCHANGE RECEIPT　　　OUT 出场

NO.

| 用箱人/运箱人（CONTAINER USER/HAULIER）<br>深圳果蔬进出口公司 || | 提箱地点（PLACE OF DELIVERY） ||
|---|---|---|---|---|
| 发往地点（DELIVERED TO）<br>新加坡 || | 返回/收箱地点（PLACE OF RETURN） ||
| 航名/航次<br>（VESSEL/VOYAGE NO.） || 集装箱号<br>（CONTAINER）<br>STEU4597111 | 尺寸/类型<br>（SIZE/TYPE）<br>5.85m*2.23m*2.15m /20GP | 营运人<br>（CNTR.ORTR.）<br>东方海外货柜有限公司 |
| 提单号（B/L NO.） | 铅封号（SEAL NO.）<br>60010 || 免费期限（FREE TIME PERIOD） | 运载工具牌号<br>（TRUCK WAGON.BARG NO.）<br>粤 B5031 |
| 出场目的/状态<br>（PPS OF GATE-OUT/STATUS）<br>载货/完好 || | 进场目的/状态<br>（PPS OF GATE-IN/STAUS） | 出场日期<br>（TIME-OUT）<br>2013.2.19 |

出场检查记录　（INSPECTION AT THE TIME OF INTERCHANGE）

| 普通集装箱<br>（GP CONTAINER）<br>☐ 正常（SOUND）<br>☐ 异常（DEFECTIVE） | 冷藏集装箱<br>（RF CONTAINER）<br>☐ 正常（SOUND）<br>☐ 异常（DEFECTIVE） | 特种集装箱<br>（SPECIAL CONTAINER）<br>☐ 正常（SOUND）<br>☐ 异常（DEFECTIVE） | 发电机（GEN SET）<br>☐ 正常（SOUND）<br>☐ 异常（DEFECTIVE） |
|---|---|---|---|

损坏记录及代号(DAMAGE & CODE)　　BR 破损(BROKEN)　　D 凹损(DENT)　　M 丢失(MISSING)　　DR 污箱(DIRTY)　　DL 危标(DG LABEL)

左侧(LEFT SIDE)　右侧(RIGHT SIDE)　前部(FRONT)　集装箱内部(CONTAINER INSIDE)
顶部(TOP)　底部(FLOOR BASE)　箱门(REAR)

如有异状，请注明程度及尺寸(REMARK).

除列明者外，集装箱及集装箱设备交换时完好无损，铅封完整无误。
**THE CONTAINER/ASSOCIATED EQUIPMENT INTERCHANGED IN SOUND CONITION AND SEAL AINTACT UNLESS OTHERWISE STATED**

用箱人/运箱人签署　　　　　　　　　　　码头堆场值班员签署
（CONTAINER USER/HAULIERS SIGNATURE）　　（TERMINAL/DEPOT CLERKS SINGATURE）

图 4.1　集装箱交接单

## 马士基中国航运有限公司

集装箱发放/设备交接单　　**IN 进场**

EQUIPMENT INTERCHANGE RECEIPT　　NO.0016582

| 用箱人/运箱人（CONTAINER USER/HAULIER） | | 提箱地点（PLACE OF DELIVERY） | |
|---|---|---|---|
| | | 深圳盐田港 | |
| 来自地点（DELIVERED TO） | | 返回/收箱地点（PLACE OF RETURN） | |
| 马士基中国航运有限公司 | | 法国马赛港 | |
| 航名/航次（VESSEL/VOYAGE NO.） | 集装箱号（CONTAINER NO.） | 尺寸/类型（SIZE/TYPE） | 营运人（CNTR.ORTR.） |
| 马士基航运（中国—红海/地中海）/1104 | **MSKU5072313** | 外尺寸：6.1m*2.44m*2.59m<br>内容积：5.85m*2.23m*2.15m/**20GP** | |
| 提单号（B/L NO.） | 铅封号（SEAL NO.） | 免费期限（FREE TIME PERIOD） | 运载工具牌号（TRUCK WAGON.BARG NO.） |
| 3313 | MSK3212 | 10天 | 粤 A5737 |
| 出场目的/状态（PPS OF GATE-OUT/STATUS） | | 进场目的/状态（PPS OF GATE-IN/STAUS） | 出场日期（TIME-OUT） |
| 出口装箱/完好 | | 出口/完好 | 2011年3月6日 |
| 出场检查记录（INSPECTION AT THE TIME OF INTERCHANGE） | | | | 
| 普通集装箱（GP CONTAINER）<br>☐ 正常　☐ 异常 | 冷藏集装箱（RF CONTAININER）<br>☐ 正常　☐ 异常 | 特种集装箱（SPECIAL CONTAINER）<br>☐ 正常　☐ 异常 | 发电机（GEN SET）<br>☐ 正常　☐ 异常 |

损坏记录及代码(DAMAGE & CODE)　　BR 破损(BROKEN)　　D 凹损(DENT)　　M 丢失(MISSING)　　DR 污箱(DIRTY)　　DL 危标(DG LABEL)

左侧(LEFT SIDE)　　右侧(RIGHT SIDE)　　前部(FRONT)　　集装箱内部(CONTAINER INSIDE)

顶部(TOP)　　底部(FLOOR BASE)　　箱门(REAR)　　如有异状，请注明程度及尺寸(REMARK)

除列明者外，集装箱及集装箱设备交换时完好无损，铅封完整无误。

**THE CONTAINER/ASSOCIATED EQUIPMENT INTERCHANGED IN SOUND CONITION AND SEAL AINTACT UNLESS OTHERWISE STATED**

用箱人/运箱人签署　　　　　　　　　　　　码头堆场值班员签署
（CONTAINER USER/HAULIERS SIGNATURE）　　　（TERMINAL/DEPOT CLERKS SINGATURE）

图 4.2　集装箱交接单样例

## 单项实训 4-1

根据资料缮制集装箱设备交接单。

**1．项目说明**

完成任务一的教学即可开展本项目实训。

**2．操作步骤**

（1）根据项目二单项实训 2-1 中给出的内容以及以下补充资料填制完成集装箱设备交接单。

已知：载货工具（拖车）车牌号：粤 C3456；集装箱尺寸：请上网查阅相关资料。

（2）教师点评，学生撰写并提交实训报告。

# 任务二　集装箱装箱单缮制

**任务描述**：要求学生掌握集装箱装箱单的作用、内容、单据的流转与缮制要求，能根据资料缮制集装箱装箱单。

## 【导入项目】

在任务一中，司机已经将空箱提取并准时到工厂装货，工厂安排仓库人员李伟负责装货，货物装箱后，工厂需按照实际装箱情况填写一式五联的集装箱装箱单（CLP），并交回给司机带回堆场。请根据资料填写集装箱装箱单。

## 【示范操作】

## 一、集装箱装箱单的内容以及缮制要求

集装箱装箱单的内容记载得准确与否，与集装箱货物运输的安全有着非常密切的关系。因此，在缮制集装箱装箱单时，应严格按照货物实际情况进行记载。其主要内容如下。

（1）冷藏温度（Reefer Temperature Required）。本栏只针对一些需要冷藏的物品，其他普通货物不需要填写。

（2）危险品分类标志以及闪点（Dangerous Class，IMPG CODE，Flash Point）。本栏针对危险品，其他普通货物不需填写。危险品标志是用来表示危险品的物理、化学性质，以及危险程度的标志。它可提醒人们在运输、储存、保管、搬运等活动中引起注意。

根据国家标准 GB190-73 规定，在水、陆、空运危险货物的外包装上拴挂、印刷或标记以下不同的标志，如爆炸品、遇水燃烧品、有毒品、剧毒品、腐蚀性物品、放射性物品等。

闪点（Flash Point）是指液体挥发出的蒸汽在与氧气形成混合物后，遇火源能够闪燃的最低温度。在这温度，当火源熄灭或移开时，混合物可能会停止燃烧。危险品分类及符号如表 4.1 所示。

表 4.1　危险品分类及符号

| 类别 | 类别名称 | 符号 |
|---|---|---|
| 1 | 爆炸物质和物品 | |
| 2 | 气体<br>第 2.1 类　易燃气体<br>第 2.2 类　非易燃，无毒气体<br>第 2.3 类　有毒气体　符号 | |
| 3 | 易燃液体 | |
| 4 | 易燃固体<br>第 4.1 类　易燃固体<br>第 4.2 类　易自燃物质<br>第 4.3 类　遇水放出易燃气体的物质 | |
| 5 | 氧化剂<br>第 5.1 类　氧化剂（物质）<br>第 5.2 类　有机过氧化物 | |
| 6 | 第 6.1 类　有毒物质<br>第 6.2 类　感染性物质 | |
| 7 | 放射性物质 | 1 级　　　2 级 |
| 8 | 腐蚀性物质 | |
| 9 | 杂类危险物质和物品 | |

（3）船名航次（Shipping Name，Vayage No.）：按照实际的船名、航次填写。

（4）集装箱箱号、封号（Container & Seal No）：按照实际集装箱箱号、封号填写，一张装箱单只能填写一个集装箱箱号、封号。

（5）集装箱规格和型号（Container Tpye and Size）：按照船公司预配好的箱型填写。

（6）装货港（Port of Loding）：同其他单证与合同一致。

（7）卸货港（Port of Discharge）：同其他单证与合同一致。

（8）交货地（Place of Delivery）：如采用 FOB、CFR、CIF 成交，交货地与卸货港一致；如为多式联运，则交货地按照合同中规定的填写。

（9）提单号（Bill of Lading No）：由船公司提供。

（10）唛头（Marks & No.）。

（11）件数与包装（Packages and Paking）：若有多种货物，分栏按照每种货物的件数与包装填写。

（12）毛重（Gross Weight）：与 11 栏对应。

（13）尺码（Measurements）：与 11、12 栏对应。

（14）品名（Description of Goods）：与 11、12、13 栏对应。

（15）装箱人名称和地址（Packer Name and Address）：填工厂实际装箱人的名称以及装箱地址。

（16）装箱日期（Packing Date）：填实际装箱日期。

（17）驾驶员以及车号（Received by Drayman）。

（18）码头签收和收箱日期（Received by Terminal/Date of Receipt）。

（19）集装箱皮重（Container Tare Weight）。

（20）总件数、总重量、总尺码（Total packages，Weight，Measurement）。

## 二、缮制集装箱装箱单

以下是根据资料缮制的集装箱装箱单，如图 4.3 所示。

## CONTAINER LOAD PLAN 装箱单

| Reefer Temperature Required 冷藏温度 | | | | | Packer's Copy 发货人/装箱人联 |
|---|---|---|---|---|---|
| °C | °F | | | | |

| Class 等级 | IMDG Page 危规页码 | UN NO. 联合国编码 | Flashpoint 闪点 | | |
|---|---|---|---|---|---|

| Ship's Name / Voy No. 船名/航次 | Port of Loading 装货港 | Port of Discharge 卸货港 | Place of Delivery 交货地 | SHIPPER'S / PACKER'S DELARATIONS: We hereby declare that the container has been thoroughly clean without any evidence of previous shipment prior to vanning and cargoes has been properly stuffed and secured |
|---|---|---|---|---|
| DONGFENG V. 037 | SHENZHEN | SINGAPORE | SINGAPORE | |

| Container No. 箱号 | Bill of Lading No. 提单号 | Packages & Packing 件数与包装 | Gross Weight 毛重 | Measurements 尺码 | Description of Goods 货名 | Marks & Numbers 唛头 |
|---|---|---|---|---|---|---|
| STEU4597111 | FS81263 | ◇ Front 前 ◇<br>200 箱<br>200 罐<br>◇ Door 门 ◇ | 4400KGS<br>10400KGS | 5CBM<br>20CBM | 虾<br>米糠 | N/M |

| Seal No. 封号 | | | | | | |
|---|---|---|---|---|---|---|
| 60010 | | | | | | |

| Cont.Size 箱型 | Cont.Type. 箱类 | | | |
|---|---|---|---|---|
| 20' 40' 45' | GP=普通箱 IK=油罐箱<br>RF=冷藏箱 PF=平板箱<br>OT=开顶箱 HC=高箱<br>FR=框架箱 HT=挂衣箱 | | | |

| ISO Code For Container Size / Type. 箱型/箱类ISO标准代码 | | | Total Packages 总件数 | Total Cargo Wt 总货重 | Total Meas. 总尺码 | Cargo/cont Total WT 货箱总重量 |
|---|---|---|---|---|---|---|
| 20'GP | | | 400PCKAGES | 14800KGS | 25CBM | |

| Packer's Name / Address 装箱人名称和地址 | | Recieved By Drayman 装货司签收及车号 | | | | |
|---|---|---|---|---|---|---|
| Tel No. 电话号码 | | | | | | |
| Packing Date 装箱日期 | | Recieved By Terminals / Date Of Receipt 码头收箱签收和收箱日期 | | | Remarks: 备注 | |
| 2013.2.19 | | | | | | |
| Packed By: 装箱人签收 | 李伟 | | | | | |

图 4.3 集装箱装箱单

# 【知识支撑】

## 一、集装箱装箱单的作用

集装箱装箱单（Container Load Plan，CLP）是详细记载集装箱内货物的名称、数量等内容的单据，每个载货集装箱都要根据已装进集装箱内的货物制作这样的单据，负责装箱的人制作装箱单。目前各港口使用的装箱单大同小异，一般的装箱单为一式五联，分别为码头联、船代联、承运人联及两份发货人/装箱人联。

集装箱装箱单的主要作用有：
（1）作为发货人、集装箱货运站与集装箱码头堆场之间货物的交接单证。
（2）作为箱船方通知集装箱内所装货物的明细表。
（3）单据上所记载的货物与集装箱的总重量是计算船舶吃水差、稳定性的基本数据。
（4）在卸货地点是办理集装箱保税运输的单据之一。
（5）当发生货损时，是处理索赔事故的原始单据之一。

## 二、集装箱装箱单的流转程序

（1）装箱人（一般为发货人，出口企业）将货物装箱，缮制实际装箱单一式五联，并在装箱单上签字。

（2）五联装箱单随同货物一起交付给拖车司机，指示司机将集装箱送至集装箱堆场，在司机接箱时应要求司机在装箱单上签字并注明拖车号。

（3）集装箱送至堆场后，司机应要求堆场收箱人员签字并写明收箱日期，以作为集装箱已进港的凭证。

（4）堆场收箱人在五联单上签章后，留下码头联、船代联和承运人联，并将发货人/装箱人联退还给发货人或货运站。发货人或货运站除留一份发货人/装箱人联备查外，将另一份送交发货人，以便发货人通知收货人或卸箱港的集装箱货运站，供拆箱时使用。

对于集装箱堆场留下的三联装箱单，除集装箱堆场自留码头联，据此编制装载计划外，还须将船代联及承运人联分送船舶代理人和船公司，据此缮制积载计划和处理货运事故。

有的国家，如澳大利亚，对动植物检疫有严格的特别要求，在装箱单上就须附有申请卫生检疫机关检验申请联。在申请联的申请检验事项中，与货运有关的内容包括货物本身及其包装用料是否使用了木材，如木板、木箱、货板、垫板。如使用了，是否已经经过防虫处理的说明。如果已经经过处理，则就货物本身应由发货人将发票、海运单证和熏蒸证书一并寄交收货人；就集装箱而言，则应由船公司或其代理人连同集装箱适航证书一并寄交卸货港的船公司的代理人。该项申请联由发货人和船公司或他们的代理人分别签署。

### 单项实训 4-2

根据资料缮制集装箱装箱单。

**1. 项目说明**

完成任务二的教学即可开展本项目实训。

**2. 操作步骤**

（1）根据项目二单项实训 2-1 中给出的内容以及以下补充资料填制完成集装箱装箱单。

已知：装箱人：张三。

（2）教师点评，学生撰写并提交实训报告。

## 任务三　海运提单缮制

**任务描述**：要求学生掌握海运提单的性质作用、种类、内容及缮制要求，掌握各国海关对提单的要求，熟悉提单的具体条款，能根据客户资料缮制海运提单。

### 【导入项目】

在项目二中，深圳果蔬进出口有限公司与新加坡 KWONG FOO YOUNG 有限公司签订了销售合同，出货日期为 2013 年 3 月 15 日，为此，深圳果蔬进出口有限公司委托广东飞腾国际货运代理公司向东方海外（OOCL）船公司办理租船订舱，船公司收到托运单并已经预配好舱位，开船日期为 2013 年 2 月 22 日。2 月 20 日，客户将提单补料传真给船公司，并要求 2 月 22 日签发正本提单。请你根据项目一中资料以及提单补料（见表 4.2）缮制海运提单。

### 【示范操作】

## 一、提单的缮制要求

提单签发人首先根据出口商提供的资料（一般称为提单补料，即 Shipping Instruction，SI）缮制提单确认件，即提单草稿，再给出口商进行确认，出口商确认无误之后，提单签发人再签发正本提单给出口商，出口商将此份正本提单提交给银行进行结汇，同时进口商将此份提单用以提货。所谓的提单补料，也就是关于客户的资料如 Shipper、Consignee、Notify Party、柜号、封号、毛重、总立方数、唛头、货描等。补料要按照 L/C 或客户的要求来做，并给出正确的货物数量以及一些特殊要求等，包括要求船公司随同提单出的船证明等。一般情况下,提单补料是在货物准备好后海关截关前提供给承运人。

提单补料无固定格式,各个出口商根据自己的要求来缮制。但其内容必须满足货代或船公司缮制提单的要求,以下是提单补料的样本,如图4.4所示。

表4.2 提单补料

| 提单补料 |
|---|
| DATE: FEB.20, 2013 |
| TO: OOCL |
| FM: Shenzhen Fruits & Vegetables IMP/EXP Co., Ltd. |
| TEL: 0755-55338822  FAX: 0755-55338821 |
| SHIPPER:<br>SHENZHEN FRUITS AND VEGETABLES IMP. AND EXP. CO., LTD.<br>188 NANSHAN ROAD SHENZHEN, CHINA<br>Tel: 55338822 |
| CONSIGNEE:<br>TO ORDER |
| NOTIFY:<br>KWONG FOO YOUNG CO., LTD.<br>34 JALAP STREET, 50050 SINGAPORE<br>Tel: 89763421 |
| PORT OF LOADING: SHENZHEN |
| PORT OF DELIVERY: SINGAPORE |
| MARKS & NO:<br> N/M<br>DESCRIPTION: BEAN CURD AND VINEGAR<br>QTY(CTNS): 400PACKAGES<br>G.W.(KGS): 14800.00KGS<br>MEAS(CBM): 25CBM |
| CONTAINER NO: STEU4597111<br>SEAL NO: 60010 |

```
信义集团（玻璃）有限公司
XINYI GROUP (GLASS) COMPANY LIMITED
ADD:3/F Harbour View 2. No 16 Science Park East Ave. Phase 2. Hong Kong Science Park, Pak Shek Kok. Tai Po NT
Hong Kong   www.xinyiglass.com
Tel:852-3919-2888  Fax:852-3919-2890                                    GGF EN572-9
                                                                        ISO9001:2008  CE

TO:OOCL  Tel:0755-82645053  Fax:
Attn: Documents Dept.
From:罗小艳,Tel:,email:                                        2012/4/25 8:31:57
```

| Shipper/Exporter(Name and Address) | | | |
|---|---|---|---|
| XINYI GROUP (GLASS) COMPANY LIMITED<br>ADD:3/F Harbour View 2. No 16 Science Park East Ave. Phase 2. Hong Kong Science Park, Pak Shek Kok. Tai Po NT Hong Kong<br>TEL: 852-3919-2888  FAX: 852-3919-2890 | | Booking No:<br>2522499290-4 | |
| Consignee(Name and Address)<br>EAST TECH GLASS SERVICES & CONSTRUCTION PTE LTD<br>BLK 1080 EUNOS AVE 7 #01-161 SINGAPORE 409583<br>TEL:68446485 FAX:67411357 | | **Bill of Lading Data** | |
| Notify Party (Name and Address)<br>EAST TECH GLASS SERVICES & CONSTRUCTION PTE LTD<br>BLK 1080 EUNOS AVE 7 #01-161 SINGAPORE 409583<br>TEL:68446485 FAX:67411357 | | Number of Original B/L<br>THREE(3/3) | |
| Place Of Receipt<br>SHEKOU,CHINA | Port Of Loading<br>SHEKOU,CHINA | Port Of Destination<br>Singapore, Singapore | |
| Marks and numbers | No.and kind of packages | Description of goods | G.Weight (Kgs) | Measurement (CBM) |
| N/M | | CLEAR FLOAT GLASS | | |
| SPNU2909272 /(20GP) | Seal NO.<br>OOLBHG2568 | 10 cases | 23,900.00 | 20.17 |
| Total : 1Container(s) | 10 | FREIGHT PREPAID | 23,900.00 | 20.17 |

```
Freight and charges FREIGHT PREPAID           AS AGENT FOR/ON BEHALF OF THE CARRIER: xxx LINE

Print By:LXY8900                                              2012-4-25 08:31
```

图 4.4  提单补料

海运提单的缮制要求及注意事项如下。

## 1. 托运人（Shipper）

托运人也称发货人（Consignor），是指委托运输的当事人。如信用证无特殊规定，应以受益人为托运人。如果受益人是中间商，货物是从产地直接装运的，这时也可以实际卖方为发货人，因为按 UCP500 规定，如信用证无特殊规定，银行将接受以第三者为发货人的提单。

### 案例 4-1：发货人不符合信用证案例

某年 A 进出口公司接到信用证规定："…Hongkong Shun Tai Feeds Development Co.as shipper on Bill of Lading."（……以香港顺泰饲料发展公司作为提单发货人）。A 进出口公司在装运时即按信用证上述规定以转口商香港顺泰饲料发展公司作为提单的发货人。但在向银行交单时单证人员才发现：该提单系空白抬头，须发货人背书。提单既以香港顺泰饲料发展公司作为发货人，则应以该公司盖章进行背书。但该公司在本地并无代表，结果只好往返联系，拖延了三个星期香港才派人来背书。后因信用证过期无法议付，造成损失。

**2．收货人（Consignee）**

收货人也称提单的抬头，是银行审核的重点项目。应与托运单中"收货人"的填写完全一致，并符合信用证的规定。

例 1．信用证要求 Full set of B/L Consigned to ABC Co.，则提单收货人一栏中填 Consigned to ABC Co.。

例 2．信用证要求 B/L issued to order of Applicant，查 Applicant 为 Big A Co.，则提单收货人一栏中填 to order of Big A Co.。

例 3．信用证要求 Full set of B/L made out to our order，这里的 our 一般指开证行，查开证行名称为 Small B Bank，则提单收货人一栏中填 to order of Small B Bank，或填 to Small B Bank's order。

### 知识小贴士

收货人栏的填写必须与信用证要求完全一致。任何粗心大意和贪图省事的填法都可能是单证不符点。不符点的例子：B/L issued to the order of ABC Co. Ltd. Whereas L/C required" to ABC Co. Ltd."（提单开成凭 ABC 公司指示，而信用证要求"ABC 公司"）。抬头为特定的公司与这一公司的指定人是完全不同的，前者只有这一特定的公司可以提货，提单不能转让，后者提单经此公司背书便可以转让。又如，假设信用证上规定的地名是简称，而提单上写的是全称，也是不符点。

如果是托收方式中的提单，本栏一般填"To order"或填"To order of Shipper"均可，然后由发货人背书。不能做成收货人指示式，因为这样代收行和发货人均无法控制货权；

未经代收行同意，也不能做成代收行指示式，因为 URC522（《跟单托收统一规则》第 522 号）第十条规定：事先未征得银行的同意，货物不应直接交给银行或做成银行抬头或银行指示性抬头。

如表 4.3 所示为不同国家/地区对提单抬头的特殊规定。

表 4.3 提单抬头

| 国家/地区 | 提单抬头的规定 | 参照案例 |
| --- | --- | --- |
| 美国 | 美国法律规定承运人有权不凭记名提单向记名收货人交付货物，只需验明其身份 | 波默兰法案，1994 |
| 新加坡 | 承运人必须凭记名提单向记名收货人交付货物，并需验明其身份 | "Voss Peer v. APL"案，2002 |
| 英国 | 观点与立场尚未最终明确 | "The Chitral"案，2000<br>"The Rafaela S"案，2002<br>"The Happy Ranger"案，2002 |
| 荷兰 | 记名提单是一种适用海牙/海牙—维斯比公约的提单，且必须凭记名提单方能提货 | "The Duke of Yare"案（ARR-RechtB Rotterdam，10 April 1997） |
| 法国 | 记名提单是一种物权凭证，因而凭记名提单方能提货 | "The MSC Magellanes"案，16 May 2002 |
| 马来西亚 | 如果船东未收到正本提单就交付货物，即使交给收货人，也是违反合同约定的 | "The Taveechai Marine"案，1995 |
| 中国 | 不可转让记名提单不是物权凭证，不适用海牙规则 | "万宝集团广州菲达电器厂诉美国总统轮船公司案"，2002 |
| 中国香港 | 承运人有权不凭记名提单向记名收货人交付货物，只需验明其身份 | "The Brij"案，2001 |

**3．通知人（Notify Party）**

有时作为预定收货人、第二收货人或买方的代理人，货到目的港时由承运人通知其办理报关提货等手续。

（1）如果信用证中有规定，应严格按信用证规定填写，如详细地址、电话、电传、传真号码等，以使通知顺利。

（2）如果来证中没有具体说明被通知人，那么就应将开证申请人名称、地址填入提单副本的这一栏中，而正本的这一栏保持空白或填写买方亦可。副本提单必须填写被通知人，是为了方便目的港代理通知联系收货人提货。

（3）如果来证中规定 Notify…only，意指仅通知某某，则 only 一词不能漏掉。

（4）如果信用证没有规定被通知人地址，而托运人在提单被通知人后面加注详细地址，银行可以接受，但无须审核。

（5）记名提单上没有必要填写通知人，但可以填写"Same as consignee"。

**4．前段运输（Pre-carriage by）和收货地（Place of Receipt）**

如果货物需转运，或在多式联运中，则在 Pre-carriage by 栏中填写第一段运输工具的名称，收货地填实际收货地点，如工厂、仓库等。在一般海运提单中，没有此栏或者此栏不填。

**5．装运港（Port of Loading）**

（1）应严格按信用证规定填写，装运港之前或之后有行政区的，如 Xingang/Tianjin，应照加。

（2）一些国外开来的信用证笼统规定装运港名称，仅规定为"中国港口"（Chinese ports，Shipment from China to×××），这种规定对受益人来说比较灵活，如果需要由附近其他港口装运时，可以由受益人自行选择。制单时应根据实际情况填写具体港口名称。若信用证规定"Your port"，受益人只能在本市港口装运，若本市没有港口，则事先须洽开证人改证。

（3）如信用证同时列明几个装运港（地），提单只填写实际装运的那一个港口名称。

（4）如果提单上显示了"Intended port of loading/intended port of discharge"，则不管是已装船提单还是收妥备运提单都必须加注已装船批注、装船日期和实际装货港或卸货港名称。

（5）托收方式中的提单，本栏可按合同的买方名称填入。

**6．船名（Name of Vessel）**

（1）如果货物需转运，则在这栏填写第二程的船名、航次；如果货物不需转运，则在这栏填写第一程船的船名、航次。是否填写第二程船名，主要是根据信用证的要求，如果信用证并无要求，即使需转船，也不必填写第二程船名。如来证要求 In case transshipment is effected. Name and sailing date of 2ND ocean vessel calling Rotterdam must be shown on B/L（如果转船，至鹿特丹的第二程船名、日期必须在提单上表示），只有在这种条款或类似的明确表示注明第二程船名的条款下，才应填写第二程船名。

（2）若是已装船提单，须注明船名和航次，若是收货待运提单，待货物实际装船完毕后记载船名。

（3）如果在提单上显示了"Intended vessel: A vessel"，则不管是已装船提单还是收妥备运提单都必须加注已装船批注、装船日期和实际装船的船名。

**7．转运港（Port of Transshipment）**

只有货物在海运途中进行转运时才填写此栏。

例如，信用证规定："Shipment from Shanghai to Hamburg with transshipment at Hongkong"，则提单可以这样填写："装货港：Shanghai、卸货港：Hamburg with transshipment at Hongkong、转运港可不填；或者卸货港：Hamburg、转运港：Hongkong"。

如果信用证允许转运，在同一提单全程海运前提下，银行可以接受货物将被转运的提单。即使信用证禁止转运，银行也可接受以下提单：

（1）表明转运将发生，前提是提单上已证实有关的货物是由集装箱（Container）、拖车（Trailer）或"子母船"（"LASH" barge）装运，而且同一提单包括全程海运运输。

（2）含有承运人有权转运的条款，但不包括诸如"Transshipment has taken place"等明确表示已转运的提单。

### 8．卸货港（Port of Discharge）

与海运托运单相应栏目填法相同。

必须与信用证规定的卸货港一致。例如，信用证规定卸货港为"Hamburg"，应把"Hamburg"显示在"卸货港"（Port of discharge）处，不能将其显示在"目的地"（Place of delivery）处，而把卸货港写成另一个港口名。又如当信用证规定"From Shanghai to Hamburg via Singapore"时，则应将"Hamburg"显示在"卸货港"处，不能将"Singapore"写在"卸货港"处，而把"Hamburg"标注在"目的地"处。同时应填写实际港口的名称。例如，信用证规定"To European main port"，则提单上的卸货港应显示具体港口的名称，如"Hamburg port"。

### 9．最终目的地（Final Destination）或交货地（Place of Delivery）

如果货物的目的地就是目的港，这一栏空白。填写目的港或目的地应注意下列问题。

（1）除 FOB 价格条件外，目的港不能是笼统的名称，如 European main port，必须列出具体的港口名称。如国际上有重名港口，还应加国名。世界上有 170 多个港口是同名的，例如，"Newport"（纽波特）港同名的有五个，爱尔兰和英国各有一个，美国有两个，还有荷属安的列斯一个；"Portsmouth"（朴次茅斯）港也有五个，英国一个，美国四个；"Santa Cruz"（圣克鲁斯）港有七个，其中两个在加那利群岛（Canary Islands），两个在亚速尔群岛（Azores Islands），另外三个分别在阿根廷、菲律宾和美国；而"Victoria"（维多利亚）港有八个，巴西、加拿大、几内亚、喀麦隆、澳大利亚、塞舌尔、马来西亚和格林纳达都有。

（2）如果信用证规定目的港后有 In transit to ×××（转运至×××），在 CIF 或 CFR 价格条件，则不能照加，只能在其他空白处或唛头内加注此段文字以表示转入内陆运输的费用由买方自理。

（3）美国一些信用证规定目的港后有 OCP 字样，应照加。OCP 即 Overland Common Points，一般叫做"内陆转运地区"，包括 North Dakota、South Dakota、Nebrasla、Colorado、

New Mecico 起以东各州都属于 OCP 地区范围内。例如 San Francisco OCP，意指货到旧金山港后再转运至内陆。San Francisco OCP Coos Bay，意指货到旧金山港后再转运至柯斯湾。新加坡一些信用证规定"Singapore PSA"，PSA 意指 Port of Singapore Authority，即要求在新加坡当局码头卸货。该码头费用低廉，但船舶拥挤，一般船只不愿意停泊该码头，除非承运人同意。

（4）有些信用证规定目的港后有 Free port（自由港）、Free zone（自由区）、提单也可照加，例如，Aden（亚丁）、Aqaba（阿咯巴）、Colon（科隆）、Beirut（贝鲁特）、Port Said（赛得港）这些目的港后应加 Free Zone，买方可凭此享受减免关税的优惠。

（5）如信用证规定目的港为 Kobe/Negoga/yokohama，此种表示为卖方选港，提单只打一个即可。如来证规定 Option Kobe/ Negoga/yokohama，此种表示为买方选港，提单应按次序全部照打。

（6）如信用证规定某港口，同时又规定具体的卸货码头，提单应照打。如到槟城目的港有三种表示："Penang"、"Penang/Butterworth"、"Penang/Georgetown"。后两种表示并不是选港，Butterworth 和 Georgetown 都是槟城港中的一个具体的卸货码头，如果信用证中规定了具体的卸货码头，提单则要照填。

### 案例 4-2：提单卸货港与目的地不符案例

若信用证规定海运提单，成交方式为 CFR，货从上海运到丹麦 Aarhus（奥尔胡斯港），我出口公司在提单上有关装卸各栏填制为：

Port of Lading：Shanghai

Port of Discharge：（空白）

Final Destination：AARHUS

单据寄到国外银行，开证行拒付，理由是 AARHUS 应为卸货港，而不是目的地。信用证规定的是海运，属于港至港运输，AARHUS 是一个港口而不是内陆城市，因此，它只能是卸货港，而不是最后目的地。如果运输方式是多式联运，从上海装船到欧洲某一港口，再通过陆运到 AARFUS，那么 AARHUS 可做为最后目的地，而卸货港则为欧洲港口。

### 10. 正本提单的份数（No. of Original B/L）

只有正本提单可流通、交单、议付，副本则不行。UCP500 第二十三条指出，提单可以是一套单独一份的正本单据，但如果签发给发货人的正本超过一份，则应该包括全套正本。出口商应按信用证规定来要求承运人签发正副本提单份数。并在交单议付时，应提交信用证要求的份数。单据上忘记打上正本份数或某份提单没有"正本"字样，都是不符点。信用证中对份数的各种表示法如下：

例 1. Full set of B/L，是指全套提单，按习惯作两份正本解释。

例2．Full set（3/3）plus 2 N/N copies of original forwarded through bills of lading，本证要求提交全部制作的三份正本。这里的（3/3）意为：分子的数字指交银行的份数，分母的数字指应制作的份数。N/N（Non-Negotiation）意为不可议付，即副本。

例3．Full set less one copy on board marine bills of lading，指应向议付行提交已装船海运提单，是全套正本（至少一份正本）。

例4．2/3 original clean on board ocean bills of lading，指制作三份正本提单，其中两份向议付行提交。

## 11．标志和号码（Mark & No.）

标志俗称唛头。唛头即为了装卸、运输及存储过程中便于识别而刷在外包装上的装运标记，是提单的一项重要内容，是提单与货物的主要联系要素，也是收货人提货的重要依据。提单上的唛头应与发票等其他单据以及实际货物保持一致，否则会给提货和结算带来困难。

（1）如信用证上有具体规定，缮制唛头应以信用证规定的唛头为准。如果信用证上没有具体规定，则以合同为准。如果合同上也没有规定，可按买卖双方私下商订的方案或受益人自定。

（2）唛头内的每一个字母、数字、图形、排列位置等应与信用证规定完全一致，保持原形状，不得随便错位、增减等。

（3）散装货物没有唛头，可以表示"No Mark"或"N/M"。裸装货物能常以不同的颜色区别，例如，钢材、钢条等刷上红色标志，提单上可以"Red stripe"表示。

## 12．件数和包装种类（Number and Kind of Packages）

本栏填写包装数量和包装单位。如果散装货物无件数时，可表示为"In bulk"（散装）。包装种类一定要与信用证一致。

### 案例4-3：包装种类不符合信用证案例

某A公司出口一笔大豆，合同规定以旧、修补麻袋包装。信用证对于包装条件却规定："Packed in gunny bags"（麻袋包装）。A公司按合同规定，货物以旧、修补麻袋包装，提单按信用证规定"麻袋包装"缮制。承运人在签发提单时发现货物包装是旧袋且有修补，要求在提单上加注。A公司考虑提单加添批注造成不清洁提单则无法议付，以为合同即规定允许货物以旧、修补麻袋包装，买方不会有异议，所以改制单据为货物以旧、修补麻袋包装。单据交议付行议付时，议付行也疏忽未发现问题，单到开证行却被拒付，其理由：信用证规定为"Packed in gunny bags."（麻袋包装），而发票与提单却表示为"Packed in used and repaired gunny bags."（旧、修补麻袋包装），故单证不符。A公司几经交涉无果，结果以削价处理才结案。

### 13. 商品名称（Description of Goods）

商品名称应按信用证规定的品名以及其他单据如发票品名来填写，应注意避免不必要的描述。如信用证上商品是 Shoes（鞋子），绝不能擅自详细描述成 Men's canvas shoes（男式帆布鞋），或 Ladies' casual shoes（女式轻便鞋）等。如果品名繁多、复杂，则银行接受品名描述用统称表示，但不得与信用证中货物的描述有抵触。如果信用证规定以法语或其他语种表示品名时，亦应按其语种表示。

### 14. 毛重（Gross Weight）

毛重应与发票或包装单相符。如裸装货物没有毛重只有净重，应先加 Net Weight 或 N.W.，再注具体的净重数量。

### 15. 尺码（Measurement）

尺码即货物的体积。以立方米为计量单位，小数点以下保留三位。FOB 价格条件下可免填尺码。

### 16. 运费条款（Freight Clause）

运费条款应按信用证规定注明。如信用证未明确，可根据价格条件是否包含运费决定如何批注。主要有以下几种情况。

（1）如果是 CIF、CFR 等价格条件，运费在提单签发之前支付者，提单应注 Freight paid（运费已付）或 Freight prepaid（运费预付）。

（2）FOB、FAS 等价格条件，运费在目的港支付者，提单应注明 Freight collect、Freight to collect、Freight to be collected（运费到付或运费待收），或注 Freight payable at destination（运费目的港支付）。

（3）如信用证规定 Charter party B/L acceptable（租船契约提单可以接受），提单内可注明 Freight as per charter party 表示运费按租船契约支付。

（4）如果卖方知道运费金额或船公司不愿意暴露运费费率的情况下，提单可注 Freight paid as arranged（运费已照约定付讫），或者运费按照约定的时间或办法支付，提单可注 Freight as arranged，或者 Freight payable as per arrangement。

（5）对于货物的装船费和装卸费等负担问题，经常船方要求在提单上注明有关条款，如

- "F.I."（Free In）：船方不负担装船费；
- "F.O."（Free Out）：船方不负担卸船费；
- "F.I O."（Free In and Out）：船方不负担装船费和卸船费；
- "F.I. O.S."（Free In，Out and Stowed）：船方不负担装卸费和理舱费；

◆ "F.I. O.S.T."（Free In, Out, Stowed and Trimmed）：船方不负担装卸费和理舱费。

### 17. 特殊条款（Special Condition in B/L）

特殊条款示例如下。

例1. Bill of lading must specifically state that the merchandise has been shipped or loaded on board a named vessel and /or bill of lading must evidence that merchandise has been shipped or loaded on board a named vessel in the on-board notation. 信用证要求在提单上特别地注明货物装上一指定船名的船。虽然在提单上已有一个栏目填船名，但对方仍然坚持用文字证明。这是对方强调装载船的表示。一般托运人会接受，于是在提单的空白处打上 We certify that the merchandise has been shipped on a ship name×××。

例2. Bill of lading should mark freight payable as per charter party, evidencing shipment from whampoa, China to U.S, gulf port.

Bill of lading should mark freight payable as per charter party, evidencing that shipment from Qidong, China to j, USA.

这是要求强调运费根据租船契约支付，并强调装运由中国的黄埔至美国的哥尔夫波特港的特殊条款。在填写提单时，不应因这两项内容已注在栏目中填写而放弃重写一次，应在提单空白处打上 Fright has been payable as per charter party. 和 The shipment has been made from whampoa, China to U.S, gulf port.

例3. 来证要求：Terms as intended in relation to name of vessel, port of loading and port of arrival are not acceptable. 这是不允许在有关船名、装运港、目的港表达中出现"预计"字样的条款。在具体制作提单过程中应遵照办理。

例4. 来证要求：Issuing company's certificate confirming that the vessel named in B/L is a vessel of a conference line. This document is only to be presented in case of shipment be sea freight. 这是一个限制托运人必须把货物交给班轮公会承运的条款。

Issuing company's certificate confirming that the vessel named in B/L is a vessel of a conference line. This document is only to be presented in case of shipment be sea freight. 托运人在收到来证时就应根据实际情况决定是否能做得到。从制作提单的具体方式来看有两种处理办法：其一是由船公司出具一张船籍证，证明装载船是某班轮公会的；其二，由船公司在签发提单时务必在提单上加注证明该船是某班轮公会的。

### 18. 提单签发地点和日期（Place and Date of Issue）

签单地址通常是承运人收受货物或装船的地址，但也有时不一致，例如，收受或装运货物在新港（Xingang）而签单在天津，也有的甚至不在同一国家。提单签发的日期不得晚于信用证规定的装运期，这对出口商能否安全收汇很重要。本提单正面条款中已有装上船条款（Shipped on board the vessel named above…），在这种情况下签单日期即被视为装船日期。

**19．已装船批注（Laden on Board the Vessel）**

有些提单正面没有预先印就的类似已装上船的条款，这种提单便称为备运提单。备运提单转化为已装船提单的方式有以下两种。

（1）在提单的空白处加"已装船"批注或加盖类似内容的图章。例如"Shipped on Board"，有的只加"On Board"，然后加装船日期并加提单签发的签字或简签。所谓简签，是指签字人以最简单的签字形式通常只签本人姓名中的一个单词或一个字母来代替正式签字。

（2）在备运提单下端印有专供填写装船条款的栏目：Laden on Board the Vessel，已装船标注。有人称之为"装船备忘录"。装船后，在此栏处加注必要内容，如船名等，并填写装船日并由签字人签字或简签。

**20．提单签发人签字（Signed for the Carrier）**

按照《UCP600》规定，有权签发提单的是承运人或作为承运人的具名代理、代表船长或作为船长的具名代理、代表。如果是代理人签字，代理人的名称和身份与被代理人的名称和身份都应该列明。

常见提单签发人和表示方法如表4.4所示。

表4.4 提单签发人

| 签 发 人 | 表 示 方 法 | 备 注 |
|---|---|---|
| 承运人 | ××× as carrier | 1．承运人、船长或代理人的任何签字必须表明其身份<br>2．代理人签字必须标明其系代理承运人还是船长签字 |
| 承运人具名代理人 | As agent for or on behalf of the carrier | |
| 船长 | ××× as master | |
| 船长具名代理人 | As agent for or on behalf of the master | |

## 二、缮制海运提单

以下是船公司根据客户托运单以及提单补料缮制的海运提单，如图4.5所示。

| | | BOOKING NO. | BILL OF LADING NO. |
|---|---|---|---|
| SHENZHEN FRUITS AND VEGETABLES I/E CO., LTD. 188 NANSHAN ROAD SHENZHEN, CHINA | | EXPORT REFERENCES | |
| Consignee TO ORDER | | FORWARDING AGENT_REFERENCE FMC NO. POINT AND COUNTRY OF ORIGINAL GOODS | |
| Notify Party （2） KWONG FOO YOUNG CO., LTD. 34 JALAP STREET, 50050, SINGAPORE | | ALSO NOTIFY PARTY_ROUTING AND INSTRUCTION | |
| Pre-carriage by | Place of Receipt | | |
| Ocean Vessel Voy. No. （3） DONGFENG V. 037 | Port of Loading （4） SHENZHEN | LOADING PIER/TERMINAL | ORIGINAL RELEASED AT |
| Port of Discharge （5） SINGAPORE | Place of Delivery | TYPE OF MOVEMENT(IF MIXED, USE DESCRIPTION OF PACKAGE AND GOODS FIEDL) | |

| Marks & Nos. Container No. | No. & kind of pkgs | Description of Goods （6） | Gross Weight （7） | Measurement |
|---|---|---|---|---|
| N/M | 400PKGS | BEAN CURD AND VINEGAR | 14800.00KGS | 25.000CBM |
| 1X20'LCL, CY/CY CN.: STEU4597111 SN.: 60010 | | | | |

| Total No. of container or other pkgs or units （in words） | （8）SAY FOUR HUNDRED PACKAGES ONLY | | | | |
|---|---|---|---|---|---|
| Freight & charges （9） FREIGHT PREPAID | Revenue Tons | Rate | Per | Prepaid | Collect |

| Ex rate | Prepaid at | Payable at | Place and Date of issue: SHENZHEN 22 FEB 2009 | |
|---|---|---|---|---|
| | Total prepaid | No. of B（s）/L THREE | Signed by OOCL ORIENT OVERSEAS CONTAINER LINE | |
| Laden on board the Vessel: Date:（10）22 FEB 2013 By: C.C.L. SHA. | | | As agent for the carrier named above | 张志诚 |

图 4.5 海运提单

# 【知识支撑】

## 一、海运提单的含义和性质作用

海运提单，简称提单（Bill of Lading，B/L），是货物的承运人或其代理人收到货物后，签发给托运人的一种证件。这个证件说明了货物运输有关当事人，如承运人、托运人和收货人之间的权利与义务。提单的作用主要表现为以下几个方面。

（1）提单是承运人或其代理人签发的货物收据（receipt for the goods），证明已按提单所列内容收到货物。

（2）提单是一种货物所有权的凭证（documents of title），即物权凭证。提单的合法持有人凭提单可在目的港向轮船公司提取货物，也可以在载货船舶到达目的港之前，通过转让提单而转移货物所有权，或凭以向银行办理押汇货款。

（3）提单是托运人与承运人之间所订立的运输契约的证明（evidence of contract of carrier）。在班轮运输的条件下，它是处理承运人与托运人在运输中产生争议的依据；包租船运输的条件下，承运人或其代理人签发的提单也是运输契约的证明。这种运输的契约是租船合同（Charter Party），它是处理承运人（船东）与租船人在运输中的权利义务的依据。

## 二、提单的种类

提单可以从不同角度加以分类，主要有以下几种，如表 4.5 所示。

表 4.5 提单分类

| 序 号 | 分 类 方 法 | 提 单 种 类 | 英 文 名 称 |
|---|---|---|---|
| 1 | 按货物是否已装船分 | 已装船提单 | On Board B/L or Shipped B/L |
| | | 备运提单 | Received for Shipment B/L |
| 2 | 对货物外包装状况表述分 | 清洁提单 | Clean B/L |
| | | 不清洁提单 | Unlean B/L or Foul B/L |
| 3 | 按提单收货人分 | 记名提单 | Straight B/L |
| | | 不记名提单 | Open B/L |
| | | 指示提单 | Order B/L |
| 4 | 按不同运输方式分 | 直达提单 | Direct B/L |
| | | 转船提单 | Transhipment B/L |
| | | 多式联运提单 | Through B/L |
| 5 | 按提单签发人不同分 | 承运人提单 | Master B/L |
| | | 无船承运人提单 | NVOCC B/L |
| | | 货代提单 | House B/L or Forwarder B/L |

续表

| 序　号 | 分类方法 | 提单种类 | 英文名称 |
|---|---|---|---|
| 6 | 按提单内容的繁简分 | 全式提单 | Long From B/L |
| | | 简式提单 | Short Form B/L |
| 7 | 按提单签发时间不同分 | 预借提单 | Advanced B/L |
| | | 倒签提单 | Anti-date B/L |
| | | 顺签提单 | Post-date B/L |
| 8 | 按表现形式分 | 纸质提单 | Bill of Lading, B/L |
| | | 电子提单 | Electronics Bill of Lading |
| 9 | 按提单签发的形式分 | 正本提单 | Original B/L |
| | | 电放提单 | Telex Release B/L |
| | | 海运单 | Sea waybill |
| 10 | 其他提单 | 舱面提单 | On deck B/L |
| | | 过期提单 | Stale B/L |

**1．根据货物是否装船，可分为已装船提单和备运提单**

已装船提单（On Board B/L or Shipped B/L），是指承运人已将货物装上指定的船只后签发的提单。这种提单的特点是提单上面有载货船舶名称和装货日期。备运提单（Received for Shipment B/L），是指承运人收到托运的货物待装船期间，签发给托运人的提单。这种提单上面没有装船日期，也无载货的具体船名。在国际贸易中，一般都必须是已装船提单。《跟单信用证统一惯例》（UCP600）规定，在信用证无特殊规定的情况下，要求卖方必须提供已装船提单。银行一般不接受备运提单。

**2．根据货物表面状况及有无不良批注，分为清洁提单和不清洁提单**

清洁提单（Clean B/L），是指货物装船时，表面状况良好，承运人在签发提单时未加任何货损、包装不良或其他有碍结汇批注的提单。不清洁提单（Unclean B/L or Foul B/L），是指承运人收到货物之后，在提单上加注了货物外表状况不良或货物存在缺陷和包装破损的提单。例如，在提单上批注"铁条松失"（Ironstriploose of missing）、"包装不固"（Insufficiently Packed）、"X 件损坏"（X Package in damage condition）等。但是，并非提单有批注即为不清洁提单。国际航运公会（International Chamber of Shipping）于 1951 年规定下列三种内容的批注不能视为不清洁。

（1）不明白地表示货物或包装不能令人满意，如只批注"旧包装"、"旧箱"、"旧桶"等；

（2）调承运人对于货物或包装性质所引起的风险不负责任；

（3）否认承运人知悉货物内容、重量、容积、质量或技术规格。

这三项内容已被大多数国家和航运组织所接受。在使用信用证支付方式时，银行一般不接受不清洁提单。有时在装船时会发生货损或包装不良，托运人常要求承运人在提单上不作不良批注，而向承运人出具保函，也称赔偿保证书（Letter or Indemnity），向承运人保证如因货物破残损以及承运人因签发清洁提单而引起的一切损失，由托运人负责。承运人则给予灵活，签发清洁提单，便于在信用证下结汇。对这种保函，有些国家法律和判例并不承认，如美国法律认为这是一种欺骗行为。所以，使用保函时要视具体情况而定。

**3. 根据收货人不同，分为记名提单、不记名提单和指示提单**

记名提单（Straight B/L），又称收货人抬头提单，它是指在提单的收货人栏内，具体写明了收货人的名称。由于这种提单只能由提单内指定的收货人提货，所以提单不易转让。不记名提单（Open B/L），又称空白提单，是指在提单收货人栏内不填明具体的收货人或指示人的名称而留空的提单。不记名提单的转让不需任何背书手续，仅凭提单交付即可，提单持有者凭提单提货。指示提单（Order B/L），是指收货人栏内，只填写"凭指示"（To order）或"凭某人指示"（To order of…）字样的一种提单。这种提单通过背书方式可以流通或转让，所以，又称可转让提单。

表 4.6 所示为提单抬头的分类。

表 4.6 提单抬头分类

| 提单分类 | 英文填写 | 背书要求 | 提单特点 |
| --- | --- | --- | --- |
| 不记名提单 | To bearer/holder | 不需要背书 | 1. 谁持有货物就属于谁；<br>2. 该提单不代表货物拥有权、方便转让和流通；<br>3. 很少采用 |
| 不记名指示提单 | To order（空白抬头） | 需要背书（托运人作为第一背书人） | 可以将提单所有权转让给不定的其他人 |
| 记名提单 | Consigned to ABC Co., Ltd （限制性抬头） | 需要背书（托运人作为第一背书人） | 1. 只能由指定的人提货，安全；<br>2. 不能转让 |
| 记名指示提单 | To order of shipper（凭托运人指示） | 需要由托运人（货主）空白背书。空白背书是由提单转让人在提单背面签上背书人单位名称及负责人签章 | 不注明被背书人的名称，可转让，流通性强，采用较普遍 |
| | To order issuing Bank 凭开证银行指示提单 | 需要由所指定的这个开证银行背书再转让（背书给进口人）。实际操作中，还要托运人作为第一背书人 | 货主作空白背书，银行作记名背书 specially endorsement |
| | To order of consignee 凭收货人指示 | CONSIGNEE 通常是外贸公司背书 | 通知人才是真正买家。买家只能充当 Notify Party（通知人） |
| | To order of accountee 凭开证申请人指示提单 | 需要由开证申请人背书（委托进口的贸易公司或经纪人公司） | 背书人背书后才能转让给实际要货的进口人 |

图 4.6 和图 4.7 所示分别为记名提单和记名指示提单示例。

```
Shipper                                                B/L No.
    XIAMEN FUHUIDA IMP & EXP CORP                      SHKHKGMUA-
                                        Harbour        HH090372
CONSIGNEE:
SIN BOON COFFEE POWDER MFG TRADING CO(JPT.143)    港業航運有限公司
NO.8 SPG 108,JIN SUBOK BD 2712 NEGARA GRUNEI DARUSSALAM
TEL:00873-21548730 FAX:00873-21543544             HARBOUR-LINK LINES SDN. BHD.
                                                  Registration No.: 738254-T

Notify party                                      BILL OF LADING
AS CONSIGNEE                                      NON-NEGOTIABLE
```

根据此份提单的抬头，收货人为具体的公司名称和地址，因此为记名提单

```
                Vay. No.        Place of receipt
                                SHEKOU, CHINA
                9806S           Port of loading
                                SHEKOU, CHINA
                                Place of delivery
                                MUARA, BRUNEI

Numbers         Number and  Kind of packages; description of goods   MUARA,BRUNEI   Measurement

N/M                         SHIPPER'S LOAD & COUNT & SEAL
                            1X40HR CONTAINER -S.T.C.-                14076.90KGS  55.00CBM
                            1274 CTNS FRESH VEGETABLE & FRUIT
FCL/FCL                           TEMP:+0 DEG.C,VENT:20CBM/H
CY/CY
                            D/THC & CHARGES ARE FOR A/C OF CONSIGNEE
FREIGHT PREPAID
AT "SHENZHEN"               T/S CARGO FM SHEKOU EX.XIE HANG 1088 V.9806S
                            ETA HKG:07-AUG-2009 CONNECTED BY
                            M/V:TIAN YAN V.TY001S TO MUARA
                            ETD HKG:08-AUG-2009

CRLU1804616/40HR            LADEN ON BOARD:06-AUG-2009
SEAL:HLL111439
```

图 4.6  记名提单

项目四 货物装运单证缮制

```
OOCL              7/9/2009 4:06:52 PM   PAGE   1/002   Fax Server
```

                                                              PAGE: 1 OF 2
**OOCL**                          PROFORMA - NON NEGOTIABLE    **BILL OF LADING**
                                                              Non Negotiable Unless Consigned to Order
SHIPPER/EXPORTER (COMPLETE NAME AND ADDRESS)    BOOKING NO.    BILL OF LADING NO.
SHENZHEN ASIA GLOBAL LOGISTICS                                 OOLU3040072910
CO., LTD.                         EXPORT REFERENCES
2404-2405.24/F, GOLDEN            BL REF CERT
BUSINESS CENTER, NO.2028
SHENNANEAST ROAD, SHENZHEN, **
                                  FORWARDING AGENT-REFERENCES
CONSIGNEE:                        FMC NO.
TO THE ORDER OF NATIONAL BANK LIMITED
, JUBILEE ROAD
BRANCH, CHITTAGONG                POINT AND COUNTRY OF ORIGIN OF GOODS

NOTIFY PARTY (COMPLETE NAME AND ADDRESS)    ALSO NOTIFY PARTY-ROUTING & INSTRUCTIONS
... ENTERPRISE                     NATIONAL BANK LIMITED, JUBILEE
... ON ROAD, CHITTAGONG,           ROAD BRANCH, CHITTAGONG
...SH.

> 根据此份提单的抬头，收货人中含有 TO THE ORDER，因此为指示性提单，且是银行指示的提单

                                  PLACE OF RECEIPT
                                  SHEKOU SEA PORT OF ##
... FLAG                          PORT OF LOADING              LOADING PIER / TERMINAL    ORIGINALS TO BE RELEASED AT
LONG BEACH 004W                   SHEKOU SEA PORT OF ##                                    SHENZHEN
                                  PLACE OF DELIVERY            TYPE OF MOVEMENT (IF MIXED, USE DESCRIPTION OF PACKAGES AND GOODS FIELD)
...NG, BANGLADESH                 CHITTAGONG, BANGLADESH       FCL / FCL                   CY/CY

PARTICULARS DECLARED BY SHIPPER BUT NOT ACKNOWLEDGED BY THE CARRIER

| CONTAINER NOS. W/SEAL NOS. MARKS & NUMBERS | QUANTITY (FOR CUSTOMS DECLARATION ONLY) | H M | DESCRIPTION OF GOODS | GROSS WEIGHT | MEASUREMENT |
|---|---|---|---|---|---|
| OOLU6090992 /OOLQ808442 / | | | 1826 CARTONS  /FCL / FCL | /40RQ/ | |
| N/M | 1826 CARTONS | | GRAPES<br>NET WEIGHT:14608KGS<br>L/C:094209010133 DATE OF ISSUE:090628<br>IMPORT UNDER LCAF NO.192750, IRC NO.B-148269, TIN NUMBER-320-104-4265/SA-8,<br>VAT REGISTRATION NO-2011308308, L/C NO.094209010133, H.S.CODE-0806.10.90 AND<br>"IMPORT UNDER CASH FOREIGN EXCHANGE RESOURCES (CFER)"<br>TEMPERATURE SET AT 0.0 C (32.0 F)<br>** TO BE CONTINUED ON ATTACHED LIST ** | 15521.000KGS | 58.000CBM |

NOTICE 1: ...
NOTICE 2: ...
Declared Cargo Value US$           If Merchant enters a value, Carrier's limitation of liability shall not apply and the ad valorem rate will be charged.

FREIGHT & CHARGES PAYABLE AT / BY:     SERVICE CONTRACT NO.   DOC FORM NO.   COMMODITY CODE

| CODE | TARIFF ITEM | FREIGHTED AS | RATE | PREPAID | COLLECT |
|---|---|---|---|---|---|
| OCEAN FREIGHT 1 | | 1/40RQ | 1700.00 | USD 1,700.00 | |
| HSS HI SEC SEAL CH | | 1/40RQ | 25.00 | CNY 25.00 | |
| THC ORIG TRML HAND | | 1/40RQ | 850.00 | CNY 850.00 | |
| DOC O/B DOC FEE | | 1.000 | 150.00 | CNY 150.00 | |

                                                                                USD/CNY
                                                                                6.84920

                                                                                3 original B/s
                                                                                DATE CARGO RECEIVED

                                                                                DATE LADEN ON BOARD
                                                                                8 JUL 2009
                                                                                DATED
                                                                                8 JUL 2009

                       TOTAL       USD  1,700.00        SIGNED  ORIENT OVERSEAS CONTAINER LINE
                                   CNY  1,025.00        BY:     (CHINA) CO. LTD. SHENZHEN

                       TOTAL EQUIVALENT    CNY 12,668.64        ORIENT OVERSEAS CONTAINER
                                                                LINE LIMITED, AS CARRIER

图 4.7 银行指示提单

### 4. 根据运输方式，分为直达提单、转船提单和多式联运提单

直达提单（Direct B/L），是指轮船装货后，中途不经过转船而直接驶往指定目的港，由承运人签发的提单。转船提单（Transhipment B/L），是指货物经由两程以上船舶运输至指定目的港，而由承运人在装运港签发的提单。转船提单内一般注明"在某港转船"的字样。多式联运提单（Through B/L），是指海陆、海空、海河、海海等联运货物，由第一承运人收取全程运费后并负责代办下程运输手续在装运港签发的全程提单。卖方可凭多式联运提单在当地银行结汇。

转船提单和多式联运提单虽然包括全程运输，但签发提单的承运人一般都在提单上载明只负责自己直接承运区段发生的货损，只要货物卸离他的运输工具，其责任即告终止。

### 5. 根据提单签发的时间不同，分为倒签提单、预借提单和顺签提单

倒签提单（Ante-dated B/L），是指承运人应托运人的要求，签发提单的日期早于实际装船日期的提单，以符合信用证对装船日期的规定，便于在该信用证下结汇。装船日期的确定，主要是通过提单的签发日期证明的。提单日期不仅对买卖双方有着重要作用，而且银行向收货人提供垫款和向发货人转账，对海关办理延长进口许可证，对海上货物保险契约的生效等都有密切关系。因此，提单的签发日期必须依据接受货物记录和已装船的大副收据签发。

预借提单（Advanced B/L）又称无货提单，是指因信用证规定装运日期和议付日期已到，货物因故而未能及时装船，但已被承运人接管，或已经开装而未装毕，托运人出具保函，要求承运人签发已装船提单。预借提单与倒签提单同属一种性质，为了避免造成损失，尽量不用或少用这两种提单。

顺签提单（Post-date B/L）是指在货物装船完毕后，承运人或承运人代理人发的晚于货物实际装船完毕日期的提单。也就是说，实际装船完毕的日期早于提单的签发日期。

**思考题**：签发倒签提单、预借提单和顺签提单对承运人有何风险？

### 6. 根据提单内容的繁简，分为全式提单和简式提单

全式提单（Long From B/L），是指大多数情况下使用的既有正面内容又带有背面提单条款的提单。背面条款详细规定了承运人与托运人的权利与义务，包括承运人的运价本条款、通知与支付条款、承运人的集装箱条款、托运人的集装箱条款、索赔通知与时效条款、运费与附加费条款、共同海损与救助条款、管辖权条款和新杰森条款等。简式提单（Short Form B/L），是指省略提单背面条款的提单。

### 7. 根据签发人以及作用的不同，可分承运人提单、无船承运人提单和货代提单

承运人提单（Master B/L）即由实际的有船承运人（船公司）签发的提单，无船承运人提单（NVOCC B/L）也就是我们所说的船公司代理签发的提单。货代提单（House B/L or Forwarder B/L）是由货运代理签发的提单，价格相对比较便宜，但是有风险，一般情况下

到目的港会增收换单费用。

三者的详细区别在于以下几点（见表4.7）。

表4.7 提单签发人分类

| 内　　容 | 承运人提单 | 无船承运人提单 | 货　代　提　单 |
| --- | --- | --- | --- |
| 签发主体 | 船公司 | 船代 | 货代 |
| 提单抬头 | 船公司名称 | 船公司名称 | 货代公司名称 |
| 目的港收货方式 | 直接凭提单收货 | 需先向船公司换取提单 | 需先向船公司换取提单 |
| 适用的范围 | 整箱货 | 整箱货 | 拼箱货 |
| 产生的费用 | 无 | 换单费 | 换单费 |
| 提单签名 | As carrier | As agent of carrier | As agent of carrier |

（1）签发的主体不一样。M B/L 是船公司签发的提单，NVOCC B/L 是由船公司代理签发的，而 H B/L 是货代基于 M B/L 出的提单，由货代公司签发，但签发货代提单的公司必须在目的港有代理。

（2）抬头不一样。承运人提单和无船承运人提单是以船公司为抬头的，货代提单是以货代名称为抬头的。

（3）目的港收货方式不同。承运人提单可以直接向船公司提货，而无船承运人提单和货代提单提货时必须先在目的港向货代的代理换取船公司提单，然后再凭着船公司提单去提货，俗称换单，或者由目的港客户凭货代提单直接找货代的代理提货。

（4）适用范围不一样。承运人提单和无船承运人提单一般适用于 FCL 货物（Full Container Load，整箱货），对于 LCL 货物（Less than Container Load，拼箱货），一般由货代公司签发货代提单给客户，或者电放。因为船公司不接受拼箱货物直接订舱，且到目的港也不负责分货，因此这种情况下只能由货代签发提单给客户或者电放。

（5）产生的费用不同。承运人提单目的港提货一般不会产生什么费用，无船承运人提单和货代提单在提货时，必须要向船公司换取提单，一般船公司这时要收取目的港客户的换单费，也有可能由发货人支付给货代，货代另行和代理结算。

（6）提单签名的区别。一般的货代提单编号，不进入海关舱单管理系统，和进口报关单上的提单号不一样；货代提单上都有换单公司名称和联络方法，而该联络公司不是外代或外运等口岸船代公司。货代提单一般在页面上有显示 as agent of carrier 的字样。承运人提单则显示为 as carrier。

**知识小贴士：一般什么情况下出货代提单?**

1. 在采用 L/C 结汇方式下，假如工厂在规定的交货期生产不出来，货物不能按信用证规定的最后装船日期上船，那么为了顺利结汇，在信用证无特殊要求下，比如明确规定不接受货代单的情况下，对船无特殊要求（如船龄、船籍、ISM CODE、运费证明、挂靠港口、船证等），那么发货人（Shipper）可以选择出 H B/L，但是此种做法一般国外客户不太容易接受，必须先跟客户沟通好。

2. 在发货方没有收到国外客户的货款的时候，发货人为了控制货物，避免钱货两空，有时会要求签发货代单。

3. 中间商不想让最终客户知道货物的来源等其他信息，则要求签发货代提单，以达到保护商业秘密的目的。

### 8. 根据提单的表现形式不同，分为纸质提单和电子提单

电子提单（Electronic Bill of Lading），是通过 EDI 技术将纸面提单的全部内容与条款以电子数据交换系统进行传送的有关海上货物运输合同证明的电子数据。电子提单不是书面单证，而是显示在计算机屏幕上的一系列结构化了的电子数据。有关各方，包括卖方、发货人或托运人、银行、商品检验检疫机构、保险公司、港口、买方和收货人，都以承运人为中心，通过专用计算机密码完成在货物运输过程中的货物交付和所有权的转让。采取电子收货人提货，不需要出示任何书面文件，只要出示身份证明，由船舶代理验明即可。

电子提单的使用加速单证流转，防止在流转过程中的欺诈行为的发生。为了进一步完善电子提单的使用规则，国际海事委员会于 1990 年 6 月 24 日至 29 日在巴黎召开了国际海事委员会第 34 届大会通过了《国际海事委员会电子提单规则》（CMI Rules for Electronic Bill Lading），本规则是当前指导电子提单使用的法律依据。

电子提单的流转是通过 EDI 系统，将有关各方的计算机联成网络而实现的。电子计算机将货物运输合同中的数字、文字、条款等，按特定的规则，转化为电子信息（Electronic Message），借助于电子通信设备，从一台计算机转送到另一台计算机上。其完整流转过程是：

（1）托运人向承运人发出订舱电子信息（Booking Message），承运人确认托运人提出的各项条款。

（2）承运人接受订舱，则电子信息系统自动产生并向托运人发送接受订舱及有关运输合同条件的 EDI 信息，由托运人的 EDI 系统加以确认并通知运输调度，将货物交给承运人或其代理人接管。

（3）托运人的 EDI 系统向海关和商品检验检疫机构的 EDI 系统发送申请报关，商检出口的 EDI 证书，经确认后传送给承运人或其代理人的 EDI 系统批准放行。

（4）承运人或其代理人收到货物后，由 EDI 系统自动向托运人发送收货信息（Receipt Message），托运人确认后，托运人即成为电子提单的持有人。

（5）货物装船后，大副签发 EDI 收据并由承运人的 EDI 系统发送电子提单给托运人和银行的 EDI 系统，同时给托运人一个更新的电子签名的电讯密码，经托运人确认后即对货

物具有了支配权，电子提单签发完结。

（6）托运人的 EDI 系统向银行的 EDI 系统发送电子发票、电子保险单和电子提单等电子单据，经银行确认后即完成结汇。

（7）托运人的 EDI 系统发送信息通知承运人，货物已转移给银行，随后承运人的 EDI 系统销毁与托运人的通讯密码，并向银行提供一个新的通讯密码。

（8）收货人向银行支付货款后，取得对货物的所有权。银行的 EDI 系统向承运人发出电讯通知货物所有权已转移给收货人。

（9）承运人的 EDI 系统向收货人的 EDI 系统发送 EDI 信息确认其控制着货物，并传送电子提单及一个新的电讯密码。

（10）承运人的 EDI 系统向目的港代理人发送 EDI 信息，将货物的说明、船舶情况及收货人的名称通知代理人，由代理人在船到港时，向收货人发出到货通知的 EDI 信息。

（11）收货人得到到货通知后通知运输调度，凭其身份证明在指定地点提货。

在电子提单形成和流转过程中，电子提单安全问题是一个非常重要的事情。电子提单的安全关键在于密码的保密性和在传递过程中防止被人偷换，必须严加防范，同时还要加强和完善对电子提单的立法工作。

**9. 根据提单的签发形式不同，分为正本提单、电放提单和海运单**

正本提单（Original B/L）为船公司出具的海运提单，上面印有 ORIGINAL 字样，是一种具有物权凭证的单证。

电放提单（Telex Release B/L）指船公司或其代理人签发的注有"Surrendered"或"Telex Release"的提单副本、复印件或传真件。是由托运人向船公司发出委托申请并提交保函后，由船公司或船代以电报（传）通知目的港代理，某票货物无须凭正本提单提货，收货人可凭盖收货人公司章的电放提单换取提货单以清关提货的海运操作方式。

海运单（Sea Waybill）是指证明海上货物运输合同和承运人接收货物或者已将货物装船的不可转让的单证。海运单的正面内容与提单的基本一致，但是印有"不可转让"的字样。有的海运单在背面订有定义条款、承运人责任、义务与免责条款、装货、卸货与交货条款、运费及其他费用条款、留置权条款、共同海损条款、双方有责碰撞条款、首要条款、法律适用条款等内容。有的海运单没有背面条款，仅在海运单的正面或者背面载明参照何运输条件或者某种提单或其他文件中的规定。

海运单不能背书转让，收货人无需凭海运单，只需出示适当的身份证明，就可以提取货物。因此海运单迟延到达、灭失、失窃等均不影响收货人提货，这样可以有效地防止海运欺诈、错误交货的发生。海运单在无转卖货物意图的贸易运输中焕发了勃勃生机。1990年，在国际海事委员会第 34 届大会上通过了《国际海事委员会海运单统一规则》，供当事人选择适用。

思考题：电放提单与 SEA WAYBILL 对发货人、船公司有何风险以及优势？发货人一般什么情况会要求电放提单？电放提单与 SEA WAYBILL 的主要区别在哪里？

电放提单申请示例（PIL 船公司格式）如图 4.8 所示。

## REQUISITION FOR TELEX RELEASE

### Full Set PIL OBL Surrendered and Consignee to take Delivery without presentation of Bill of Lading but against TELEX RELEASE INSTRUCTION

To: **PIL** （CHINA） **LTD. SHENZHEN BRANCH**

Vessel/Voyage: KOTA LAYAR 003W　　　　Destination: PORT KELANG

Bill of Lading No.: SHKUPKG0901188

Container No.: PCIU6022265

We hereby surrender full set （3/3） PIL OBL in concurrence for you to arrange this shipment to be released against Telex Release Instruction at Port of Discharge （POD）. We also confirmed receipt of full payment from Cargo Receiver and agree to release cargo to **consignee** against the Telex Release Instruction （TRI） without presentation of any document.

**Consignee:**

EDAR TERBILANG SDN.BHD
NO.50, JALAN BIDARA 2/5, TAMAN BIDARA, 68100 BATU
CAVES, SELANGOR MALAYSIA
TEL:00603-61369359　FAX:00603-61376742

　　　　　　　　　　　　　　　　　　　Dated this 2009-7-21
Signature of Authorized Signatory & Company Stamp

**Remark:** 1.请加盖 **SHIPPER** 和订舱公司的章并交回原件予我司，待费用付清后方可办理电放
　　　　（地址:深圳市罗湖区人民南路嘉里中心 32 楼 3205-3207　太平船务有限公司）
　　　　2.如需电放信，请提供贵司联系方式
　　　　电话：25153624　　　　传真：25153567
　　　　联系人：BEN　　　　　　E-MAIL：BEN@SZFANYA.COM

图 4.8　电放提单申请

电放提单保函示例如图 4.9 所示。

## 电放保函

致：**EMIRATES SHIPPING LINE**

| | |
|---|---|
| 船名： | OOCL KAOSIUNG |
| 航次： | 00847/W |
| 开船日： | 2008-11-22 |
| 提单号： | EPIRCHNCWN110980 |
| 装货港： | SHEKOU，CHINA |
| 目的港： | PORT KLANG |
| 箱号/箱型： | CRLU1376518/40HQRF |
| 我司： | SHENZHEN HONGYU TRADING CO.,LTD<br>513D,EXPORTATION,DECLARATION BUILDING WENJIN PORT YANHE ROAD,LOUHU DISTRICT<br>SHENZHNE CHINA |

作为出货人确认放弃全套正本提单，现申请将货物电放给我司客人：

ISSHA IMPORT SDN.BHD
RM803 8TH FLOOR SUN KOMPLEKS
JALAN BUKIT BINTANG,55100 KUALA
LUMPUR,MALAYSIA

由此产生的一切责任和后果由我司承担，并确认遵守提单上所有条款。
我司愿为贵司提供下述担保：
(1) 保证贵司及雇佣人，代理人不因题述事而遭受任何性质的损失、承担任何责任。
(2) 如因题述事由而使贵司及雇佣人,代理人卷入诉讼、仲裁或者其他司法程序时，我司保证提供充分、及时的法律费用，其中包括律师费、司法费用、差旅费及其他相关费用。
(3) 如贵司的船舶或者财产因题述事由遭到扣押、滞留、或者受到此种威胁时，我司保证为贵司提供所需的担保金或者其他形式的担保，以保障贵司的权益不受损害；此外，不论前述扣押、滞留是否合理，我司都将保证承担贵司因此遭受的任何损失以及相关费用。
(4) 我司保证在收到贵司的损失及费用清单后30天内，保证结清所有费用。
(5) 本担保函将根据中国有关法律进行解释，任何本担保函项下的纠纷提交中国境内法院审理。

日期：2008 年 11 月 25 日
公司图章

图4.9 电放提单保函

## SEA WAYBILL 样单如图 4.10 所示。

```
NYK LINE                    PROFORMA - NON NEGOTIABLE           PAGE: 1 OF 2
NIPPON YUSEN KAISHA                                              SEA WAYBILL

SHIPPER/EXPORTER                          BOOKING NO.              SEA WAYBILL NO.
SHENZHEN TONGJI TRADING CO.,LTD           2380728070               NYKS2380728070
RM1101 ORIGINALITY GARDEN ,NO518          EXPORT REFERENCES
BAO YUAN RD.,SHENZHEN CHINA               SZP00211,SZP00211V45
TEL:0755-33360966

CONSIGNEE                                 FORWARDING AGENT-REFERENCES
INTER FRESH CO.,LTD.                      FMC NO.
44/35 MOO 10,IYARA 1 ROAD,
KLONGSONG, KLONGLUANG, PATHUMTHANI
12120 THAILAND                            RECEIVED by the Carrier from the Shipper in apparent
TEL:662 9083208 FAX: 662 9082352          good order and condition unless otherwise indicated...

NOTIFY PARTY
SAME AS CONSIGNEE

PRE-CARRIAGE BY                PLACE OF RECEIPT
                               SHEKOU
OCEAN VESSEL VOYAGE NO. FLAG   PORT OF LOADING        FINAL DESTINATION
HAMBURG EXPRESS 49W32          SHEKOU
PORT OF DISCHARGE              PLACE OF DELIVERY      TYPE OF MOVEMENT
LAEM CHABANG                   LAEM CHABANG           FCL / FCL            CY / CY

CNTR. NOS. W/SEAL NOS.    QUANTITY    DESCRIPTION OF GOODS     GROSS WEIGHT    GROSS MEASUREMENT
MARKS & NUMBERS
NYKU7030156  /CN042193A  /          2251 CARTONS    /FCL / FCL    /40RQ/

N/M                      2251        FRESH POMEGRANATE          22690.000KGS    58.000CBM
                         CARTONS     1941CTNS/18440KGS
                                     FRESH HAMI MELON
                                     210CTNS/3150KGS
                                     FRESH PEACH
                                     100CTNS/1100CTNS
                                     SHIPPER'S DESIRE TO STATE THAT
                                     VENT :   20CBM/H

TOTAL:                   2251                                   22690.000KGS    58.000CBM
                         CARTONS

OCEAN FREIGHT PREPAID
DESTINATION CHARGES COLLECT PER LINE TARIFF AND OTHER CHARGES TO BE COLLECTED FROM
THE PARTY WHO LAWFULLY DEMANDS DELIVERY OF THE CARGO WITHOUT PREJUDICE TO THE
CARRIER'S RIGHTS AGAINST THE MERCHANT (SEE BACK ARTICLE 1(H)) AS SET OUT AT BACK
                        ** TO BE CONTINUED ON ATTACHED LIST **

Declared Cargo Value US$

FREIGHT & CHARGES PAYABLE AT / BY:   SERVICE CONTRACT NO.   DOC FORM NO.   COMMODITY CODE   EXCHANGE RATE   [1] ORIGINAL BILL(S) HAVE
SHENZHEN                             SZP00211                                                               BEEN SIGNED.
LAEM CHABANG
CODE   TARIFF ITEM   FREIGHTED AS   RATE         PREPAID              COLLECT

                                                                                           DATE CARGO RECEIVED
                                                                                           20 AUG 2009
                                                                                           DATE LADEN ON BOARD
                                                                                           22 AUG 2009
                                                                                           PLACE OF BILL(S) ISSUE
                                                                                           SHENZHEN
                                                                                           DATED
                                                                                           22 AUG 2009

The printed terms and conditions on this Bill are available at   SIGNED   NYK LINE ( CHINA ) CO.
its website at www.nykline.com.                                  BY:      LTD.SHEN-ZHEN BRANCH
                                                                          as agent for and on behalf of

                                                                          NIPPON YUSEN KAISHA
                                                                          (NYK LINE), AS CARRIER
```

图 4.10  SEA WAYBILL 提单

**PROFORMA - NON NEGOTIABLE**

PAGE: 2 OF 2

VESSEL: HAMBURG EXPRESS  VOYAGE: 49W32  B/L NO.: NYKS2380728070

| CNTR. NOS. W/SEAL NOS. MARKS & NUMBERS | QUANTITY (FOR CUSTOMS DECLARATION ONLY) | H M | DESCRIPTION OF GOODS | GROSS WEIGHT | MEASUREMENT |
|---|---|---|---|---|---|
| | | | ARTICLE 23(6)<br>SHIPPERS' LOAD & COUNT, SAID TO CONTAIN REFRIGERATED CARGO<br>"CARGO IS STOWED IN A REFRIGERATED CONTAINER SET AT THE SHIPPER'S REQUESTED CARRING TEMPERATURE OF +2 DEGREES CELSIUS"<br>THE SHIPPER HAS IRREVOCABLY DECLARED THAT HE HAS ASSIGNED HIS RIGHT TO CONTROL THE GOODS DURING TRANSPORT TO THE CONSIGNEE, AND THAT THE CONSIGNEE WILL MAKE, IN PLACE OF THE SHIPPER, THOSE REQUESTS STIPULATED IN PARAGRAPH 3 (1) TO THE CARRIER, IN ACCORDANCE WITH PARAGRAPH 3 (3). THE CARRIER HAS AGREED TO HOLD THIS CONSIGNMENT IN SECURITY AND AS COLLATERAL FOR THE CONSIGNEE SUBJECT TO ANY LIEN IN FAVOUR OF THE CARRIER. | | |

SIGNED BY: NYK LINE ( CHINA ) CO. LTD.SHEN- ZHEN BRANCH , as agent for and on behalf of

NIPPON YUSEN KAISHA
(NYK LINE), AS CARRIER

图 4.10　SEA WAYBILL 提单（续）

**10. 根据其他方式分类，有舱面提单、过期提单**

舱面提单（On Deck B/L），又称甲板货提单，是指对装在甲板上的货物所签发的提单。在这种提单上一般都有"装舱面"（On Deck）字样。舱面货（Deck Cargo）风险较大，根据《海牙规则》规定，承运人对舱面货的损坏或灭失不负责任。因此，买方和银行一般都不愿意接受舱面提单。但有些货物，如易燃、易爆、剧毒、体积大的货物和活牲畜等必须装在甲板上。在这种情况下，合同和信用证中就应规定"允许货物装在甲板上"的条款，这样，舱面提单才可结汇。但采用集装箱运输时，根据《汉堡规则》规定和国际航运中的一般解释，装于舱面的集装箱是"船舱的延伸"，与舱内货物处于同等地位。

过期提单（Stale B/L），是指卖方向当地银行交单结汇的日期与装船开航的日期相距太久，以致银行按正常邮程寄单预计收货人不能在船到达目的港前收到的提单，此外，根据《跟单信用证统一惯例》规定，在提单签发日期后 21 天才向银行提交的提单也属过期单。

## 三、提单的内容

世界上每个轮船公司都有自己的提单格式和提单条款，但其基本内容都是依据 1924 年制定的《统一提单的若干法律规则的国际公约》（International Convention for the Unification of Certain Rules of law Relating to Bill of Lading）简称《海牙规则》（Hague Rules）的规定。公约对承运人的责任与权利和豁免作了规定，从而使货主的利益在一定程度上获得保障，但从《海牙规则》实行半个多世纪以来，国际形势发生了很大变化，原来制定《海牙规则》是主要航运国，代表船方利益的，所以其内容明显地偏袒船方利益。如承运人的免责条款竟达 17 条之多，因而受到代表货主利益的不发达国家的反对。为此，联合国于 1978 年 3 月在汉堡会议上通过了《1978 年联合国海上货物运输公约》（U.N. Convention on the Carrier of Goods by Sea 1978），简称《汉堡规则》（Hamburg Rules）。

《汉堡规则》的内容在较大程度上保护了货主的利益和加重了承运人的责任。如承运人的责任区间从原来的货物装上船到货物卸下船扩展到承运人收到货物时直至交付货物为止，并进一步明确规定承运人须对交货延误负责。删去了《海牙规则》规定的十七条免责条款。每件货物赔偿责任限制提高了每件或每单位 835 特别提款权或以毛重每公斤 2.5 特别提款权。诉讼时效也延长至 2 年。《汉堡规则》已于 1992 年 11 月 1 日起正式生效。

提单的条款主要分为正面条款和背面条款，具体介绍如下。

**1．提单的正面内容**

提单的正面内容包括托运人、收货人、被通知人、船名、国籍、航次、装运港、运费、提单签发份数、签单日期以及签单人，不同船公司有不同的规定，但都大同小异，根据《海牙规则》的规定，提单正面条款分为必要记载事项和一般记载事项。

（1）必要记载事项。我国《海商法》第七十三条规定，提单正面内容，一般包括下列各项：

① 货物的品名（Description of the Goods）、标志（Mark）、包数或者件数（Number of Packages or Piece）、重量或体积（Weight or Quantity），以及运输危险货物时对危险性质的说明（a statement, if applicable, as to the dangerous nature of the goods）；
② 承运人的名称和主营业所（name and principal place of business of the carrier）；
③ 船舶的名称（name of the ship）；
④ 托运人的名称（name of the shipper）；
⑤ 收货人的名称（name of the consignee）；
⑥ 装货港和在装货港接收货物的日期（port of loading and the date on which the good were taken over by the carrier at the port of loading）；
⑦ 卸货港（Port of Discharge）；
⑧ 多式联运提单增列接收货物地点和交付货物地点（place where the goods were taken over and the place where the goods are to be delivered in case of a multimodal transport bill of lading）；
⑨ 提单的签发日期、地点和份数（date and place of issue of the bill of loading and the number of originals issued）；
⑩ 运费的支付（Payment of Freight）；
⑪ 承运人或者其代表的签字（signature of the carrier or of a person acting on his behalf）。
上述规定说明：缺少其中的一项或几项的，不影响提单的法律地位，但是必须符合海商法关于提单的定义和功能的规定。除在内陆签发多式联运提单时上述第三项船舶名称；签发海运提单时多式联运提单的接收货地点和交付货物的地点以及运费的支付这三项外，其他八项内容是必不可少的，目前各船公司制定的提单其内容与此相仿。

（2）有关提单的国际公约对必要记载事项的规定。根据《海牙规则》第三条第三款的规定：在收到货物之后，承运人或船长或承运人的代理人，应依照托运人的请求签发给托运人提单，其上载有：
① 与开始装货前由托运人书面提供者相同，为辨认货物所需的主要标志；
② 由托运人书面提供的包数或件数，或者数量，或者重量；
③ 货物的表面状况。
另外，《海牙规则》第三条第四款还规定："这种提单应当作为承运人依照第三款（1）、（2）、（3）项所述收到该提单中所载货物的表面证据。"

对《海牙规则》作出修改的《维斯比规则》，对《海牙规则》规定的必要记载事项未加以修改但对这些记载内容的证据效力却作了修订，规定："……但是，当提单已经转让给善意的第三方时，与此相反的证据不予采用。"这段对《海牙规则》规定的证据效力所作出的补充文字，在法律上为承运人规定了一项义务，即对于善意的第三方，承运人应对提单上所记载的有关货物的事项负责，不能以事实上货物未装船来抗辩。这样，提单上有关货物的记载就成为按照提单记载内容收到货物的最终证据了。

《汉堡规则》关于提单必须记载的内容则作出详细的规定，在第十五条第一款中共列出了 15 项必须记载的事项：

① 货物的品名、标志、包数或件数，或者重量或以其他方式表示的数量，如系危险货物，则对其危险性质的明确说明，这些资料均由托运人提供；

② 货物的外表状态；

③ 承运人名称及其主要营业所所在地；

④ 托运人名称；

⑤ 托运人指定收货人时的收货人名称；

⑥ 海上运输合同规定的装货港，以及货物由承运人在装运港接管的日期；

⑦ 海上运输合同规定的卸货港；

⑧ 正本提单超过一份时的份数；

⑨ 提单签发地点；

⑩ 承运人及其代表的签字；

⑪ 收货人应付运费金额，或者应由收货人支付运费的其他说明；

⑫ 关于货物运输应遵守该规则各项规定，凡是与此相背离的，有损于托运人或收货人的条款均属无效的声明；

⑬ 货物应在或可在舱面装运的声明；

⑭ 经承运人与托运人明确协议的货物在卸货港的交付日期或期限；

⑮ 承运人与托运人约定的高于该规则的承运人责任限额。

《汉堡规则》第十五条第三款还规定："提单漏列本条所规定的一项或多项，不影响该单证作为提单的法律性质，但该单证必须符合第一条第七款（提单定义）规定的要求。"

关于提单必要记载事项的证据效力，《汉堡规则》第十六条中作出了与《维斯比规则》相同的规定。即承运人签发了已装船提单，则认为提单上所述货物已装船的初步证据，当提单转让给包括收货人在内的善意第三方时，提单上的记载内容具有最终证据的效力。

（3）一般记载事项。

① 属于承运人因业务需要而记载的事项：如航次顺号、船长姓名、运费的支付时间和地点、汇率、提单编号及通知人等。

② 区分承运人与托运人之间的责任而记载的事项：如数量争议的批注；为了减轻或免除承运人的责任而加注的内容；为了扩大或强调提单上已印妥的免责条款；对于一些易于受损的特种货物，承运人在提单上加盖的以对此种损害免除责任为内容的印章等。

③ 承运人免责和托运人作承诺的条款，如中远提单正面右下方的三段文字说明：

◇ "上列外表状况良好的货物（除另有说明者除外），已装在上列船上，并应在上列卸货港或该船以能安全到达并保持浮泊的附近地点卸货。" "重量、尺码、标志、号数、品质、内容和价值是托运人所提供的，承运人在装船时并未核对。托运人、收货人和本提单持有人兹明确表示接受并同意本提单和它背面所载的一切印刷、书写或打印的规定、免责事项和条件。"
- "为证明以上所述，承运人或其代理人已签署本提单（若干份），其中一份经完成的提货手续后，其余各份失效。"
- "请托运人特别注意本提单内与该货保险效力有关的免责事项和条件。"

根据我国《海商法》第七十七条规定：除非承运人按有关规定作出保留外，承运人或者代其签发提单的人签发的提单，是承运人已经按照提单所载状况收到货物或者货物已经装船的初步证据；承运人向善意受让提单的包括收货人在内的第三人提出的与提单所载状况不同的证据，不予承认。

《海牙—维斯比规则》和《汉堡规则》也有类似的规定，就提单上有关货物记载事项的证据效力所作的规定。鉴于上述规定，在目的港卸货时，如果货物的实际状况与提单上记载的不一致，由此给收货人带来的损失，除法律另有规定外，承运人应负赔偿责任。承运人只要能证明上述的不一致是托运人的原因造成的，则他们可以向托运人追偿。

**2. 提单的背面条款**

提单背面的条款，作为承托双方权利义务的依据，多则三十余条，少则也有二十几条，这些条款一般分为强制性条款和任意性条款两类。强制性条款的内容不能违反有关国家的法律和国际公约、港口惯例的规定。我国《海商法》第四章海上货物运输合同的第四十四条就明确规定："海上货物运输合同和作为合同凭证的提单或者其他运输单证中的条款，违反本章规定的，无效。"《海牙规则》第三条第八款规定："运输契约中的任何条款、约定或协议，凡是解除承运人或船舶由于疏忽、过失或未履行本条规定的责任与义务，因而引起货物的或与货物有关的灭失或损害，或以本规则规定以外的方式减轻这种责任的，都应作废并无效。"上述的规定都强制适用提单的强制性条款。

除强制性条款外，提单背面任意性条款，即上述法规、国际公约没有明确规定的，允许承运人自行拟定的条款，和承运人以另条印刷、刻制印章或打字、手写的形式在提单背面加列的条款，这些条款适用于某些特定港口或特种货物，或托运人要求加列的条款。所有这些条款都是表明承运人与托运人、收货人或提单持有人之间承运货物的权利、义务、责任与免责的条款，是解决他们之间争议的依据。虽然各种提单背面条款多少不一，内容不尽相同，但通常都有下列主要条款：

（1）定义条款（Definition）。定义条款是提单或有关提单的法规中对与提单有关用语的含义和范围作出明确规定的条款。如中远提单条款第一条规定：货方（Merchant）包括托运人（Shipper）、受货人（Receiver）、发货人（Consignor）、收货人（Consignee）、提单持有人（Holder of B/L），以及货物所有人（Owner of the Goods）。

在国际贸易的实践中，提单的当事人应该是承运人和托运人是毫无异议的。但是，不论是以 FOB 还是 CIF 或 CFR 价格成交的贸易合同，按照惯例，当货物在装货港装船时，货物一旦越过船舷其风险和责任就转移到作为买方的收货人或第三者。如果货物在运输过程中发生灭失或损坏，对承运人提出赔偿要求的就不再是托运人，而是收货人或第三者，在这种情况下，如果仅将托运人看作合同当事人一方，就会出现收货人或第三者不是合同当事人，而无权向承运人索赔。为了解决这一矛盾，英国 1855 年提单法第一条规定，当提单经过背书转让给被背书人或收货人后，被背书人或收货人就应该取代作为背书人的托运人的法律地位，而成为合同当事人的一方，由于《海牙规则》的定义条款未涉及"货主"，英国提单法弥补了这一不足，各船公司都在提单中将"货主"列为定义条款。

（2）首要条款（Paramount Clause）。首要条款是承运人按照自己的意志，印刷于提单条款的上方，通常列为提单条款第一条用以明确本提单受某一国际公约制约或适用某国法律的条款。通常规定：提单受《海牙规则》或《海牙—维斯比规则》或者采纳上述规则的某一国内法的制约，如英国《1971 年海上货物运输法》、《1936 年美国海上货物运输法》的制约。例如，我国《海商法》实施前的中远提单第三条规定："有关承运人的义务、赔偿责任、权利及豁免应适用《海牙规则》，即 1924 年 8 月 25 日在布鲁塞尔签订的《关于统一提单若干规定的国际公约》。"目前中远提单则规定，该提单受中华人民共和国法律的制约。

提单上出现了首要条款，通过当事人"意思自治"原则，在某种意义上扩大了国际公约或国内法的适用范围。各国法院通常承认首要条款的效力。

（3）管辖权条款（Jurisdiction Clause）。在诉讼法上，管辖权是指法院受理案件的范围和处理案件的权限。在这里是指该条款规定双方发生争议时由何国行使管辖权，即由何国法院审理，有时还规定法院解决争议适用的法律。提单一般都有此种条款，并且通常规定对提单产生的争议由船东所在国法院行使管辖权。

例如，我国中远公司提单就规定：本提单受中华人民共和国法院管辖。本提单项下或与本提单有关的所有争议应根据中华人民共和国的法律裁定；所有针对承运人的法律诉讼应提交有关公司所在地的海事法院——广州、上海、天津、青岛、大连海事法院受理。

严格地说，该条款是管辖权条款和法律适用条款的结合。

提单管辖权的效力在各国不尽相同，有的国家将其作为协议管辖处理，承认其有效。但更多的国家以诉讼不方便，或该条款减轻承运人责任等为理由，否认其效力，依据本国诉讼法，主张本国法院对提单产生的争议案件的管辖权。也有的国家采取对等的原则，确定其是否有效。

1958 年《联合国承认与执行外国仲裁裁决的公约》即《纽约公约》已被 90 多个国家承认，我国也是该公约的缔约国。在远洋运输提单中列入"仲裁条款"，以仲裁代替诉讼，其裁决可以在很多公约缔约国家得到承认和执行。因此，仲裁不失为解决纠纷的现代途径。

（4）承运人责任条款（Carriers Responsibility）。一些提单订有承运人责任条款，规定承运人在货物运送中应负的责任和免责事项。一般概括地规定为按什么法律或什么公约为依据，如果提单已订有首要条款，就无需另订承运人的责任条款。在中远提单的第三条、中国外运提单第四条、华夏提单第三条均规定，其权利和责任的划分以及豁免应依据或适用《海牙规则》。根据这一规定，并非《海牙规则》所有规定都适用于该提单，而只是有关承运人的义务、权利及豁免的规定适用于该提单。

《海牙规则》中承运人的责任可归纳为承运人保证船舶适航的责任（义务）和管理货物的责任，即承运人应"适当"与"谨慎"地管理货物。

（5）承运人的责任期间条款（Period of Responsibility）。《海牙规则》中没有单独规定承运人的责任期间，因而各船公司的提单条款中都列有关于承运人对货物运输承担责任的起止时间条款。

例如，中远提单第四条规定："承运人的责任期间应从货物装上船舶之时起到卸离船舶之时为止。承运人对于货物在装船之前和卸离船舶之后发生的灭失或损坏不负赔偿责任。"

《海牙规则》第一条"定义条款"中对于"货物运输"（Carriage of Goods）的定义规定为"包括自货物装上船舶开始至卸离船舶为止的一段时间"。

上述责任期间的规定，与现行班轮运输"仓库收货、集中装船"和"集中卸货、仓库交付"的货物交接做法不相适应。所以，一些国家的法律，如美国的《哈特法》（Harter Act）则规定：承运人的责任期间为自收货之时起，至交货之时为止。《汉堡规则》则规定：承运人的责任期间，包括在装货港，在运输途中以及在卸货港，货物在承运人掌管下的全部期间。我国《海商法》规定的承运人责任期间，集装箱货物同《汉堡规则》，而件杂货则同《海牙规则》。

（6）装货、卸货和交货条款（Loading, Discharging and Elivery）。本条款是指对托运人在装货港提供货物，以及收货人在卸货港提取货物的义务所作的规定。该条款一般规定货主应以船舶所能装卸的最快速度昼夜无间断地提供或提取货物；否则，货主对违反这一规定所引起的一切费用，如装卸工人待时费、船舶的港口使费及滞期费的损失承担赔偿责任。应当予以注意，这一条很难实施。因为，没有租船合同及装卸期限，要收取滞期费用比较困难。承运人签发了提单，如果航程很短，货物比单证先到，收货人无法凭单提货，货物卸载存岸仍将由承运人掌管，难以推卸继续履行合同之责。如果收货人不及时提取货物，承运人可以将货物卸入码头或存入仓库，货物卸离船舶之后的一切风险和费用，由收货人承担。

而承运人应被视为已经履行其交付货物的义务。

承运人负担货物装卸费用，但货物在装船之前和卸船之后的费用由托运人、收货人负担。但是，费用的承担往往与承运人的责任期间的规定有关。如果双方当事人另有约定，则以约定为准。提单中通常不另订条款规定，应当按照港口习惯或受港口条件限制，船舶到达港口时，不能或不准进港靠泊装卸货物，其责任不在承运人，在港内或港外货物过驳费用由托运人或收货人承担。

（7）运费和其他费用（Freight and Other Charges）条款。该条款通常规定，托运人或收货人应按提单正面记载的金额、货币名称、计算方法、支付方式和时间支付运费，以及货物装船后至交货期间发生的、并应由货主承担的其他费用，以及运费收取后不再退还等规定。中远提单第六条和中外运提单第八条规定：运费和费用应在装船前预付。到付运费则在货物抵达目的港时，交货前必须付清。无论是预付还是到付，船舶或货物其中之一遭受损坏或灭失都应毫不例外地全部付给承运人，不予退回和不得扣减。一切同货物有关的税捐或任何费用均应由货主支付。

另外，该条款还规定：装运的货物如系易腐货物、低值货物、活动物（活牲畜）、甲板货，以及卸货港承运人无代理人的货物，运费及有关费用应预付。

该条款通常还规定，货主负有支付运费的绝对义务。即使船舶或货物在航行过程中灭失或损害，货主仍应向承运人支付全额运费。如货物灭失或损害的责任在承运人，则货主可将其作为损害的一部分，向承运人索赔。

（8）自由转船条款（Transshipment Clause）。转运、换船、联运和转船条款（Forwarding, Substitute of Vessel, Through Cargo and Transshipment）或简称自由转船条款。该条款规定，如有需要，承运人为了完成货物运输可以任意采取一切合理措施，任意改变航线，改变港口或将货物交由承运人自有的或属于他人的船舶，或经铁路或以其他运输工具直接或间接地运往目的港，或运到目的港以远、转船、收运、卸岸、在岸上或水面上储存以及重新装船运送，以上费用均由承运人负担，但风险则由货主承担。承运人责任限于其本身经营的船舶所完成的那部分运输，不得视为违反运输合同。

如中远提单第十三条，中外运提单第十四条都作了上述规定。这是保护承运人权益的自由转运条款。在船舶发生故障无法载运，或者目的港港口拥挤一时无法卸载，或者目的港发生罢工等，由承运人使用他船或者通过其他运输方式转运到目的港，或者改港卸货再转运往目的港，费用由承运人负担，但风险由货主负担则欠合理。我国《海商法》第九十一条规定：因不可抗力或者不能归责于承运人的原因，船舶不能在约定的目的港卸货时，船长有权将货物卸在邻近的安全港口，视为已经履行合同；否则，承运人有责任将货物运到目的港，将部分运输转交给实际承运人，承运人也应该为此负责。

（9）选港（Option）条款。选港条款亦称选港交货（Optional Delivery）条款，该条款通常规定，只有当承运人与托运人在货物装船前有约定，并在提单上注明时，收货人方可选择卸货港。收货人应在船舶驶抵提单中注明的可选择的港口中第一个港口若干小时之前，将其所选的港口书面通知承运人在上述第一个港口的代理人。否则，承运人有权将货物卸于该港或其他供选择的任一港口，运输合同视为已经履行。也有的提单规定，如收货人未按上述要求选定卸货港，承运人有权将货物运过提单注明的港口选择范围，至船舶最后的目的港，而由托运人、收货人承担风险和费用。当船舶承运选港货物时，一般要求收货人在所选定的卸货港卸下全部货物。

（10）赔偿责任限额条款（Limit of Liability）。承运人的赔偿责任限额是指已明确承运人对货物的灭失和损失负有赔偿责任应支付赔偿金额，承运人对每件或每单位货物支付的最高赔偿金额。

提单应按适用的国内法或国际公约规定承运人对货物的灭失或损坏的赔偿责任限额。但承运人接受货物前托运人书面申报的货物价格高于限额并已填入提单又按规定收取运费时，应按申报价值计算。如果首要条款中规定适用某国际公约或国内法，则按该公约或国内法办理。如中远提单第十二条规定：当承运人对货物的灭失或损坏负赔偿责任时，赔偿金额参照货主的净货价加运费及已付的保险费计算；同时还规定，尽管本提单第三条规定承运人对货物灭失或损坏的赔偿责任应限制在每件或每计费单位不超过 700 元人民币，但承运人接受货物前托运人以书面申报的货价高于此限额，而又已填入本提单并按规定支付了额外运费者除外。

（11）危险货物条款（Dangerous Goods）。此条款规定托运人对危险品的性质必须正确申报并标明危险品标志和标签，托运人如事先未将危险货物性质以书面形式告知承运人，并未在货物包装外表按有关法规予以标明，则不得装运；否则，一经发现，承运人为船货安全有权将其变为无害、抛弃或卸船，或以其他方式予以处置。托运人、收货人应对未按上述要求装运的危险品，使承运人遭受的任何灭失或损害负责，对托运人按要求装运的危险品，当其危及船舶或货物安全时，承运人仍有权将其变为无害、抛弃或卸船，或以其他方式予以处置。

如提单上订明适用《海牙规则》或《海牙—维斯比规则》或相应的国内法，便无需订立此条款。

（12）舱面货条款（Deck Cargo）。由于《海牙规则》对舱面货和活动物（Live Animal）不视为海上运输的货物，因而提单上一般订明，关于这些货物的收受、装载、运输、保管和卸载均由货主承担风险，承运人对货物灭失或损坏不负赔偿责任。

① 托运人所提供的详细情况有：货名、标志和号数、件数、毛重、尺码等。如填写不准、错误或谎报，一切后果和所造成的损失，应由托运人负责。

② 声明货物表面状况良好已装上船，并应在卸货港或该船所能安全到达并保持浮泊的附近地点卸货。

③ 正本提单其中一份完成提货手续后，其余各份失效。

④ 托运人、收货人和本提单的持有人明白表示接受并同意提单和它背面所载的一切印刷、书写或打印的规定、免责事项和条件。

（13）美国条款（American Clause）。规定来往美国港口的货物运输只能适用美国 1936 年海上货运（Carriage of Good by Sea Act，1936）运费按联邦海事委员会（FMC）登记的费率本执行，如提单条款与上述法则有抵触时，则以美国法为准。此条款也称"地区条款"（Local Clause）。

图 4.11 所示为提单正面的样例。

| Shipper<br>发货人 | | | BILL OF LADING     B/L No.: |
|---|---|---|---|
| Consignee<br>收货人（俗称抬头） | | | **COSCO** |
| Notify Party<br>被通知人 | | | 中 国 远 洋 运 输 公 司 |
| *Pre carriage by<br>前程运输 | *Place of Receipt<br>收货地 | | CHINA OCEAN SHIPPING COMPANY |
| Ocean Vessel Voy. No.<br>船名航次 | Port of Loading<br>装运港 | | ORIGINAL |
| Port of discharge<br>卸货港 | *Final destination<br>目的地 | Freight payable at<br>运费支付 | Number original Bs/L<br>正本提单分数 |
| Marks and Numbers<br>唛头和箱封号 | Number and kind of packages;Description<br>包装数量，种类，品名 | | Gross weight    Measurement m3<br>毛重         体积 |

TOTAL PACKAGES（IN WORDS）     包装数量的英文表示

Freight and charges    运费杂费

| | |
|---|---|
| | Place and date of issue<br>签发时间和地点 |
| | Signed for the Carrier<br>承运人签章 |

*Applicable only when document used as a Through Bill of Loading

图 4.11 提单

## 四、不同国家对提单内容的具体要求

表 4.8 列出了不同国家对提单内容的具体要求。

表 4.8 不同国家对提单内容的要求

| 国　　家 | 要　　求 |
| --- | --- |
| 新加坡 | 有的来证要求提单注明运费金额 |
| 塞浦路斯 | 提单不能以"Famagusta"，"Ryronia"和"Rar-avostassi" 三个港口为卸货港或转口港 |
| 美国 | 1. 有的来证要求提单注明 OCP×××。<br>2. 货物数量不能用 LOOSE/CONTAINER/PALLET/BUNDLE 作为包装种类，加拿大也有这条规定。<br>3. 货物描述一栏中中需要输入 6 位数字的商品编码 |
| 墨西哥 | 提单上的货物名称用西班牙文表示 |
| 厄瓜多尔 | 不接受空白抬头提单 |
| 巴林 | 提单应注明货物的产地国、毛重和尺码 |
| 伊拉克 | 一般要求提供船龄证明 |
| 卢旺达 | 货物多从蒙巴萨港（Mombasa）转运至基加利，提单内应加"In transit to Kigali"，同时应注下列条款："According to terms of C.&.F Mombasa, the ship'sresponsi-bility ceases when the cargo passes over theship'railsand sellersundertake no responsibility thereafter"（根据 C&F 蒙巴萨条款，货物越过船舷时船方将解除责任，自此以后卖方也将不承担责任） |
| 马来西亚、印度尼西亚、柬埔寨 | 来证要求提单注明运费金额 |
| 阿拉伯地区 | 有的来证要求提单注明船代理的名称、地址、电话等，另外，要求船公司出具抵制以色列证明和允许进入阿拉伯港口的证明 |
| 科威特 | 要求船公司出具抵制以色列证明和允许进入科威特港的证明。科威特（Kuwait）之后不能加波斯湾（Persian Gulf） |
| 斯里兰卡 | 要求手签提单，其他国家如孟加拉、印度、尼泊尔、巴林、阿根廷、西班牙、墨西哥也要求手签提单 |

## 五、提单的使用

提单的使用包括提单的确认、提单的背书转让、提单的更正、提单的缴还、并单与分单。

### 1. 提单的确认（Confirm）

提单的确认包括缮制提单内容的确认、提单签发人、签发日期、签发地点、签发份数的确认。在信用证项下，提单确认的内容，应严格做到"单单相符，单证相符、单货相符"，并符合《UCP600》有关单据的规定。

提单的确认包括以下两个环节。

（1）托运人在报关后开船前的确认。托运人在报关后将提单的每一项内容按照托运单输入规定格式的电子提单中，然后打印成纸质"提单确认样张"，将此样张传真或电子传送给委托人，在载货船舶起航之前进行书面核对，及时修改，并将修改后的"提单确认样张"保存在计算机规定的文档中。

（2）货物装上船离境后的确认。将已经委托人确认后的"提单确认样张"打印在承运人规定格式的提单上，持凭有承运人签收的"场站收据"或持凭有 EDI 系统显示海关"已放关和货已装运"的装载记载，交由承运人盖章并签发正本提单。取得提单后应在核对承运人签发的日期、地点、份数，使签发的提单同时符合信用证要求和《UCP600》中对签单人的有关规定。

### 2. 提单的背书（Endorse）

提单是"物权凭证"，不论记名提单、不记名提单，或指示提单，在凭提单换取提货单时，收货人都应该在提单上记载提货意思的表示，通常是由收货人在提单背面盖章、签字。

（1）关于提单背书与转让。按照国际惯例，一般规定为：记名提单不得转让；不记名提单，无需背书即可转让，此提单提货时的盖章、签字仅仅是记载提货的表示；指示提单必须经过记名背书或空白背书才可以转让，此提单提货时的盖章、签字才是真正意义上提单的背书。

（2）关于背书形式。

① 记名背书，也称完全背书，是指背书人在提单背面写明被背书人（受让人）的名称，并由背书人签名的背书形式。经过记名背书的指示提单将成为记名提单性质的指示提单。

例如：ABC 公司将提单背书转让给公司，可作以下背书：

TO DELIVER TO DEF CO.（给 DEF 公司）

ABC CO.（ABC 公司盖章）

Aug. 18th，2012（背书日期）

② 不记名背书，也称空白背书，是指背书人在提单背面由自己签名，但不记载任何受让人的背书形式。经过不记名背书的指示提单将成为不记名提单性质的指示提单。例如，

信用证中有这样的条款："Bill of Lading made out to order endorsed in blank."则背书人只需在提单背面签章并注明背书日期即可。

例如：ABC 公司将提单背书给任何人：

ABC CO.

Aug. 18th，2012

③ 指示背书，是指背书人在提单背面写明"凭×××指示"的字样，同时由背书人签名的背书形式。经过指示背书的指示提单还可以继续进行背书，但背书必须连续。

例如：ABC 公司指示转让给 DEF 公司可作以下背书：

To the order of DEF CO.（给 DEF 公司指定的人）

ABC CO.（ABC 公司盖章）

Aug. 18th，2012（背书日期）

**3. 提单的更改（Amendment）**

（1）开船前的提单更改。提单的更正要尽可能赶在载货船舶开航之前办理，以减少因此而产生的费用和手续。

在实际业务中，提单可能是在托运人办妥托运手续后，货物装船前，在缮制有关货运单证的同时缮制的。在货物装船后，这种事先缮制的提单可能与实际装载情况不符而需要更正或者重新缮制。此外，货物装船后，因托运货物时申报材料有误，或者信用证要求的条件有所变化，或者其他原因，而由托运人提出更正提单内容的要求。在这种情况下，承运人通常都会同意托运人提出的更正提单内容的合理要求，重新缮制提单。

（2）船已驶离，收货人还未提货前的提单更改。如果货物已经装船并驶离，而且已经签署了提单后托运人才提出更正的要求，承运人就要考虑各方面的关系后，并在托运人出示书面的正式更改申请书并保证支付由此产生的一切费用，在不损害其他提单利害关系人利益，也不违反海关的有关规定的前提下，承运人一般应予满足其更改要求。但是，如果更改的内容会涉及其他提单利害关系人的利益，或者影响承运人的交货条件，则承运人会要征得有关方的同意，才能更改并收回原来所签发的提单。因更改提单内容而引起的损失和费用，都应由提出更改要求的托运人负担。

（3）提单的补发。如果提单签发后遗失，托运人提出补发提单，承运人会根据不同情况进行处理。一般是要求提供担保或者保证金，而且还要依照一定的法定程序将提单声明作废。《中华人民共和国海事诉讼特别程序法》第一百条规定："提单等提货凭证持有人，因提货凭证失控或者灭失，可以向货物所在地海事法院申请公示催告。"

（4）提单更改保函样本（见图 4.12 和图 4.13）。

## 提单更改保函

### （空白样本）

致：中国厦门外轮代理有限公司（作为＿＿＿＿＿＿公司的代理人）

兹有我司于＿＿年＿月＿日排载＿＿＿＿＿＿＿＿＿＿＿轮＿＿＿＿＿＿＿航次出口货柜 ＿＿X20'、＿＿X40'至＿＿＿＿＿，提单号＿＿＿＿＿＿＿＿＿＿＿＿付款方式为＿＿＿＿＿，现因＿＿＿＿＿＿＿＿＿＿＿＿＿＿，要求提单作如下更改：

| 序号 内容 | 原 数 据 | 新 数 据 |
|---|---|---|
|  |  |  |
|  |  |  |
|  |  |  |
|  |  |  |
|  |  |  |
|  |  |  |

敬请协助办理为盼，若由以上更改所产生的一切后果由我司承担。

具保人：

年＿＿月＿＿日

对于如上更改，我司作为该票货物的定舱代理人，同意对该更改的真实性、合法性及由此所产生的一切后果与货主共同承担连带责任。

货代：

年　月　日

| 编号：PXM-LI-F39 | 版本号：2007 |
|---|---|
| 修订次数：0 | 发布日期：2007年7月2日 |

图4.12 提单更改保函

# 更改提单保函
## （实际样本）

致：中远集装箱运输有限公司
　　宁波中远国际货运有限公司
兹由我司委托贵司订舱配载、承运的出口货物，
　提单号：COSU6005297890　　　　　目的港：ASHDOD
要求更改项目：
**DESCRIPTION:**
POWER TOOLS
HS CODE：8467210000/4202920000

IN VIEW OF THE DANGER OF CONFISCATION
WARRANTED VESSEL NOT TO CALL AT　PORTS
AND NOT TO ENTER THE TERRITORIAL　WATERS
OF ANY　ARAB COUNTRIES BELLIGERENT TO THE
STATE OF ISRAEL AND/OR ACTIVELY SUPPORTING
THE ARAB BOYCOTT, PRIOR TO UNLOADING　AT
PORT OF DESTINATION UNLESS IN DISTRESS OR
SUBJECT TO FORCE MAJEURE.

更改后 **DESCRIPTION:**
POWER TOOLS
HS CODE：8467210000/4202920000

IN VIEW OF THE DANGER OF CONFISCATION
WARRANTED VESSEL NOT TO CALL AT　PORTS
AND NOT TO ENTER THE TERRITORIAL　WATERS
OF ANY　ARAB COUNTRIES BELLIGERENT TO THE
STATE OF ISRAEL AND/OR ACTIVELY SUPPORTING
THE ARAB BOYCOTT, PRIOR TO UNLOADING　AT
PORT OF DESTINATION UNLESS IN DISTRESS OR
SUBJECT TO FORCE MAJEURE.

因客户要求，我司请求贵司按我司要求予以更改提单。并同意如下：
1. 更改提单引起的责任与风险由我司承担；赔偿并承担贵司以及贵司雇员和代理因更改提单而遭受的一切损失和承担的一切责任；
2. 若贵司或贵司雇员或代理因此被起诉，我司将随时提供足够的法律费用；
3. 我司和担保单位在此保函下承担连带责任，贵司可以追究其中的任何一方。

更改单位名称：　　　　　　　　　　　　　　担保单位名称：
（盖章签字、日期）　　　　　　　　　　　　（盖章签字、日期）

图 4.13　更改提单保函

## 单项实训 4-3

根据资料缮制海运提单。

**1．项目说明**

完成任务三的教学即可开展本项目实训。

**2．操作步骤**

（1）根据以下合同及补充资料缮制海运提单。

（2）教师点评，学生撰写并提交实训报告。

**合同：**

如图 4.14 所示。

**补充资料：**

提单号码：COS080410SHM        提单日期：2012 年 10 月 10 日

船名航次：DONG FENG V. 5615W    装箱：1×20' FCL CY/CY

集装箱号：TRIU3568032           封号：199345

商品编号：4823.2900             海运费：USD3500.00

净重：60.00KGS/CTN              毛重：64.50KGS/CTN

尺码：（58×46×40）CM/CTN

**珠海一凡贸易有限公司**
**ZHUHAI YIFAN TRADE CO., LTD.**

No.97 Zhuhai south Road, Jinwan District, Zhuhai, China

销售合同
**SALE CONTRACT**

To:
EASTERN TRADING COMPANY           Contract No.: SH20110626
81 WORDFORD STREET,               Date: 26 JUN., 2011
NEW YORK, U.S.A

This sales contract is made between the sellers and buyers whereby the seller agree to sell and the buyers agree to buy the undermentioned goods according to the terms and conditions stipulated below:

| Description of Goods | Quantity | Unit Price | Amount |
|---|---|---|---|
| WOOLLEN BLANKETS | | | CIF NEW YORK |
| ART. NO. 608 | 600PCS | @USD15.50/PC | USD9300.00 |
| ART. NO. 609 | 600PCS | @USD16.30/PC | USD9780.00 |
| ART. NO. 221 | 720PCS | @USD18.50/PC | USD13320.00 |
| TOTAL: | 1920PCS | | USD32400.00 |

5% MORE OR LESS AMOUNT AND QUANTITY ARE ALLOWED.

**Total amount in words**   SAY U. S. DOLLARS THIRTY TWO THOUSAND FOUR HUNDRED ONLY.
**Packing**       10PCS in one carton, total packed in192 cartons
**Delivery**      Sea freight from Zhuhai to London allowing partial shipments and not allowing transshipment
**Shipping Mark**   EASTERN /20110626/NEW YORK/NO.1-192
**Time of Shipment**   On or before 15 Oct., 2011
**Terms of Payment**   By 100 pct irrevocable letter of credit in favour of the Seller to be available by darfts at sight, to open and to reach the seller before 02 Sep, 2011 and to remain valid for negotiation in China All banking charges outside U.S. A are for Account of the beneficiary.
**Insurance**   To be effected by the sellers for 110 pct of the invoice value covering all risks and war risk of C.I.C Dated of 1/1/1981.

**Documents required**
1. Signed invoice in triplicate and showing the contract no./ L/C no., and certifying that the goods are of chinese origin.
2. Full set clean on board Bill of Lading made out to order blank endorsed notify the buyer
3. Insurance policy in duplicate
4. Packing list in triplicate
5. Certificate of Origin in duplicate issued by a relevant authority

The Seller                              The Buyer
ZHUHAI YIFAN TRADE CO., LTD.            Eastern Trading Company

*Kathy Zhang*                           *Whuit Brown*

图 4.14  销售合同

# 任务四　装船通知缮制

**任务描述**：要求学生掌握装船通知的作用、内容及单据的流转与缮制要求，能根据资料缮制装船通知。

## 【导入项目】

在深圳果蔬进出口有限公司与新加坡 KWONG FOO YOUNG 签订的销售合同中，客户要求卖方提供装船通知，具体条款如下：

THE SELLERS SHALL, IMMEDIATELY UPON THE COMPLETION OF THE LOADING OF THE GOODS, ADVISE BY FAX THE BUYERS OF THE CONTRACT NO., COMMODITY, QUANTITY, INVOICED VALUE, GROSS WEIGHT, NAME OF VESSEL AND DATE OF DELIVERY ETC. IN CASE DUE TO THE SELLERS NOT HAVING FAXED IN TIME, ALL LOSSES CAUSED SHALL BE BORNE BY THE SELLERS.

请根据以上条款要求缮制装船通知。

## 【示范操作】

装船通知没有固定格式，出口商可以根据自身的需求缮制，但内容必须符合合同的要求。

以下是根据以上资料缮制的装船通知，如图 4.15 所示。

|  | **Shipping advice**<br>**SHENZHEN FRUITS & VEGETABLES IMP/EXP CO., LTD.**<br>188 NANSHAN ROAD SHENZHEN CHINA |
|---|---|
| TO: | KWONG FOO YOUNG CO., LTD.<br>34 JALAP STREET,<br>50050<br>SINGAPORE<br>TEL: 89763421 |
| DATE: | FEB.22, 2013 |
| S/C NO. | KFY1230/2012 |
| COMMODITY | BEAN CURD AND VINEGAR |
| QUANTITY | 400 PACKAGES |
| INVOICE VALUE | USD 5850.00 |
| G.W. (KGS.) | 14800.00KGS |
| NAME OF VESSEL | DONGFENG V. 037 |
| DATE OF DELIVERY | FEB.22, 2013 |
|  | 加盖公章 |

图 4.15　装船通知

# 【知识支撑】

## 一、装船通知定义

装船通知（Shipping Advice，Advice of Shipment 或 Shipping Statement/Declaration）也叫装运通知，主要是指出口商在货物装船后发给进口商的包括货物详细装运情况的通知，其目的主要在于让进口商做好筹资、付款和接货的准备。按照国际惯例，在 FOB/FCA 价格成交方式下，卖方（或出口商）应在约定发运日期开始前 20 天，向买方发出装运通知，将预计货物备妥时间通知买方，以便买方预先安排船只或指定货运代理或预先安排订舱手续。在 CFR/CPT 价格成交方式下，卖方（或出口商）一般在装船完毕后当天向买方发出装运通知，以便进口商及时办理货物保险手续。出口装船通知应按合同或信用证规定的时间发出，该通知副本（Copy of Telex/Fax）常作为向银行交单议付的单据之一；在进口方派船接货的交易条件下，进口商为了使船、货衔接得当也会向出口方发出有关通知。

装船通知以英文制作，无统一格式，内容一定要符合信用证或合同的规定，一般只提供一份。以传真、电子邮件、电传等方式通知买方。

装船通知的实际对象应按信用证规定，具体讲可以是开证申请人、申请人的指定人或保险公司等。

## 二、装船通知的内容

装船通知的内容主要包括所发运货物的合同号或信用证号、品名、数量、金额、运输工具名称、开航日期、启运地和目的地、提运单号码、运输标志等，并且与其他相关单据保持一致，如信用证提出具体项目要求，应严格按规定出单。此外通知中还可能出现包装说明、ETD（船舶预离港时间）、ETA（船舶预抵港时间）、ETC（预计开始装船时间）等内容。

## 三、制作和发出日期

装船通知的日期不能超过信用证约定的时间，常见的有以小时为准（within 24/48 hours）和以天（within 2 days after shipment date）为准两种情形，信用证没有规定时应在装船后立即发出，如信用证规定"immediately after shipment"（装船后立即通知），应掌握在提单后三天之内。

装船通知一般可以不签署，但如果信用证要求提供签署的装船通知，则必须由签署人盖章才有效。如信用证要求"certified copy of shipping advice"，则通常要加盖受益人条形章。

## 四、注意事项

（1）CFR/CPT 交易条件下拍发装运通知的必要性。因货物运输和保险分别由不同的当事人操作，所以受益人有义务向申请人对货物装运情况给予及时、充分的通知，以便进口商办理保险，否则如漏发通知，则货物越过船舷后的风险仍由受益人承担。

（2）通知应按规定的方式、时间、内容、份数发出。

（3）几个近似概念的区别。shipping advice（装运通知）是由出口商（受益人）发给进口商（申请人）的；shipping instructions 意思是"装运须知"，一般是进口商发给出口商的；

shipping note/ bill 指装货通知单/船货清单；shipping order 简称 S/O，含义是装货单/关单/下货纸（是海关放行和命令船方将单据上载明的货物装船的文件）。

## 五、装船通知条款分析

（1）ORIGINAL FAX FROM BENEFICIARY TO OUR APPLICANT EVIDENCING B/L NO.，NAME OF SHIP，SHIPMENT DATE，QUANTITY AND VALUE OF GOODS。

要求应向申请人提交正本通知一份，通知上列明提单号、船名、装运日期、货物的数量。

（2）INSURANCE EFFECTED IN IRAN BY IRAN INSURANCE CO.，THE NAME OF INSURANCE CO. AND THE POLICY NO. XXX DD.--- HAVE TO BE MENTIONED ON B/L，SHIPMENT ADVICE TO BE MADE TO SAID INSURANCE CO. VIA TLX NO. XXX INDICATING POLICY NO. AND DETAILS OF SHIPMENT，A COPY OF WHICH IS TO BE ACCOMPANIED BY THE ORIGINAL DOCS。

该条款要求货物的保险由伊朗保险公司办理，提单上应明确保险公司的名称、保单号码和出单日期，所出的装运通知则应标明保险公司名称、电传号码、保单号码和货物的详细情况，电抄副本随正本单据向银行提交。

（3）SHIPMENT ADVICE WITH FULL DETAILS INCLUDING SHIPPING MARKS，CTN NUMBERS, VESSEL'S NAME, B/L NUMBER, VALUE AND QUANTITY OF GOODS MUST BE SENT ON THE DATE OF SHIPMENT TO US。

该项规定要求装运通知应列明包括运输标志、箱号、船名、提单号、货物金额和数量在内的详细情况，并在货物发运当天寄开证行。

（4）BENEFICIARY MUST FAX ADVISE TO THE APPLICANT FOR THE PARTICULARS BEFORE SHIPMENT EFFECTED AND A COPY OF THE ADVICE SHOULD BE PRESENTED FOR NEGOTIATION。

根据这条规定，受益人发出的装运通知的方式是传真，发出时间是在货物装运前，传真副本作为议付单据提交。

（5）INSURANCE COVERED BY OPENERS. ALL SHIPMENTS UNDER THIS CREDIT MUST BE ADVISED BY YOU IMMEDIATELY AFTER SHIPMENT DIRECT TO M/S ABC INSURANCE CO. AND TO THE OPENERS REFERRING TO COVER NOTE NO CA364 GIVING FULL DETAILS OF SHIPMENT. A COPY OF THIS ADVICE TO ACCOMPANY EACH SET OF DOCUMENTS。

该条款要求保险由申请人负责，货物装运后由受益人直接发通知给 ABC 保险公司和申请人，通知上应注明号码为 CA364 的暂保单，并说明货物的详细情况。每次交单都应随附该通知副本。

（6）BENEFICIARY'S CERTIFIED COPY OF FAX SENT TO APPLICANT WITHIN 48 HOURS AFTER SHIPMENT INDICATING CONTRACT NO. L/C NO. GOODS NAME，QUANTITY，INVOICE VALUE，VESSEL'S NAME，PACKAGE/CONTAINER NO.，LOADING PORT，SHIPPING DATE AND ETA.

根据此要求，受益人出具的装运通知必须签署，通知应在发货后 48 小时内发出，具体通知内容为合同号、信用证号、品名、数量、发票金额、船名、箱/集装箱号、装货港、装运日期和船舶预抵港时间。受益人应严格按所要求的内容缮制。

（7）SHIPMENT ADVICE QUOTING THE NAME OF THE CARRYING VESSEL，DATE OF SHIPMENT，NUMBER OF PACKAGES，SHIPPING MARKS，AMOUNT，LETTER OF CREDIT NUMBER，POLICY NUMBER MUST BE SENT TO APPLICANT BY FAX，COPIES OF TRANSMITTED SHIPMENT ADVICE ACCOMPANIED BY FAX TRANSMISSION REPORT MUST ACCOMPANY THE DOCUMENTS.

表明船名、装船日期、包装号、唛头、金额、信用证号、保险单号的装船通知必须由受益人传真给开证人，装船通知和传真副本以及发送传真的电讯报告必须随附议付单据提交。

（8）BENEFICIARY'S CERTIFICATE CERTIFYING THAT THEY HAVE DESPATCHED THE SHIPMENT ADVICE TO APPLICANT BY FAX（FAX NO 2838-0983）WITHIN 1 DAY AFTER B/L DATE ADVISING SHIPMENT DETAILS INCLUDING CONTRACT NO，INVOICE VALUE，NAME OF THE VESSEL，LOADPORT，QUANTITY GOODS LOADED，B/L DATE，THE VESSEL MOVEMENT INCLUDING TIME OF ARRIVAL，TIME OF BERTHED，TIME OF START LOADING，TIME OF FINISH LOADING AND DEPARTURE TIME FROM DALIAN AND THIS CREDIT NO.

这条规定来自香港的某份信用证，其对装船通知的要求是：装运货物后一天内受益人通过传真加以通知，内容包括：合同号、发票金额、船名、装港、货物数量、提单日，包括抵达时间、靠泊时间、开始装货时间、装货完毕时间和驶离大连港的时间等船舶的航行轨迹和本信用证号码。

## 六、装船通知样本

### 1. 装船通知样本

**SHIPPING ADVICE**

Contract no.: CH/99/66.809

L/C no.: LC84E0074/99

To: Dalian Weida Trading Co., Ltd.
    No. 10 Yunming Road
    Xigang District
    Dalian, China

From: Deling Trade bv
    P.O. Box 100

3700 GC Bunsten

Holland

Commodity: DEMINERALIZED WHEY POWDER

Packing: As called for by the L/C

Conditions: 4760 25kg in 4-ply paper sacks with inner polyethylene liner and big bags in 7x 20' containers

Quantity: 119.00 Mt

Gross weight:    121380 KGS

Net weight:    119000 KGS

Total value: USD1118860.00

Please be informed that these goods have been shipped from Rotterdam to Dalian with mv Sea Nordica and Lindoe MAERSK.

Shipment date September 15, 2009.

  B/L no. SEAU871107101

We herewith certify this message to be true and correct.

Deling Trade bv as beneficiary

Bunsten, September 17, 1999

## 2. 装船通知信函

DEAR Cindy,
WE ARE PLEASED TO INFORM YOU THE XXX PRODUCTS UNDER YOUR ORDER:001# WERE SHIPPED ON 20TH, AUG 2009 PER "COSCO QINGDAO V.001W". PLEASE FIND THE DETAILS AS FOLLOWS:
INVOICE NO.: FB20090213001
SHIPPING DETAILS
NAME OF VESSEL: COSCO QINGDAO V.001W
CN/SN: GATU2032587/A80222
E.T.D.: 20TH,AUG 2009
E.T.A.: 01ST,OCT 2009
B/L NO.: COSUXXXXXXX
SHIPPING COMPANY: COSCO SHIPPING COMPANY
FREIGHT PREPAID

WE HOPE THE GOODS WILL REACH YOU AT THE DUE TIME.MEANWHILE WE ARE ENCLOSING THE COPIES OF DOCUMENTS B/L（NO.COSUXXXXXX）INVOICE（NO.FL4XXX）

B.REGARDS,
RAINY

### 单项实训 4-4

根据资料缮制装船通知。

**1. 项目说明**

完成任务四即可进行本项目的操作。

**2. 操作步骤**

（1）根据项目二单项实训 2-1 合同、信用证以及其他资料的内容缮制装船通知以及撰写信函给客户，格式不限，但必须符合要求。

（2）教师点评，学生撰写并提交实训报告。

# 项目五　其他出口物流单证缮制

**【学习目标】**

通过本项目的训练和学习，掌握空运和多式联运的过程以及基本单证，熟悉各种单证的性质、作用以及流转程序，能根据所提供的资料准确缮制空运单和多式联运提单。

**【主要知识点】**

掌握空运单的基本概念、作用、种类、常见航空货运代码以及缮制要求；掌握多式联运提单的作用以及缮制要求。

**【关键技能点】**

能够准确填制空运单和多式联运提单；具备收集和分析基础资料的能力。

## 任务一　空运单缮制

**任务描述**：能够根据客户提供的委托书缮制航空货运单；掌握航空货运单的基本概念、作用、种类、航空货运代码与缮制要求。

**【导入项目】**

已知：航空公司的数字代号为 999；货运单序号和检验号为 1234 5678；

人民币兑换加元：1 人民币元=0.16 加元；

加拿大蒙特利尔 MONTREAL 的 IATA 三字代码为 YMQ；

发货人的电话和传真分别为：0086-756-8575335，0086-756-8575336。

请根据客户提供的委托书（见图 5.1）给出的内容填制完成空运单（见图 5.2）。

## 珠海商远贸易有限公司
## ZHUHAI SHARERUN TRADE CO., LTD.

### 国际货物托运书
### SHIPPER'S LETTER OF INSTRUCTION

| TO: | | | | 进仓编号： | |
|---|---|---|---|---|---|
| 托运人 | 珠海商远贸易有限公司 | | | | |
| 发货人 SHIPPER | ZHUHAI SHARERUN TRADE CO., LTD. ZHUHAI COLLEGE ROAD No.2 ZHUHAI 322000, CHINA | | | | |
| 收货人 CONSIGNEE | FASHION FORCE CO., LTD. P.O.BOX 8935 NEW TERMINAL, ALTA, VISTA OTTAWA, CANADA TEL: 00966-1-4659220  FAX: 00966-1-4659213 | | | | |
| 通知人 NOTIFY PARTY | FASHION FORCE CO., LTD. P.O.BOX 8935 NEW TERMINAL, ALTA, VISTA OTTAWA, CANADA TEL: 00966-1-4659220  FAX: 00966-1-4659213 | | | | |
| 始发站 | HONGKANG | 目的站 | MONTREAL | 运费 | PREPAID |
| 标记唛头 MARKS | 件数 NUMBER | 中英文品名 DESCRIPTION OF GOODS | | 毛重 （公斤） G. W （KGS） | 尺码 （立方厘米） SIZE （CM³） |
| FASHION FORCE F01LCB05127 CTN NO. MONTREAL MADE IN CHINA | 85 CARTONS | LADIES COTTON BLAZER 女式棉运动上衣 （100% COTTON, 40SX20/140X60） | | 637.5 | 1205000 |
| 其他 | | 不投保，不声明价值 ONE COMMERCIAL INVOICE ATTACHED. NOTIFY ON ARRIVAL | | | |
| 1.货单到达时间：10.4 报关 | | | 2.航班：CA965/10.5 | | 运价：CNY30/KG+AWC60 |
| 电　话：83803000 传　真：83803000 联系人：吴望道 地　址：珠海市学院路 2 号 托运人签字：张一平 | | | ★如改配航空公司请提前通知我司 公章 制单日期：2012 年 9 月 29 日 | | |

图 5.1　客户委托书

| (1A) | (1) | | (1B) | | | (1A) | (1B) |
|---|---|---|---|---|---|---|---|
| Shipper's Name and Address | | Shipper's Account Number | | | | | |
| （2） | | （3） | Copies 1, 2 and 3 of this Air Waybill are originals and have the same validity. | | | | |
| Consignee's Name and Address | | Consignee's Account Number | It is agreed that the goods described herein are accepted for carriage in apparent good order And condition （except as noted） and SUBJECT TO THE CONDITIONS OF CONTRACT ON THE REVERSE HEREOF. ALL GOODS MAY BE CARRIED BY AND OTHER MEANS INCLUDING ROAD OR ANY OTHER CARRIER UNLESS SPECIFIC CONTRARY INSTRUCTIONS ARE GIVEN HEREON BY THE SHIPPER. THE SHIPPER'S ATTENTIONIS DRAWN TO THE NOTICE CONCERNING CARRIER'S LIMITATION OF LIABILITY. Shipper may increase such limitation of liability by declaring a higher value for carriage and paying a supplemental charge if required. | | | | |
| （4） | | （5） | | | | | |
| Issuing Carrier's Agent Name and City | | | Accounting Information | | | | |
| （6） | | | | | | | |
| Agent's IATA Code | | Account No. | | | | | |
| （7） | | （8） | | | | | |
| Airport of Departure （Addr. of First Carrier） and Requested Routing | | | | | | | |
| （9） | | | | | | | |

| To | By First Carrier Routing and Destination | | To | By | To | By | Currency | CHGS Code | WT/VAL | | Other | | Declared Value for Carriage | Declared Value for Customs |
|---|---|---|---|---|---|---|---|---|---|---|---|---|---|---|
| | | | | | | | | | PPD | COLL | PPD | COLL | | |
| （11A） | （11B） | | （11C） | （11D） | （11E） | （11F） | （12） | （13） | （14A） | （14B） | （15A） | （15B） | （16） | （17） |

| Airport of Destination | | Flight/Date Flight/Date | For carrier Use Only | Amount of Insurance | INSURANCE - If Carrier offers insurance, and such insurance is （20A） requested in accordance with the conditions thereof, indicate amount (20B) to be insured in figures in box marked "Amount of Insurance." |
|---|---|---|---|---|---|
| （18） | | （19A） | （19B） | （20） | |

Handing Information
(21)
（For USA only） These commodities licensed by U.S. for ultimate destination ...................................Diversion contrary to U.S. law is prohibited (21A)

| No of Pieces RCP | Gross Weight | Kg lb | Rate Class | | Chargeable Weight | Rate Charge | Total | Nature and Quantity of Goods （incl. Dimensions or Volume） |
|---|---|---|---|---|---|---|---|---|
| | | | | Commodity Item No. | | | | |
| （22A） | （22B） | （22C） | （22D） | （22E） | （22F） | （22G） | （22H） | （22I） |
| （22J） | （22K） | | | | | | （22L） | |

| Prepaid | Weight Charge Collect | Other Charges |
|---|---|---|
| （24A） | （24B） | |
| Valuation Charge | | |
| （25A） | （25B） | （23） |
| Tax | | |
| （26A） | （26B） | |
| Total other Charges Due Agent | | |
| （27A） | （27B） | |
| Total other Charges Due Carrier | | |
| （28A） | （28B） | |
| | | (31) |
| （29A） | （29B） | |
| Total Prepaid | Total Collect | Signature of Shipper or his Agent |
| （30A） | （30B） | |
| Currency Conversion Rates | CC Charges in Dest. Currency | （32A） （32B） （32C） |
| （33A） | （33B） | |
| | | Executed on （date） at （place） Signature of Issuing Carrier or its Agent |
| For Carrier's Use only at Destination | Charges at Destination | Total Collect Charges |
| | （33C） | 24B+29B 费用总和 (1A) (1B) |

Shipper certifies that the particulars on the face hereof are correct and that insofar as any part of the consignment contains dangerous goods, such part is properly described by name and is in proper condition for carriage by air according to the applicable Dangerous Goods Regulations.

图 5.2　空运单

## 【示范操作】

### 一、航空货运单的填制要求

（1）航空货运单要求用英文打字机或计算机，用英文大写字母打印。各栏内容必须准确、清楚、齐全，不得随意涂改。

（2）货运单已填好内容在运输过程中需要修改时，必须在修改项目的近处盖章注明修改货运单的空运企业名称、地址和日期。修改货运单时，应将所有剩余的各联一同修改。

（3）在始发站货物运输开始后，货运单上的"运输声明价值（Declared Value for Carriage）"一栏的内容不得再做任何修改。

（4）每批货物必须全部收齐后，方可填开货运单，每一批货物或集合运输的货物均填写一份货运单。

（5）货运单的各栏目中，有些栏目印有阴影。其中，有标题的阴影栏目仅供承运人填写。使用没有标题的阴影栏目一般不需填写，除非承运人特殊需要。

### 二、航空货运单的各栏目填写说明

如图 5.2 所示，航空货运单中各栏目的详细填写说明如下。

**1．货运单号码（The Air Waybill Number）**

货运单号码应清晰地印在货运单的左上角、右上角以及右下角（中性货运单需自行填制）。

（1）航空公司的数字代号（1A）Airline Code Number。

（2）货运单序号及检验号（1B）Serial Number。

**2．始发站机场（1）（Airport of Departure）**

填制始发站机场的 IATA 三字代号（如果始发地机场名称不明确，可填制机场所在城市的 IATA 三字代号）。

**3．货运单所属承运人的名称及地址（1C）Issuing Carries Name and Address**

此处一般印有航空公司的标志、名称和地址。

**4．正本联说明（1D）Reference To Original**

无需填写。

**5．契约条件（1E）Reference To Conditions of Contract**

一般情况下无需填写，除非承运人需要。

**6．托运人栏 Shipper**

（1）Shipper's Name and Address 托运人姓名和地址（2）。填制托运人姓名（名称）、地址、国家（或国家两字代号）以及托运人的电话、传真、电传号码；

(2) Shipper's Account Number 托运人账号（3）。此栏不需填写，除非承运人需要。

### 7. 收货人栏 Consignee

（1）Consignee's Name and Address 收货人姓名和地址（4）。填制收货人姓名（名称）、地址、国家（或国家两字代号）以及收货人的电话、传真、电话号码；

（2）Consignee's Account Number 收货人账号（5）。此栏仅供承运人使用，一般不需填写，除非最后的承运人需要。

### 8. 填开货运单的承运人的代理人栏 Issuing Carrier's Agent

（1）Name and city 名称和城市（6）。

① 填制向承运人收取佣金的国际航协代理人的名称和所在机场或城市；

② 根据货物代理机构管理规则，该佣金必须支付给目的站国家的一个国际航协代理人，则该国际航协代理人的名称和所在机场或城市必须填入本栏。

填入"收取佣金代理人"（Commissionable Agent）字样。

（2）Agent's IATA code 国际航协代号（7）。

① 代理人在非货账结算区（Non-CASS Areas），打印国际航协 7 位数字代号，例：14-30288；

② 代理人在货账结算区（CASS Areas），打印国际航协 7 位数字代号，后面是三位 CASS 地址代号，和一个冠以 10 位的 7 位数字代号检验位。

货物财务结算系统（Cargo Accounts Settlement System，CASS）。一些航空公司为便于内部系统管理，要求其代理人在此处填制相应的代码。

（3）Account No．账号（8）。本栏一般不需填写，除非承运人需要。

### 9. 运输路线 Routing

（1）Airport of Departure and Requested Routing 始发站机场。第一承运人地址和所要求的运输路线（9）：此栏填制与栏中一致的始发站机场名称，以及所要求的运输路线。

**注：** 此栏中应填制始发站机场或所在城市的全称。

（2）运输路线和目的站（Routing and Destination）。

① To（by First Carrier）至（第一承运人）（11A）：填制目的站机场或第一个转运点的 IATA 三字代号（当该城市有多个机场，不知道机场名称时，可用城市代号）；

② By First Carrier 由第一承运人（11B）：填制第一承运人的名称（全称与 IATA 两字代号皆可）；

③ To（by Second Carrier）至（第二承运人）（11C）：填制目的站机场或第二个转运点的 IATA 三字代号（当该城市有多个机场，不知道机场名称时，可用城市代号）；

④ By（Second Carrier）由（第二承运人）（11D）：填制第二承运人的 IATA 两字代号；

⑤ To（by Third Carrier）至（第三承运人）（11E）：填制目的站机场或第三转运点的

IATA 三字代号（当该城市有多个机场，不知道机场名称时，可用城市代号）；

⑥ By（Third Carrier）由（第三承运人）（11F）：填制第三承运人的 IATA 两字代号。

（3）Airport of Destination 目的站机场（18）。填制最后承运人的目的地机场全称（当该城市有多个机场，不知道机场名称时，可用城市全称）。

（4）Flight/Date 航班/日期——仅供承运人用（19A）（19B）。本栏一般不需填写，除非参加运输各有关承运人需要。

10. 财务说明 Account Information（10）

此栏填制有关财务说明事项。

（1）付款方式：现金支票或其他方式；

（2）用 MCO 付款时，只能用于作为货物运输的行李的运输，此栏应填制 MCO 号码，换取服务金额，以及旅客客票号码、航班、日期及航程；

注：代理人不得接受托运人使用 MCO 作为付款方式。

（3）货物到达目的站无法交付收货人而需退运的，应将原始货运单号码填入新货运单的本栏内。

11．货币 Currency（12）

（1）填制始发国的 ISO（国际标准组织）的货币代号；

（2）除目的站"国家收费栏"（33A）～（33D）内的款项货运单上所列明的金额均按上述货币支付。

12．运费代号 CHGS Code（仅供承运人用）（13）

本栏一般不需填写，仅供电子传送货运单信息时使用。

13．运费 Charges

（1）WT/VAL 航空运费（根据货物计费重量乘以适用的运价收取的运费）和声明的价值附加费的预付和到付（14A）、（14B）。

① 货运单上（24A）、（25A）或（24B）、（25B）两项费用必须全部预付或全部到付；

② 在（14A）中打"X"表示预付，在（14B）中打"X"表示到付。

（2）Other（Charges at Origin）在始发站的其他费用预付和到付（24A）、（25A）。

① 货运单上（27A）、（28A）或（27B）、（28B）两项费用必须全部预付或全部到付；

② 在（15A）中打"X"表示预付，在（15B）打"X"表示到付。

14．供运输用声明价值 Declared Value for carriage（16）

（1）打印托运人向货物运输声明的价值金额。

（2）如果托运人没有声明价值，此栏必须打印"NVD"。

注：NVD——NO VALUE DECLARED 没有申明价值。

15．供海关用声明价值 Declared value for Customs（17）
（1）打印货物及通关时所需的商业价值金额。
（2）如果货物没有商业价值，此栏必须打印"NCV"字样。

注：NCV——NO COMMOCIAL VALUE 没有商业价值。

16．保险的金额 Amount of Insurance（20）
（1）如果承运人向托运人提供代办货物保险业务时，此栏打印托运人货物投保的金额。
（2）如果承运人不提供此项服务或托运人不要求投保时此栏内打印 NIL 符号。

17．运输处理注意事项处填制相应的代码票航空公司注意事项 Handling Information（21）
（1）如果是危险货物，有两种情况：一种是需要附托运人危险品申报单的，则本栏内应打印"DANGEROUS GOODS AS PER ATTACHED SHIPPER'S DECLARATION"字样，对于要求装货机上的危险货物，还应再加上"CARGO AIRCRAFT ONLY"字样；另一种是属于不要求附危险品申报单的危险货物，则应打印"SHIPPER'S DECLARATION NOT REQUIRED"字样。
（2）当一批货物中既有危险货物也有非危险货物时，应分别列明，危险货物必须列在第一项，此类货物不要求托运人附危险品申报单，且危险货物不是放射性物质且数量有限。
（3）其他注意事项尽可能使用"货物交换电报程序"（CARGO-IMP）中的代号和简语，如：
① 货物上的标志、号码以及包装方法；
② 货运单所附文件，如托运人的动物证明书"SHIPPER'S CERTIFICATION FOR LIVE ANIMAL"装箱单"PACKING LIST"，发票"INVOICE"等；
③ 除收货人外，另请通知人的姓名、地址、国家以及电话、电传或传真号码；
④ 货物所需要的特殊处理规定；
⑤ 海关规定等。

18．货物运价细目（22A）至（22H）Consignment Rating Details
一票货物中如含有两种或两种以上不同运价类别计费的货物应分别填写，每填写一项另起一行，如果含有危险品，则该危险货物应列在第一项。
（1）件数/运价组合点 No. of Pieces RCP（22A）。
① 打印货物的件数；
② 如果使用非公布直达运价计算运费时，在件数的下面还应打印运价组合点城市的 IATA 三字代号。
（2）毛重 Gross Weight（22B）。适用于运价的货物实际毛重（以公斤为单位时可保留至小数后一位）。

（3）重量单位 Kg/Lb（22C）。以公斤为单位用代号"K"；以磅为单位用代号"L"。

（4）运价等级 Rate Class（22D）。根据需要打印下列代号：

M——Minimum Charge 最低运费；

N——Normal Rate 45 公斤以下（或 100 公斤以下）运价；

Q——Quantity Rate 45 公斤以上运价；

C——Specific Commodity Rate 指定商品运价；

R——Class Rate Reduction 等级货物附减运价；

S——Class Rate Surcharge 等级货物附加运价；

U——Unit load Device Basic Charge or Rate 集装化设备基本运费或运价；

E——Unit load Device Additional Rate 整装化设备附加运价；

X——Unit load Device Additional Information 集装化设备附加说明；

Y——Unit load Device Discount 集装化设备折扣。

（5）商品品名编号 Commodity Item（22E）。

① 使用指定商品运价时，此栏打印指定商品品名代号（打印位置应与运价代号 C 保持水平）；

② 使用等级货物运价时，此栏打印附加或附减运价的比例（百分比）；

③ 如果是集装货物，打印集装货物运价等级。

（6）计费重量 Chargeable Weight（22F）。

① 打印与运价相应的货物计费重量；

② 如果是集装货物则：

a. 与运价代号 U 对应打印适合集装货物基本运费的运价点重量；

b. 与运价代号 E 对应打印超过使用基本运费的重量；

c. 与运价代号 X 对应打印集装器空重。

（7）运价/运费 Rate/Charge（22G）。

① 当使用最低运费时，此栏与运价代号 M 对应打印最低运费；

② 打印与运价代号 N、Q、C 等相应的运价；

③ 当货物为等级货物时，此栏与运价代号 S 或 R 对应打印附加或附减后的运价；

④ 如果货物是集装货物则：

a. 与运价代号 U 对应打印集装货物的基本运费；

b. 与运价代号 E 对应打印超过基本运费的集装货物运价。

（8）总计 Total（22H）。

① 打印计费重量与适用运价相乘后的运费金额；

② 如果是最低运费或集装货物基本运费时，本栏与（22G）内金额相同。

（9）货物品名和数量 Nature and Quantity of Goods（22I）。

本栏应按要求打印，尽可能地清楚、简明，以便涉及组织该批货物运输的所有工作人员能够一目了然。

① 打印货物的品名（用英文大写字母）；
② 当一票货物中含有危险货物时，应分列打印，危险货物应列在第一项；
③ 活动物运输，本栏内容应根据 IATA 活动物运输规定打印；
④ 对于集合货物，本栏应打印"Consolidation as Per Attached List"；
⑤ 打印货物的体积，用长×宽×高表示，例如，DIMS：40CM×30CM×20CM；
⑥ 可打印货物的产地国。

（10）总件数（22J）。打印（22A）中各组货物的件数之和。

（11）总毛重（22K）。打印（22B）中各组货物毛重之和。

（12）总计（22L）。打印（22H）中各组货物运费之和。

（13）一般不需打印，除非承运人需要，此栏内可打印服务代号（22Z）：

B——Service Shipment 公务货物；
C——Company Material 公司货物；
D——Door to Door Service 门对门服务；
J——Priority Service 优先服务；
P——Small Package Service 小件货服务；
T——Charter 包机。

**19. 其他费用 Other Charges（23）**

（1）打印始发站运输中发生的其他费用，按全部预付或全部到付。

（2）作为到付的其他费用，应视为"代垫付款"托运人应代垫付款规定支付手续费。否则，对其他运费应办理到付业务。

（3）打印"其他费用"金额时，应冠以下列代号：

AC——Animal Container 动物容器租费；
AS——Assembly Service Fee 集中货物服务费；
AT——Attendant 押运员服务费；
AW——Air Waybill 货运单费；
BR——Bank Release 银行放行；
DB——Disbursement Fee 代垫付款手续费；
DF——Distribution Service 分发服务费；
FC——Charges Collect Fee 运费到付手续费；
GT——Government Tax 政府捐税；
HR——Human Remains 尸体、骨灰附加费；

IN——Insurance Premium 代办保险服务费；
LA——Live Animal 动物处理费；
MA——Miscellaneous——Due Agent 代理人收取的杂项费用；
MZ——Miscellaneous——Due Carrier 填开货运单的承运人收取的杂项费用；
PK——Packaging 包装服务费；
RA——Dangerous goods Surcharge 危险品处理费；
SD——Surface Charge Destination 目的站地面运输费；
SI——Stop in transit 中途停运费；
SO——Storage Origin 始发站保管费；
SR——Storage Destination 目的站保管费；
SU——Surface Charge 地面运输费；
TR——Transit 过境费；
TX——Taxes 捐税；
UH——ULD Handling 集装设备操作费。

（4）承运人收取的其他费用"C"表示。代理人收取的其他费用"A"表示。例如，AWC 为承运人收取的货运单费，AWA 为代理人收取的货运单费。

20．预付 PREPAID

（1）Weight Charge 预付运费（24A）。打印货物计费重量计得的货物运费，与（22H）或（22L）中的金额一致。

（2）Valuation Charge（Prepaid）预付声明价值附加费（25A）。如果托运人向货物运输声明价值的话，此栏打印根据公式：（声明价值-实际毛重×最高赔偿额）×0.5%计得的声明价值附加费金额。此项费用与（22H）或（22L）中货物运费一起必须全部预付或全部到付。

（3）（Prepaid）Tax 预付税款（26A）。打印适用的税款。此项费用与（22H）或（22L）中货物运费以及声明的价值附加费一起必须全部预付或全部到付。

（4）Total Other Prepaid Charges 预付的其他费用总额。根据（23）内的其他费用打印。

① Total（prepaid）Charges Due Agent 预付由代理人收取的其他费用总额（27A）。打印由代理人收取的其他费用总额。

② Total（prepaid） Charges Due Carrier 预付由承运人收取的其他费用（28A）。打印由承运人收取的其他费用总额。

（5）（29A）无名称阴影栏目。本栏不需打印，除非承运人需要。

（6）Total Prepaid 预付总计。打印（24A）、（25A）、（26A）、（27A）等栏有关预付款项之和。

21．到付 COLLECT

（1）Weigh Charge 到付运费（24B）。打印按货物计费重量计得的货物航空运费，与

（22H）或（22L）中的金额一致。

（2）（Prepaid）Valuation Charge 到付声明价值附加费（25B）。托运人向货物运输声明价值的话，此栏打印根据公式：（声明价值-实际毛重×最高赔偿额）×0.5%计得的声明价值附加费金额。此项费用与（22H）或（22L）中货物运费一起必须全部预付或全部到付。

（3）（Prepaid）Tax 到付税款（26B）。打印适用的税款。此项费用与（22H）或（22L）中货物运费以及声明价值附加费一起必须全部预付成全部到付。

（4）Total Other Prepaid Charges 预付的其他费用总额。有关栏内容根据（23）内的其他费用打印。

① Total（prepaid）Charges Due Agent 到付由代理人收取和其他费用总额（27B）。打印由代理人收取的其他费用总额；

② Total（prepaid）Charges Due Carrier 到付由承运人收取的其他费用（28B）。打印由承运人收取的其他费用总额。

（5）（29B）无名称阴影栏目。本栏不需打印，除非承运人需要。

（6）Total Prepaid 预付总计。打印（24B）（25B）（26B）（27B）（28B）等栏有关预付款项之和。

**22. 托运人证明栏 SHIPPER'S CERTIFICATION BOX（31）**

打印托运人名称（可参考②中内容）并令其在本栏内签字或盖章。

**23. 承运人填写栏 CARRIERSEXECUTION BOX**

（1）Executed on（prepaid）填开日期（32A）。按日、月、年的顺序打印货运单的填开日期，月份可用缩写，例：06SEP2000。

（2）At（place）填开地点（32B）。打印机场或城市的全称或缩写。

（3）Signature of Issuing Carrier or Its Agent 填开货运单的承运人或其代理人签字（32C）。填开货运单的承运人或其代理人在本栏内签字。

**24. For Carrier's Use only at Destination**

仅供承运人在目的站使用（33）。本栏不需打印。

**25. 用目的国家货币付费（仅供承运人使用）（30A）～（33D）**

（1）Currency Conversion Rate 货币兑换比价（33A）。打印目的站国家货币代号，后面是兑换比率。

（2）CC Charges in Destination Currency 用目的站国家货币付费（33B）。将（29B）中所列到付总额，使用⑨的货币换算比率折算成目的站国家货币的金额，打印在本栏内。

（3）Charges at Destination 在目的站的费用（33C）。最后承运人将目的站发生的费用金额包括利息等，（自然增长的）打印在本栏。

（4）Total Collect Charges 到付费用总额。打印（24B）与（29B）内的费用金额之和。

如图 5.3 所示是根据客户委托书填制好的空运单。

| 999 | HKG | −1234 5678 | | 999 | −1234 5678 |
|---|---|---|---|---|---|
| Shipper's Name and Address | | Shipper's Account Number | | | |
| ZHUHAI SHARERUN TRADE CO., LTD. ZHUHAI COLLEGE ROAD No.2 ZHUHAI 322000, CHINA TEL:0086-756-8575335 FAX:0086-756-8575336 | | | Copies 1, 2 and 3 of this Air Waybill are originals and have the same validity. | | |
| Consignee's Name and Address | | Consignee's Account Number | It is agreed that the goods described herein are accepted for carriage in apparent good order And condition (except as noted) and SUBJECT TO THE CONDITIONS OF CONTRACT ON THE REVERSE HEREOF. ALL GOODS MAY BE CARRIED BY AND OTHER MEANS INCLUDING ROAD OR ANY OTHER CARRIER UNLESS SPECIFIC CONTRARY INSTRUCTIONS ARE GIVEN HEREON BY THE SHIPPER. THE SHIPPER'S ATTENTIONIS DRAWN TO THE NOTICE CONCERNING CARRIER'S LIMITATION OF LIABILITY. Shipper may increase such limitation of liability by declaring a higher value for carriage and paying a supplemental charge if required. | | |
| FASHION FORCE CO., LTD. P.O.BOX 8935 NEW TERMINAL, ALTA, VISTA OTTAWA, CANADA TEL: 00966-1-4659220 FAX: 00966-1-4659213 | | | | | |
| Issuing Carrier's Agent Name and City | | | Accounting Information | | |
| Agent's IATA Code | | Account No. | | | |
| Airport of Departure (Addr. of First Carrier) and Requested Routing HANG KONG | | | | | |
| To | By First Carrierto Routing and Destination | by to by | Currency | CHGS WT/VAL Code PPD COLL | Other PPD COLL | Declared Value for Carriage | Declared Value for Customs |
| YMQ | CA | | CNY | X | X | NVD | NCV |
| Airport of Destination | Flight/Date For carrier Use Only Flight/Date | | Amount of Insurance | INSURANCE - If Carrier offers insurance, and such insurance is requested in accordance with the conditions thereof, indicate amount to be insured in figures in box marked "Amount of Insurance." | | |
| MONTREAL | CA965 5-OCT-2009 | | NIL | | | |
| Handing Information TOTAL 85 CANONS ONLY. (For USA only) These commodities licensed by U.S. for ultimate destination .................Diversion contrary to U.S. law is prohibited | | | | | | |
| No of Pieces RCP | Gross Weight | Kg lb | Rate Class Commodity Item No. | Chargeable Weight | Rate Charge | Total | Nature and Quantity of Goods (incl. Dimensions or Volume) |
| 85 85 | 19 19 | K | | 52.5K | 30 | 19125 19125 | LADIES COTTON BLAZER DIMS:40SX20/140X60) |
| Prepaid Weight Charge Collect | | | | Other Charges | | | |
| 1575 | | | | | | | |
| Valuation Charge | | | | AWC 60 | | | |
| Tax | | | | | | | |
| Total other Charges Due Agent | | | | Shipper certifies that the particulars on the face hereof are correct and that insofar as any part of the consignment contains dangerous goods, such part is properly described by name and is in proper condition for carriage by air according to the applicable Dangerous Goods Regulations. | | | |
| Total other Charges Due Carrier | | | | | | | |
| 60 | | | | | | | |
| | | | | ZHUHAI SHARERUN TRADE CO., LTD. | | | |
| | | | | Signature of Shipper or his Agent | | | |
| Total Prepaid 1635 | | Total Collect | 29-SEP-2009 | HONG KONG | | | |
| Currency Conversion Rates | | CC Charges in Dest. Currency | | | | | |
| | | | | Executed on (date) at (place) | | Signature of Issuing Carrier or its Agent | |
| For Carrier's Use only at Destination | | Charges at Destination | Total Collect Charges | 999- | | 1234 5678 | |

图 5.3　填制好的空运单

## 【知识支撑】

### 一、航空货运单的基本概念

航空货运单是由托运人或者以托运人的名义填制，是托运人和承运人之间在承运人的航线上运输货物所订立运输契约的凭证。

航空货运单通常包括有出票航空公司（ISSUING CARRIER）标志的航空货运单和无承运人任何标志的中性货运单两种。

航空货运单既可用于单一种类的货物运输，也可用于不同种类货物的集合运输。既可用于单程货物运输，也可用于联程货物运输。

航空货运单不可转让，属于航空货运单所属的空运企业（ISSUING CARRIER）。

### 二、航空货运单的构成

我国国际航空货运单由一式十二联组成，包括三联正本、六联副本和三联额外副本。其中，正本背面印有运输条款。航空货运单各联的分布如表5.1所示。

表5.1 航空货运单各联的分布

| 序号 | 名称及分发对象 | 颜色 |
| --- | --- | --- |
| A | Original 3（正本3，给托运人） | 浅蓝色 |
| B | Copy 9（副本9，给代理） | 白色 |
| C | Original（正本1，交给航空公司） | 浅绿色 |
| D | Original（正本2，给收货人） | 粉红色 |
| E | Copy 4（副本4，提取货物收据） | 浅黄色 |
| F | Copy 5（副本5，给目的地机场） | 白色 |
| G | Copy 6（副本6，给第三承运人） | 白色 |
| H | Copy 7（副本7，给第二承运人） | 白色 |
| I | Copy 8（副本8，给第一承运人） | 白色 |
| J | Extra Copy（额外副本，供承运人使用） | 白色 |
| K | Extra Copy（额外副本，供承运人使用） | 白色 |
| L | Extra Copy（额外副本，供承运人使用） | 白色 |

其中，正本3的托运人联，在货运单填制后，交给托运人作为托运货物的收据和货物运费预付时交付运费的收据。同时，也是托运人与承运人之间签订的有法律效力的运输文件。

## 三、航空货运单的作用

货运单是托运人或其代理人所使用的最重要的货运文件,其作用归纳如下。

**1. 承运人与托运人之间缔结运输契约的凭证**

航空货运单一旦签发,即成为签署承运合同的一个书面证据。承运合同必须由发货人或其代理与承运人或其代理签署后方能生效。如果代理既是承运人的代理又是发货人的代理,就要在运单上签署两次。

**2. 承运人收运货物的证明文件**

当发货人将货物托运后,承运人或其代理将航空货运单正本3(Original for the shipper)交给发货人(即托运人),作为接收货物的证明。

**3. 运费结算凭证及运费收据**

航空货运单可作为运费账单和发票。因为它分别记载着属于收货人(或发货人)应负担的费用和属于代理的费用。承运人将运单的正本1(Original for the issuing Carrier)自己留存,作为运费收取凭据。

**4. 收货人核收货物的依据**

航空货运单正本2注明"Original for the consignee",由航空公司随机交给收货人,收货人据此核收货物。

**5. 国际进出口货物办理清关的证明文件**

在航空货物到达目的地后报关时,航空运单通常是海关检查放行的基本单据。

**6. 保险证书**

如果承运人保险而发货人又要求承运人代为保险,那么航空运单即可用来作保险证书。

**7. 承运人在货物运输组织的全过程中运输货物的依据,即承运人内部处理业务的依据**

航空运单是承运人在办理该运单项下货物的发货、转运、交付的依据。承运人根据运单上所记载的内容办理这些事项。

## 四、航空货运单的种类

**1. 总运单**

由航空公司签发的航空货运单,称为总运单。每一批货物都必须具备总运单。

**2. 分运单**

由航空货运代理在办理集中托运业务时签发给各批发货人的运单。在集中托运时,除航空公司签发主运单外,集中托运人还要签发航空分运单。

航空主运单与分运单关系如图5.4所示。

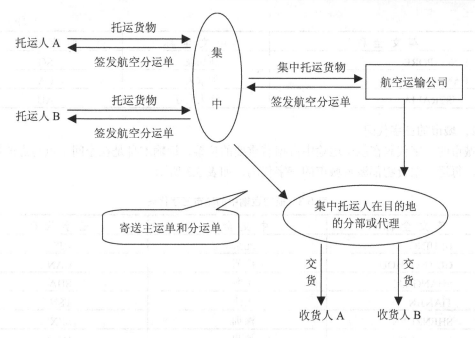

图 5.4 航空总运单与分运单关系

## 五、常见航空货运代码简介

在航空运输中,一些名词的代码往往比全称更重要。由于单证的大小限制、操作的方便程度等缘故,使得货运的整个流程中代码的作用非常显著,它有简洁、节省空间、容易识别等优点,因此在此介绍部分航空货运中有关的代码。

### 1. 国家代码

在航空运输中,国家的代码用两字代码表示,如表5.2所示。

表 5.2 航空运输中的国家代码

| 英文全称 | 中文全称 | 两字代码 |
| --- | --- | --- |
| CHINA | 中国 | CN |
| UNITED STATES OF AMERICA | 美国 | US |
| UNTIED KINGDOM | 英国 | GB |
| GERMANY | 德国 | DE |
| FRANCE | 法国 | FR |
| JAPAN | 日本 | JP |
| KOREA | 韩国 | KR |

续表

| 英文全称 | 中文全称 | 两字代码 |
|---|---|---|
| SINGAPORE | 新加坡 | SG |
| CANADA | 加拿大 | CA |
| AUSTRALIA | 澳大利亚 | AU |

### 2. 城市的三字代码

城市的三字代码在航空运输中占据着重要的位置，运输本身是在空间上点与点的位移，因此，每运一票货物都涉及城市的三字代码，如表 5.3 所示。

表 5.3 航空运输中的城市三字代码

| 英文全称 | 中文全称 | 三字代码 |
|---|---|---|
| BEIJING | 北京 | BJS |
| GUANGZHOU | 广州 | CAN |
| SHANGHAI | 上海 | SHA |
| TIANJIN | 天津 | TSN |
| SHENZHEN | 深圳 | SZX |
| HANGZHOU | 杭州 | HGH |
| LONDON | 伦敦 | LON |
| NAGOYA | 名古屋 | NGO |
| PARIS | 巴黎 | PAR |
| NEW YORK | 纽约 | NYC |

### 3. 机场的三字代码

机场通常也用三字代码表示，在一些城市机场的三字代码同城市三字代码一样，在中国很多城市如此，如天津等。但是，世界大多数机场三字代码同城市三字代码不一样，如北京，城市是 BJS，首都机场是 PEK。表 5.4 是常见的机场的三字代码。

表 5.4 机场的三字代码

| 机场的英文全称 | 中文全称 | 三字代码 | 所在国家 |
|---|---|---|---|
| CAPITAL AIRPORT | 首都国际机场 | PEK | 中国 |
| CHARLES DE GAULLE AIRPORT | 戴高乐机场 | CDG | 法国 |
| HANGZHOU AIRPORT | 杭州萧山国际机场 | HGH | 中国 |
| KANSAI INT' AIRPORT | 大阪关西国际机场 | KIX | 日本 |
| DULLES INT' AIRPORT | 达拉斯国际机场 | IAD | 美国 |
| HAHN AIRPORT | 法兰克福机场 | HHN | 德国 |
| O'HARE INT' AIRPORT | 芝加哥机场 | ORD | 美国 |

**4．航空公司的两字代码**

航空公司一般既有两字代码，也有三字代码，但通常使用的是两字代码，有的航空公司使用三字代码，例如斯堪的纳航空公司的代码是 SAS，表 5.5 是常见的中国航空公司两字代码。

表5.5　常见的中国航空公司的两字代码

| 英 文 全 称 | 中 文 全 称 | 两 字 代 码 | 所在国家/地区 |
|---|---|---|---|
| Air China International Corp | 中国国际航空公司 | CA | 中国 |
| China Southern Airlines | 中国南方航空公司 | CZ | 中国 |
| China Eastern Airlines | 中国东方航空公司 | MU | 中国 |
| China Airlines Ltd | 中华航空公司 | CI | 中国台湾 |
| Cathay Pacific Airways Ltd | 国泰航空公司 | CX | 中国香港 |
| Dragon Air | 港龙航空公司 | KA | 中国香港 |
| Air Macao Airlines | 澳门航空公司 | NX | 中国澳门 |

**5．常见的航空货运操作代码**

在航空货物运输中，经常可以看到一些常见的特殊操作代码，这些代码主要供操作人员在运输的各个环节注意运输货物的性质，采取相应的操作策略，表 5.6 是一些常见的操作代码。

表5.6　常见的操作代码

| 操 作 代 码 | 英 文 全 称 | 中 文 全 称 |
|---|---|---|
| AVI | LIVE ANIAML | 活动物 |
| BIG | OUTSIZED | 超大货物 |
| EAT | FOODSTUFFS | 食品 |
| FIL | UNDEVELOPED/UNEXPOSED FILM | 未冲洗/未曝光的胶卷 |
| FRO | FROZEN GOODS | 冷冻货物 |
| HUM | HUMAN REMAINS IN COFFINS | 尸体 |
| ICE | DRY ICE | 干冰 |

**6．常见的危险品代码**

危险品运输是航空货物运输中操作最复杂、难度最大的一类货物，尤其在仓储、运输环节，而在货物的外包装上经常看到操作代码，因此了解这些代码的含义具有实际意义，表 5.7 是一些常见的危险品代码。

表 5.7 常见的危险品代码

| 英文全称 | 中文全称 | 危险品代码 |
| --- | --- | --- |
| Cryogenic Liquids | 低温液体 | RCL |
| Corrosive | 易腐蚀的货物 | RCM |
| Explosives 1.3C | 爆炸物 1.3C 类 | RCX |
| Flammable liquid | 易燃液体 | RFL |
| Organic Peroxide | 有机过氧化物 | ROP |
| Toxic Gas | 有毒气体 | RPG |
| Radioactive material, Category I-white | 放射性包装，I 类白色包装 | RRW |

**7. 常见的缩写**

在航空运输业务中，还有一些缩写表现为代码形式，表 5.8 是一些常见的缩写代码。

表 5.8 常见的缩写代码

| 缩写代码 | 英文全称 | 中文全称 |
| --- | --- | --- |
| AWB | AIR WAYBILL | 货运单 |
| CC | CHARGES COLLECT | 运费到付 |
| CCA | CAGO CHARGES CORRECTION ADVICE | 货物运费更改通知书 |
| NVD | NO VALUE DECLARED | 无申明价值 |
| PP | CHARGES PREPAID | 运费预付 |
| ULD | UNIT LOAD DEVICE | 集装器 |
| HWB | HOUSE AIR WAYBILL | 分运单 |
| MWB | MASTER AIR WAYBILL | 主运单 |

## 单项实训 5-1

**1. 项目说明**

完成任务一的教学即可开展本项目实训，或在开展航空货运单填制知识教学前开展。2012 年，某航空货运代理根据客户委托书，代客户填制空运单。

**2. 操作步骤**

（1）根据图 5.5 所示的客户委托书给出的内容填制完成图 5.6 所示的空运单，运费需要计算。

已知：航空公司的数字代号为 777，货运单序号和检验号为 8765 4321，人民币兑换日元：1 人民币元=15 日元，日本大阪 OSAKA 的 IATA 三字代码为 KIX。

（2）教师点评，学生撰写实习报告。

| 托运人姓名及地址<br>SHIPPER'S NAME AND ADDRESS | 托运人账号<br>SHIPPER'S ACCOUNT NUMBER | 供承运人用<br>FOR CARRIAGE USE ONLY | |
|---|---|---|---|
| CHINA INDUSTRY CORP.,BEIJING.<br>P.P.CHINA<br>TEL:0086（010）6459666<br>FAX: 0086（0010）64598888 | | 班期/日期<br>FLIGHT/DAY<br>CA921/30 JUL | 航班/日期<br>FLIGHT/DAY |
| 收货人姓名及地址<br>CONSIGNEE'S NAME AND ADDRESS | 收货人账号<br>CONSIGNEE'S ACCOUNT NUMBER | 已预留吨位<br>BOOKED | |
| OSAKA SPORT INPORTERS, OSAKA,JAPAN<br>TEL: 0081(66)78789999<br>FAX: 0081(66)78789998 | | 运费　CHARGES<br><br>　　CHARGES PREPAID | |
| 代理人的名称和城市<br>Issuing Carriers Agent Name and City<br>KUNDA AIR FRIGHT CO.,LTD | | ALSO notify | |
| 始发站 AIRPORT OF DEPARTURE<br>CAPTIAL INTERNATIONAL AIRPORT | | | |
| 到达站 AIRPORT OF DESTINATION<br>NARITA INTERNATIONAL AIRPORT | | | |
| 托运人声明价值<br>SHIPPER'S DECLARED VALUE | | 保险金额<br>AMOUNT OF INSURANCE | 所附文件<br>DOCUMENT TO ACCOMPANY AIR WAYBILL |
| 供运输用<br>FOR CARRIAGE<br>NVD | 供海关用<br>FOR CUSTOMS<br>NCV | 123 | 　ONE COMMERCIAL INVOICE |
| 理货信息（包括包装方式、货物标志及号码）<br>HANDLING INFORMATION（INCL. METHOD OF PACKING INEDTFYING AND NUMBERS）<br>KEEP UPSIDE | | | | | |
| 件数<br>No. OF PACKAGES | 实际毛重<br>ACTUAL GROSS WEIGHT<br>（KG.） | 运价种类<br>RATE CLASS | 计费重量<br>CHARGEABLE WEIGHT | 费率<br>RATE/CHARGE | 货物品名及数量（包括体积或尺寸）<br>NATURE AND QUANTITY OF GOODS<br>（INCL. DIMENSION OF VOLUME） |
| 4 | 89.8 | | | | TOYS<br>DIMS:EACH 70×47×35CM×4 |

图 5.5　客户委托书

| Shipper's Name and Address | | Shipper's Account Number | | | | | | | | | |
|---|---|---|---|---|---|---|---|---|---|---|---|
| Consignee's Name and Address | | Consignee's Account Number | | | | Copies 1, 2 and 3 of this Air Waybill are originals and have the same validity. It is agreed that the goods described herein are accepted for carriage in apparent good order And condition (except as noted) and SUBJECT TO THE CONDITIONS OF CONTRACT ON THE REVERSE HEREOF. ALL GOODS MAY BE CARRIED BY AND OTHER MEANS INCLUDING ROAD OR ANY OTHER CARRIER UNLESS SPECIFIC CONTRARY INSTRUCTIONS ARE GIVEN HEREON BY THE SHIPPER. THE SHIPPER'S ATTENTIONIS DRAWN TO THE NOTICE CONCERNING CARRIER'S LIMITATION OF LIABILITY. Shipper may increase such limitation of liability by declaring a higher value for carriage and paying a supplemental charge if required. |
| Issuing Carrier's Agent Name and City | | | | | | Accounting Information | | | | | |
| Agent's IATA Code | | Account No. | | | | | | | | | |
| Airport of Departure (Addr. of First Carrier) and Requested Routing | | | | | | | | | | | |
| To | By First Carrier Routing and Destination | | to | by | to | by | Currency | CHGS Code | WT/VAL PPD COLL | Other PPD COLL | Declared Value for Carriage | Declared Value for Customs |
| Airport of Destination | | Flight/Date | | For carrier Use Only | | Flight/Date | Amount of Insurance | INSURANCE - If Carrier offers insurance, and such insurance is requested in accordance with the conditions thereof, indicate amount to be insured in figures in box marked "Amount of Insurance." | | | |
| Handing Information | | | | | | | | | | | |
| (For USA only) These commodities licensed by U.S. for ultimate destination ................Diversion contrary to U.S. law is prohibited | | | | | | | | | | | |
| No of Pieces RCP | Gross Weight | Kg lb | Rate Class Commodity Item No. | | Chargeable Weight | | Rate Charge | | Total | | Nature and Quantity of Goods (incl. Dimensions or Volume) |

| Prepaid | Weight Charge | Collect | Other Charges |
|---|---|---|---|
| | Valuation Charge | | |
| | Tax | | |
| | Total other Charges Due Agent | | Shipper certifies that the particulars on the face hereof are correct and that insofar as any part of the consignment contains dangerous goods, such part is properly described by name and is in proper condition for carriage by air according to the applicable Dangerous Goods Regulations. |
| | Total other Charges Due Carrier | | |
| | | | Signature of Shipper or his Agent |
| Total Prepaid | | Total Collect | |
| Currency Conversion Rates | | CC Charges in Dest. Currency | |
| | | | Executed on (date)    at (place)    Signature of Issuing Carrier or its Agent |
| For Carrier's Use only at Destination | Charges at Destination | | Total Collect Charges |

图 5.6 空运单

## 任务二　国际多式联运单缮制

**任务描述**：能够根据客户提供的委托书（详见项目四任务三的要求）缮制多式联运提单（见图 5.7），并掌握航空货运单的作用、内容及单据的流转与缮制要求。

### 【导入项目】

分辨国际多式联运提单与海运提单的区别，填制国际多式联运提单，如图 5.7 所示。

### 【示范操作】

根据《公约》，国际多式联运提单的内容与缮制方法与一般的海运提单在以下方面大致相同。

（1）货物的品类、识别货物所必需的主要标志。如属危险货物，其危险特性应明确声明，包件数、货物的毛重或其他方式表示的数量等，所有这些事项均由发货人提供。

（2）货物的外表状况。

（3）双方明确协议的装货港、卸货港。

（4）表示该提单为可转让或不可转让的声明。

（5）经双方明确协议的有关运费支付的说明，包括应由发货人支付的运费及货币，或由收货人支付的其他说明。

（6）有关运输方式、运输路线的说明。

（7）有关声明与保留。

（8）在不违背签发提单所在国法律的前提下双方同意列入提单的其他事项等。

但特别需要注意如下几个方面的不同。

（1）国际多式联运大都为"门到门"运输，故货物于装船、装车或装机后应同时由实际承运人签发提单或运单，多式联运经营人签发多式联运提单，因此该多式联运提单不是承运人签发的，而是多式联运经营人签发的，这是与任何一种单一的国际货运方式（海运、空运、陆运等）的根本不同。因此，国际多式联运提单（见图 5.7）右上角的公司名称"中国外运广州公司 SINOTRANS GUANGDONG COMPANY"是多式联运经营人的名称。

（2）海运提单上的发货人 Shipper 一栏应为多式联运的经营人，收货人 Consignee or order 及通知方 Notify address 一般应为多式联运经营人的国外分支机构或其代理；多式联运提单上的收货人 Shipper（1）和发货人 Consignee or order（2）则是实际的收货人和发货人，通知方 Notify address（3）则是目的港或最终交货地点的收货人或该收货人的代理人。

（3）多式联运提单和海运提单一样要列明装货港（5）、卸货港（7），不同的是还需列明转运港（8）、最终目的地名称（9）及第一程运输工具的名称（4）、航次或车次（6）等。

（4）多式联运提单由多式联运经营人签发的地点和日期（10）。

（5）多式联运经营人或经其授权人的签字（11）。

## 【知识支撑】

## 一、国际多式联运提单的概念

国际多式联运提单，是指证明国际多式联运合同以及证明多式联运经营人接管货物，并负责按照合同条款交付货物的单据，它是适应国际集装箱运输需要而产生的。

## 二、国际多式联运提单的性质与作用

多式联运提单与海运提单的性质与作用是一致的，主要包括以下几方面。

**1. 是多式联运经营人与发货人之间订立的国际多式联运合同的证明，是双方在合同中确定的货物运输关系中权利、义务和责任的准则**

在多式联运合同订立过程中，发货人提出托运申请，经营人根据自己的情况表示可以接受后，双方即达成了协议，多式联运合同即告成立。签发多式联运提单只是经营人履行合同的一个环节。因此，多式联运提单与各单一方式运输中使用的提单是不同的，不是运输合同而只能是合同的证明。

提单正面的内容和背面的条款是经营人与发货人订立合同的条款与实体内容，由于各经营人都提前印好并公开其内容，发货人在订立合同前应了解提单上所有条款，除非有另外的协议，应把这些内容和条款当作双方合同的内容以及权利、义务、责任的准则。即使在发货人用提单按信用证结汇后发生向第三者的转让，多式联运经营人与新的提单持有人之间的责任、权利和义务关系仍然依提单的规定确定。提单发生转移后，发货人根据提单或经营人另外达成的协议而承担的责任也并不因此而解除。收货人或提单受让人仍要承担运输开始后及提单背书（转让）后所产生的各种义务。

**2. 是多式联运经营人接管货物的证明和收据**

多式联运经营人向发货人签发提单表明为运送提单上记载的货物，已经从发货人手中接管并占有了该货物。因此，提单具有接受货物收据和证明经营人开始对货物负责的作用。

与海运提单一样，当多式联运提单在发货人手中时，它是承运人已按其记载情况收到货物的初步证据，如经营人实际收到的货物与提单内容不符，经营人可以提出反证。如果多式联运提单"转让至善意的第三者或提单受让人"，除提单上订有有效的"不知条款"外，提单成为经营人按其记载的内容收到货物的绝对证据，经营人不得提出实际收到货物与提单记载内容不符的任何反证。

**3. 是收货人提取货物和多式联运经营人交付货物的凭证**

无论经营人签发的是哪一类的提单，也不论是否发生了转让，收货人或受让人在目的地提货时，必须凭借多式联运提单才能换取提货单（或收货记录），反过来，多式联运经营人或其代表也只能把货物交付给提单持有人。提单是在目的地双方货物交接的凭证，对经营人来讲是十分重要的。无提单放货将使经营人承担巨大的风险。

如果提单上注明该提单正本有多份时，经营人或其代表已按其中一份正本交货后，其余正本即告作废。

**4. 是货物所有权的证明，可以用来结汇、流通、抵押等**

谁拥有提单，在法律上就表明其拥有提单上记载的货物。提单持有人虽然不直接占有货物，但可以用提单来结汇、流通买卖和抵押等，如发货人可用它来结汇，收货人可在目的港要求经营人交付货物，或用背书或交付提单方式处理货物（转让），可以作为有价证券办理抵押等。一般来讲，提单的转让可产生货物所有权转移的法律效力。

## 三、国际多式联运提单的种类

**1. 可转让国际多式联运单据**

可转让国际多式联运单据分为可指示单据和不记名单据。可转让的多式联运单证类似提单，具有两种功能：多式联运合同的证明、货物收据与物权凭证功能。

不记名提单又称空白名单，是指正面收货人栏不写明具体收货人或由某人指示，通常只注明"持有人"或"交持有人"字样的多式联运提单。

**2. 不可转让国际多式联运单据**

不可转让国际多式联运单据是记名单据，在单据下面收货人一栏中载明作为收货人的特定人（或公司）提单。一般不能转让流通。不可转让的多式联运单证类似于运单（如海运单、空运单等），即不可转让的多式联运单证具有两种功能：多式联运的合同证明和货物收据。但是它不具有物权凭证的功能，如果多式联运单证以不可转让方式签发，多式联运经营人交付货物时，应凭单证上记名的收货人的身份证明向其交付货物。

## 单项实训 5-2

**1. 项目说明**

完成任务二的教学即可开展本项目实训，或在开展多式联运提单填制知识教学前开展。东方海外公司作为承运人填制国际多式联运提单。

**2. 操作步骤**

（1）根据客户要求（详见项目四的实训 4-3）填写"国际多式联运提单"（见图 5.8）。

（2）教师点评，学生撰写实习报告。

## SINOTRANS GUANGDONG COMPANY

中国外运广州公司

# BILL OF LADING

| Shipper (1) | | B/L No. |
|---|---|---|
| Consignee or order (2) | | |
| Notify address (3) | | |

SHIPPED on board in apparent good order and condition (unless otherwise indicated) the goods or packages specified herein and to be discharged at the mentioned port of discharge or as near thereto as the vessel may safely get and be always afloat.

The weight, measure, marks and numbers, quality, contents and value, being particulars furnished by the Shipper, are not checked by the Carrier on loading.

The Shipper, Consignee and the Holder of this Bill of Lading hereby expressly accept and agree to all printed, written or stamped provisions, exceptions and conditions of this Bill of Lading, including those on the back hereof.

IN WITNESS whereof the number of original Bills of Lading stated below have been signed, one of which being accomplished the other(s) to be void.

| Pre-carriage by (4) | Port of loading (5) |
|---|---|
| Vessel (6) | Port of transshipment (7) |
| Port of discharge (8) | Final destination (9) |

| Container. seal No. or marks and Nos. | Number and kind of package | Description of goods | Gross weight (kgs.) | Measurement (m3) |
|---|---|---|---|---|
| Freight and charges | | REGARDING TRANSHIPMENT INFORMATION PLEASE CONTACT | | |
| Ex. rate | Prepaid at | Freight payable at | Place and date of issue (10) | |
| | Total prepaid | Number of original Bs/L | Signed for or on behalf of the Master (11) As Agent | |

图 5.7 国际多式联运提单

| Shipper | | B/L No. |
|---|---|---|
| | | |

**东方海外公司**
Este Sean COMPANY

| Consignee or order |
|---|
| |

# BILL OF LADING

| Notify address |
|---|
| |

SHIPPED on board in apparent good order and condition (unless otherwise indicated) the goods or packages specified herein and to be discharged at the mentioned port of discharge or as near thereto as the vessel may safely get and be always afloat.

The weight, measure, marks and numbers, quality, contents and value, being particulars furnished by the Shipper, are not checked by the Carrier on loading.

The Shipper, Consignee and the Holder of this Bill of Lading hereby expressly accept and agree to all printed, written or stamped provisions, exceptions and conditions of this Bill of Lading, including those on the back hereof.

IN WITNESS whereof the number of original Bills of Lading stated below have been signed, one of which being accomplished the other(s) to be void.

| Pre-carriage by | Port of loading |
|---|---|
| Vessel | Port of transshipment |
| Port of discharge | Final destination |

| Container. seal No. or marks and Nos. | Number and kind of package | Description of goods | Gross weight (kgs.) | Measurement (m³) |
|---|---|---|---|---|
| | | | | |

| Freight and charges | REGARDING TRANSHIPMENT INFORMATION PLEASE CONTACT |
|---|---|
| | |

| Ex. rate | Prepaid at | Freight payable at | Place and date of issue |
|---|---|---|---|
| | Total prepaid | Number of original Bs/L | Signed for or on behalf of the Master |
| | | | As Agent |

图 5.8　国际多式联运提单

# 项目六　进口物流单证缮制

**【学习目标】**

通过本项目的训练和学习，熟悉到货通知书、提货单、进口报关单等进口物流单证的含义、用途、基本内容及格式，能根据提供的材料完成以上单证的制作，并掌握其注意事项。

**【主要知识点】**

进口货物流程具体操作，到货通知书、提货单、进口报关单的基本内容、缮制方法及制作中应注意的问题。

**【关键技能点】**

到货通知书、提货单、进口报关单的缮制。

## 任务一　到货通知书缮制

**任务描述**：要求学生掌握进口货物流程具体操作，能够读懂进口到货通知书的内容，并能根据相关资料缮制到货通知书。

### 【导入项目】

2012 年 5 月，杭州红秀服装公司（名称为 HANGZHOU HOPESHOW GARMENTS CO., LTD）从泰国曼谷 THOMAS 公司（名称为 THOMAS IMP. AND EXP. COMPANY）进口了一批货物。

中远集装箱运输有限公司（以下简称中远公司）承运该批货物，货物从泰国曼谷运往中国上海，并开具了以下提单（见图 6.1）。

货物到达目的港中国上海时，中远公司在目的港的代理（上海外轮代理有限公司）需给收货人发到货通知书，于是需要缮制一份到货通知书，格式如图 6.2 所示。

请根据以下提单及相关资料制作一份到货通知书。

| | | B/L No. COS0805851 |
|---|---|---|
| **Shipper**<br>THOMAS IMP. AND EXP. COMPANY<br>32 BLUEBIRD STREET<br>BANGKOK THAILAND | | 承运人 CARRIER<br>中远集装箱运输有限公司<br>**COSCO CONTAINER LINES**<br>Port-to-Port or Combined Transport<br>**BILL OF LADING**<br>ORIGINAL |
| **Consignee**<br>HANGZHOU HOPESHOW GARMENTS CO., LTD<br>842 MOGANSHAN ROAD<br>HANGZHOU, CHINA | | |
| **Notify party**<br>HANGZHOU HOPESHOW GARMENTS CO., LTD<br>842 MOGANSHAN ROAD<br>HANGZHOU, CHINA | | RECEIVED in external apparent good order and condition except as otherwise noted. The total number of packages or units stuffed in the container. The weight, measure, marks, numbers, quality, contents and value mentioned in this Bill of Lading are to be considered unknown unless the contrary has expressly acknowledged and agreed to. The signing of this Bill of Loading is not to be considered as such an agreement. On presentation of this Bill of Lading duly endorsed to the Carrier by or on behalf of the Holder of Bill of Lading, the rights<br>(Terms of Bill of Lading continued on the back hereof) |
| Pre-carriage by | Place of Receipt | |
| Ocean Vessel Voy. No.<br>ZHEN HUA    V.007S | Port of loading<br>BANGKOK | |
| Port of Discharge<br>SHANGHAI | Place of delivery | |

| Marks & Nos.<br>Container No. | No. & kind<br>of pkgs | Description of goods | Gross weight | Measurement |
|---|---|---|---|---|
| HHGCO<br>HS080316<br><br>1X20'LCL, CFS / CFS<br>CN.:  COSU561753<br>SN.:   08153 | 80CTNS | LADIES' COATS | 1280.00KGS | 7.680CBM |

| Total No. of container or other pkgs or units (in words) | SAY EIGHTY CASES ONLY | | | | |
|---|---|---|---|---|---|
| Freight & charges<br><br>FREIGHT COLLECT | Revenue Tons | Rate | Per | Prepaid | Collect |

| Ex rate | Prepaid at | Payable at | Place and date of issue:<br>BANGKOK    10 MAY 2008 | |
|---|---|---|---|---|
| | Total prepaid | No. of B(s)/L | Signed by | **COSCO CONTAINER LINES<br>BANGKOK BRANCH** |
| Laden on board the Vessel:<br>Date:  10 MAY 2012<br>By:    C.C.L. SHA. | | | As agent for the carrier<br>named above | |

图 6.1  提单

**其他相关资料：**

发票号码：HS08E0428  发票日期：2012 年 4 月 28 日
提单号码：COS0805851  提单日期：2012 年 5 月 10 日
船名：ZHEN HUA V. 007S
商品编号：6209.9000  20 尺拼箱，CFS/CFS，
集装箱号：COSU561753  封号：08153，
毛重：16 公斤/箱  净重：14.5 公斤/箱
外箱尺码：60×40×40CMS  保单号码：200831001789626
合同号码：HS080316  合同日期：2012 年 3 月 16 日
海运费：864 美元  保险费：80 美元

船公司在目的港的代理的名称与地址：
上海外轮代理有限公司 CHINA OCEAN SHIPPING AGENCY(SHANGHAI)
地址：上海市中山东一路 13 号 3 楼，电话 63231363）
唛头：HHGCO
　　　HS080316
　　　SHANGHAI
　　　NOS. 1-80

## 到货通知书
### ARRIVAL NOTICE

NO.
船档号：

您单位下列进口货物已抵港，请速凭正本提单并背书后来我公司办理提货手续。

| 收货人 | 名称： | | 收货人开户 | |
| | 地址： | | 银行与账号 | |
| 船名 | | 航次 | | 起运港 | | 目的地 | |
| 提单号 | | 交付条款 | | 到付海运费 | | | |
| 提货地点 | | 到达日期 | | 进库场日期 | | 第一程运输 | |
| 标记与集装箱号 | | 货名 | | 集装箱数或件数 | | 重量/KGS | 体积/m$^3$ |

交付收货人
特此通知。

年　月　日

图 6.2　到货通知书

注意事项：
1．凭本通知书和正本提单（加盖公章）速来我公司进口部门办理提货手续，如提取私人行李另须携带本人护照或代办委托书及身份证。为方便各环节业务，请最好携带您公司业务章前来办理提货手续。
2．如需委托我公司代办报关转运，请随带有关单证及钱款，派员前来我司委托，如有不清，请给我司电话：63232762 63230970x308。
3．在必要情况下，我公司接受暂凭银行担保函替代正本提单办理提货手续。
4．根据海关规定，货物到港（站）14 天内未能及时提取货物，由此引起的港口或港口疏港所发生的费用等，由收货人承担。货物抵港三个月不提取，将作无主货处理。
5．本通知书所列到达日期系预报日期，不作为申报进境计算滞报金、滞箱费起算之日凭据。
6．本通知书依据提单与舱单上提供的"收货人"及地址投递，由于英文翻译中文所发生的人名地名不一致，我司不承担由此产生的损失，希请谅解。
7．我公司地址：上海市中山东一路 13 号 3 楼；电话：021-63231363。

图 6.2　到货通知书（续）

### 【示范操作】

在行业中，进口货物到货通知书的内容和格式并没有统一的规范，因此，每个船舶代理人缮制到货通知书在内容和格式上不尽相同，一般情况下，包括以下内容。

1. 收货单位 Consignee
2. 进口口岸 Import Port
3. 运输工具名称及号码 Means and Number of Conveyance
4. 进口日期 Import Date
5. 贸易性质（方式）Nature/Mode of Trade
6. 提单或运单号 B/L or Waybill No.
7. 经营单位 Operating Agency
8. 贸易国别（地区）Place & Country of Receipt
9. 到站 Destination
10. 订货部门 Sold To
11. 原产国别（地区）Point & Country of Origin
12. 合同（协议）号 No. of Contract/Agreement
13. 外汇来源 Sources of Foreign Currency
14. 装船标记 Shipping Marks
15. 件数及包装种类 Number & kind of Packages
16. 毛重（公斤）Gross Weight（kg）
17. 净重（公斤）Net Weight（kg）

以下是根据项目资料缮制好的到货通知书，如图 6.3 所示。

# 到货通知书
## ARRIVAL NOTICE

NO.

船档号：

您单位下列进口货物已抵港，请速凭正本提单并背书后来我公司办理提货手续。

| 收货人 | 名称： HANGZHOU HOPESHOW GARMENTS CO., LTD | 收货人开户 | |
|---|---|---|---|
| | 地址： 842 MOGANSHAN ROAD HANGZHOU, CHINA | 银行与账号 | |
| 船名 ZHEN HUA | 航次 V. 007S | 起运港 BANGKOK | 目的地 SHANGHAI |
| 提单号 COS0805851 | 交付条款 FREIGHT COLLECT | 到付海运费 USD864.00 | |
| 提货地点 | 到达日期 20 May, 2012 | 进库场日期 | 第一程运输 |

| 标记与集装箱号 | 货名 | 集装箱数或件数 | 重量/KGS | 体积/m³ |
|---|---|---|---|---|
| HHGCO HS080316 SHANGHAI NOS. 1-80 1X20'LCL, CFS / CFS CN.: COSU561753 SN.: 08153 | LADIES' COATS | 1X20'LCL, CFS/CFS | 1280.00KGS | 7.680CBM |

交付收货人
特此通知。

中国上海外轮代理有限公司
2012 年 5 月 20 日

注意事项：
    1. 凭本通知书和正本提单（加盖公章）速来我公司进口部门办理提货手续，如提取私人行李另须携带本人护照或代办委托书及身份证。为方便各环节业务，请最好携带您公司业务章前来办理提货手续。
    2. 如需委托我公司代办报关转运，请随带有关单证及钱款，派员前来我司委托，如有不清，请给我司电话：63232762 63230970x308。
    3. 在必要情况下，我公司接受暂凭银行担保函替代正本提单办理提货手续。
    4. 根据海关规定，货物到港（站）14 天内未能及时提取货物，由此引起的港口或港口疏港所发生的费用等，由收货人承担。货物抵港三个月不提取，将作无主货处理。
    5. 本通知书所列到达日期系预报日期，不作为申报进境计算滞报金、滞箱费起算之日凭据。
    6. 本通知书依据提单与舱单上提供的"收货人"及地址投递，由于英文翻译中文所发生的人名地名不一致，我司不承担由此产生的损失，希请谅解。
    7. 我公司地址：上海市中山东一路 13 号 3 楼；电话：021-63231363。

图 6.3 到货通知书

# 【知识支撑】

## 一、进口货物流程具体操作

### 1. 进口单据

（1）收货人向货代提供进口全套单据；货代查清此货物由哪家船公司承运、哪家船代操作、在哪里可以换取提货单（小提单）。

（2）进口单据包括带背书的正本提单或电放副本、装箱单、发票、合同（一般贸易）。

（3）货代提前联系场站并确认好提箱费、掏箱费、装车费、回空费。

### 2. 换单

（1）货代在指定船代或船公司确认该船到港时间、地点，如需转船，必须确认二程船名。

（2）凭带背书的正本提单（如果电报放货，可带电报放货的传真件与保函）去船公司或船代换取提货单（小提单）。

注："背书正本提单"两种形式：提单上收货人栏显示"订舱人"，则由发货人背书；提单上收货人栏显示真正的收货人，则需收货人背书。

### 3. 报检

检验检疫局根据"商品编码"中的监管条件，确认此票货是否要做商检。

### 4. 报关（清关）

（1）收货人如果有自己的报关行，可自行清关，也可以委托货代的报关行或其他有实力的报关行清关。

（2）报关资料包括带背书正本提单/电放副本、装箱单、发票、合同、小提单。

（3）海关。

① 通关时间：一个工作日以内；

② 特殊货物：二到三个工作日；

③ 查验。

a. 技术查验：依据单据以及具体货物决定是否查验；

b. 随机查验：海关放行科放行后，电脑自行抽查。

### 5. 办理设备交接单

（1）货代凭带背书的正本提单（电放放货的传真件和保函）去船公司或船代的箱管部办理设备交接单。

（2）设备交接单是集装箱进出港区、场站时，回箱人、运箱人与箱管人或其代理之间交换集装箱及其他机械设备的凭证,并有管箱人发放集装箱凭证的功能。它分进场和出场两种,交换手续均在码头堆场大门口办理。

注:拼箱货(CFS 条款交货),凭船代业务部进口科的通知单到箱管部交纳进口单证费,然后可凭"小提单"和分单到码头直接提取货物,无须办理设备交接单。

### 6. 提箱

（1）货代凭小提单和拖车公司的"提箱申请书"到箱管部办理进口集装箱超期使用费、卸箱费、进口单证费等费用的押款手续。

（2）若押款人不是提单上所注明的收货人,押款人必须出具同意为收货人押款并支付相应费用的保证函(保函)。

（3）押款完毕经船代箱管部授权后到进口放箱岗办理提箱手续,领取集装箱设备交接单,并核对其内容是否正确。

（4）收货人拆空进口货物后,将空箱返回指定的回箱地点。

（5）空箱返回指定堆场后,收货人要及时凭押款凭证,到箱管部办理集装箱费用的结算手续。

### 7. 提货

（1）货代或收货人凭小提单,联系拖车去船代指定的码头、场站提取货物。

（2）押款人到箱管部办理集装箱押款结算手续。

注:拼箱货需要到船公司或船代理签取散货分提单(分单),提货时用小提单和分单到码头提取货物。

## 二、到货通知书的定义

到货通知书,英文 Arrival Notice / Notice of Arrive,是在卸货港的船舶代理人在集装箱卸入集装箱堆场,或移至集装箱货运站,并办好交接准备后,向收货人发出的要求收货人及时提取货物的书面通知。

到货通知书一般分为集装箱进口货到货通知和件杂货进口货到货通知两类。其中集装箱进口货到货通知是集装箱进口五联货运套单中的一联。

## 三、到货通知书的送达

根据代理业务章程的规定,来港卸货的船舶,委托方或船长应在船舶到港前七天将进口货物舱单(包括超重、超长货物和危险品清单)、提单副本、货物积载图等寄达卸港的船舶代理人。如果由于航次较短,不能按时寄达,那么应当在船舶到港时提供,并且应当将上述单证的必要内容电告船舶代理人。

船舶代理人在收到这些进口货物资料和船期信息后，分别将进口资料发送海关、港务局、理货公司，另外还应向收货人发出到货通知书，通知收货人在规定时间内办理提货手续。如货到一月后仍未有人提货，船舶代理需再次寄发到货通知书或电报催提。

### 单项实训6-1

2013年2月，上海某公司（名称为SHANGHAI GARDEN PRODUCTS IMP. AND EXP. CO.，LTD.）从LARNAKA（拉纳卡）的LAIKI公司（名称为LAIKI PERAGORA ORPHANIDES LTD）进口了一批货物。德威集装箱货运有限公司（以下简称德威公司）承运该批货物，货物从LIMASSOL港口运往中国上海，并开具了以下提单（见图6.4）。货物到达目的港中国上海时，德威公司在目的港的代理（上海外轮代理有限公司）需给收货人发到货通知书，于是需要缮制一份到货通知书。

请根据以下提单及相关资料制作一份到货通知书。

**其他相关资料：**

发票号码：09SHGD3029　　　　　发票日期：2009年2月2日
提单号码：SHYZ092234　　　　　 提单日期：2009年2月12日
集装箱号码：FSCU3214999　　　 集装箱封号：1295312
1×20'FCL, CY/CY
船名：LT DIAMOND，V. 021W
木花架，WOODEN FLOWER STANDS, H.S.CODE：44219090.90,
QUANTITY：350PCS, USD9.90/PC, 2PCS/箱，共175箱。纸箱尺码：66*22*48CMS,
毛重：11KGS/箱，净重：9KGS/箱。
木花桶，WOODEN FLOWER POTS, H.S.CODE：44219090.90,
QUANTITY：600PCS, USD8.00/PC, 4PCS/箱，共150箱。纸箱尺码：42*42*45CMS,
毛重：15KGS/箱，净重：13KGS/箱。
唛头：L. P. O. L.
　　　186/09/10014
　　　MADE IN CHINA
　　　NO.1-325

| | | | | |
|---|---|---|---|---|
| **Shipper**<br>LAIKI PERAGORA ORPHANIDES LTD.,<br>020 STRATIGOU TIMAGIA AVE.,<br>6046, LARNAKA,<br>CYPRUS | | | **B/L No.:** (1)SHYZ092234<br>Carrier<br>德威集装箱货运有限公司<br>**DE-WELL CONTAINER SHIPPING CO. LTD.**<br>**OCEAN BILL OF LADING**<br>**ORIGINAL** | |
| **Consignee**<br>SHANGHAI GARDEN PRODUCTS<br>IMP. AND EXP. CO., LTD. | | | | |
| **Notify party**<br>SHANGHAI GARDEN PRODUCTS<br>IMP. AND EXP. CO., LTD. | | | RECEIVED in external apparent good order and condition except as otherwise noted. The total number of packages or units stuffed in the container. The description of the goods and the weights shown in this Bill of Loading are furnished by the Merchants, and which the carrier has no reasonable means of checking and is not a part of this Bill of Loading contract.<br>(Terms of Bill of Lading continued on the back hereof) | |
| **Pre-carriage by** | **Port of loading**<br>LIMASSOL PORT | | | |
| **Ocean Vessel Voy. No.**<br>LT DIAMOND V.021W | **Port of Discharge**<br>SHANGHAI PORT | **Place of delivery** | **No. of original B/L**<br>THREE | |
| **Marks and Nos Container & Seal No.** | **No & kind of packages** | **Description of goods** | **Gross weight** | **Measurement** |
| (8)<br>L. P. O. L.<br>186/09/10014<br>MADE IN CHINA<br>NO.1-325<br><br>1X 20' FCL, CY/CY<br>CNO.: FSCU3214999<br>SNO.: 1295312 | 325 CTNS | WOODEN GARDEN PRODUCTS | 4175.00KGS | 24.104CBM |
| **Total No. of container or other pkgs or units (in words)** | (9) SAY THREE HUNDRED AND TWENTY FIVE CARTONS ONLY. | | | |
| **For delivery of goods please apply to:**<br>CHINA OCEAN SHIPPING AGENCY(SHANGHAI) | | **Freight & charges**<br>FREIGHT PREPAID | | |
| | | **Place and date of issue:**<br>LIMASSOL 12 FEB., 2013 | | |
| | | **Signed by:**<br>**DE-WELL CONTAINER SHIPPING CO. LTD.**<br>As carrier　　　　程佩芳 | | |
| **Laden on Board the vessel:**<br>Date:　　12 FEB., 2013<br>By:　　　DE-WELL 程 | | | | |

图 6.4　提单

## 任务二 提货单缮制

**任务描述**：要求学生掌握提货单的内容、用途及缮制方法。

### 【导入项目】

在任务一中，中远公司在目的港的代理（上海外轮代理有限公司）给收货人杭州红秀服装公司（名称为 HANGZHOU HOPESHOW GARMENTS CO., LTD）发出一份到货通知书。5月21日，收到到货通知书后，杭州红秀服装公司带着正本提单及有关单证前往该公司办理换取提货单手续。

上海外轮代理有限公司需要制作一份提货单，请你根据任务一中给出的提单和相关资料，代为缮制一份提货单。格式如图6.5所示。

### 【示范操作】

提货单主要包含两部分内容。

第一部分为运输和货物相关信息，包括收货人信息、与运输相关的信息及与货物相关的信息。

**1. 收货人信息**

一般包含"收货人名称"和"收货人开户银行与账号"两栏。由收货人或其代理人按实际情况填写。

**2. 与运输相关的信息**

与运输相关的信息包括船名、航次、起运港、目的港、提单号、交付条款、卸货地点等。内容须与进口货物报关单及随附商业单据相一致。

**3. 与货物相关的信息**

与货物相关的信息包括标记、货名、件数、重量和体积等。

第二部分为签章栏，包括"收货人章"、"海关章"、"检验检疫章"以及需要的其他签章。进口方必须持盖有海关放行章的提货单才能向海关监管仓库提取货物。

以下是根据项目资料制作好的提货单，如图6.6所示。

| 中国上海外轮代理有限公司 |||| 
| :---: | :---: | :---: | :---: |
| CHINA OCEAN SHIPPING AGENCY(SHANGHAI) |||| 
| 提 货 单<br>DELIVERY ORDER |||| 
| _____地区、场、站<br>收货人/通知方： | | | 年 月 日 |
| 船名 | 航次 | 起运港 | 目的港 |
| 提单号 | 交付条款 | | 合同号 |
| 卸货地点 | 到达日期 | 进库场日期 | 第一程运输 |
| 货 名 | | 集装箱号/铅封号 | |
| 集装箱数 | | | |
| 件 数 | | | |
| 重 量 | | | |
| 体 积 | | | |
| 标 志 |||| 
| 请核对放货<br>中国上海外轮代理有限公司<br>凡属法定检验、检疫的进口商品，必须向有关监督机构申报。 |||| 
| 收货人章 | 海关章 | | |

图 6.5 提货单格式

## 中国上海外轮代理有限公司
### CHINA OCEAN SHIPPING AGENCY(SHANGHAI)

## 提 货 单
### DELIVERY ORDER

| _____地区、场、站<br>收货人 / 通知方： | HANGZHOU HOPESHOW GARMENTS CO., LTD | 2008 年 5 月 21 日 |
|---|---|---|

| 船名<br>ZHEN HUA | 航次<br>V. 007S | 起运港<br>曼谷 | 目的港<br>上海 |
|---|---|---|---|
| 提单号<br>COS0805851 | 交付条款<br>CFS / CFS | 到付海运费 | 合同<br>HS080316 |
| 卸货地点 | 到达日期<br>20/05/2008 | 进库场日期 | 第一程运输 |
| 货　名 | LADIES' COATS | 集装箱号 / 铅封号 | |
| 集装箱数 | 1 X 20' | COSU561753 | 08153 |
| 件　数 | 80CTNS | | |
| 重　量 | 1280.00KGS | | |
| 体　积 | 7.680CBM | | |
| 标　志 | | | |
| HHGCO<br>HS080316<br>SHANGHAI<br>NOS. 1-80 | | | |

请核对放货
中国上海外轮代理有限公司
凡属法定检验、检疫的进口商品，必须向有关监督机构申报。

| 收货人章 | 海关章 | | |
|---|---|---|---|

图 6.6　提货单

# 【知识支撑】

## 一、提货单的定义

提货单（Delivery Order，D/O），又称小提单，是指收货人凭正本提单或副本提单随同有效的担保向船公司或其代理人换取的，可向港口装卸部门提取货物的凭证。提货单的性质与提单完全不同，它是船公司或其代理人指令仓库或装卸公司向收货人交付货物的凭证，不具备流通或其他作用。

## 二、提货单的作用

在海运进口中，船到卸货港后，进口方需持正本提单（或副本提单随同有效担保）向船公司或其代理换取提货单。进口方向海关进行进口货物申报，海关审核单据和货物无误后，在提货单上加盖海关放行章，并退返给进口方。进口方持盖有海关放行章的提货单向海关监管仓库领取货物。

## 单项实训 6-2

单项实训 6-1 中，德威公司在目的港的代理（上海外轮代理有限公司）给收货人上海某公司（名称为 SHANGHAI GARDEN PRODUCTS IMP. AND EXP. CO., LTD）发出一份到货通知书。收到到货通知书后，上海公司带着正本提单及有关单证前往该公司办理换取提货单手续。于是，上海外轮代理有限公司需要制作一份提货单，请你根据单项实训 6-1 中给出的提单和相关资料，代为缮制一份提货单。

# 任务三 进口报关单缮制

**任务描述**：能够正确填写进口货物报关单的各项内容。

## 【导入项目】

在任务二中，收货人杭州红秀服装公司（名称为 HANGZHOU HOPESHOW GARMENTS CO., LTD）从上海外轮代理有限公司换取了提货单后，便准备办理进口报关手续。现在，红秀服装公司需要准备进口报关所需单证，首先需要按海关规定的格式填写进口货物报关单，格式如图 6.7 所示。

# 中华人民共和国海关进口货物报关单

预录入编号　　　　　　　海关编号

| 进口口岸 | | 备案号 | | 进口日期 | 申报日期 |
|---|---|---|---|---|---|
| 经营单位 | | 运输方式 | 运输工具名称 | | 提运单号 |
| 收货单位 | | 贸易方式 | 征免性质 | | 征税比例 |
| 许可证号 | | 起运国（地区） | 装货港 | | 境内目的地 |
| 批准文号 | | 成交方式 | 运费 | 保费 | 杂费 |
| 合同协议号 | | 件数 | 包装种类 | 毛重（公斤） | 净重（公斤） |
| 集装箱号 | | 随附单据 | | | 用途 |
| 标记唛码及备注 | | | | | |
| 项号 | 商品编号 | 商品名称、规格型号　数量及单位　原产国（地区） | 单价 | 总价 | 币值　征免 |
| | | | | | |
| | | | | | |
| | | | | | |
| | | | | | |
| | | | | | |
| 税费征收情况 | | | | | |
| 录入员　　　录入单位 | | 兹声明以上申报无讹并承当法律责任 | 海关审单批注及旅行日期（签章） | | |
| 单位地址 | | 申报单位（签章） | 审单 | | 申价 |
| | | | 征税 | | 统计 |
| 邮编　　　　　电话 | | 填制日期 | 查验 | | 放行 |

图 6.7　进口货物报关单格式

## 【示范操作】

### 一、进口报关单各栏目内容

1. 预录入编号
2. 海关编号
3. 进口口岸/出口口岸
4. 备案号
5. 进口日期/出口日期
6. 申报日期
7. 经营单位
8. 运输方式
9. 运输工具名称
10. 提运单号
11. 收货单位/发货单位
12. 贸易方式（监管方式）
13. 征免性质
14. 征免比例/结汇方式
15. 许可证号
16. 起运国（地区）/运抵国（地区）
17. 装货港/指运港
18. 境内目的地/境内货源地
19. 批准文号
20. 成交方式
21. 运费
22. 保费
23. 杂费
24. 合同协议号
25. 件数
26. 包装种类
27. 毛重（公斤）
28. 净重（公斤）
29. 集装箱号
30. 随附单据
31. 用途/生产厂家
32. 标记唛码及备注
33. 项号
34. 商品编号
35. 商品名称、规格型号
36. 数量及单位
37. 原产国（地区）/最终目的国（地区）
38. 单价
39. 总价
40. 币制
41. 征免
42. 税费征收情况
43. 录入员
44. 录入单位
45. 申报单位
46. 填制日期
47. 海关审单批注栏

### 二、进口货物报关单的填写方法

《进口货物报关单》上栏目众多，而且对填写的要求比较严格，下面逐项介绍一下填写方法。

**1．进口口岸**
填写货物入境的口岸名称。
**2．经营单位**
填写对外签订或执行进口贸易合同或协议的中国境内的企业或其他单位名称。
**3．收货单位**
填写进口货物的实际使用单位名称及其所在地区。进口货物如果预知收货后的运往地区，其收货单位所在地以预知运往收货地区为准。
**4．合同协议号**
填写本批货物合同或协议的详细年份、字头和编号及附件号码。
**5．批准机关及文号**
批准机关及文号指需经有关机关批准才能进口货物的批准机关名称及批准文号。
**6．运输工具名称及号码**
江海运输填船舶名称；陆运填车号；空邮运只填"空运"或"邮运"字样即可。
**7．贸易方式**
可根据情况分别填写以下贸易方式。
（1）一般贸易；
（2）国家间、国际组织无偿援助和捐赠送物资；
（3）华侨，港、澳、台同胞及外籍华人捐赠物资；
（4）补偿贸易；
（5）来料加工装配贸易（对口合同除外）；
（6）进料加工贸易；
（7）寄售代销贸易；
（8）各作各价对口合同贸易；
（9）边境地方贸易和小额贸易（不包括边民互市贸易）；
（10）对外承包工程货物；
（11）租赁贸易；
（12）外商投资企业作为投资进口的设备、物品；
（13）外商投资企业进口供加工内销产品的料、件；
（14）出料加工贸易；
（15）其他免费提供的货物。
本栏填报应符合以上要求，尽可能详尽，不能简单地填报为"加工装配"或"赠品"等。

**8．原产国别（地区）**

填写进口货物生产、开采或制造的国家（地区）

如果该货物经过其他国家加工复制，以最后加工的国家为原产国。但是，仅经过简单整理，如改换包装、分类、筛选、加刷唛间、加刷唛头、加贴标签等未改变货物性质、规格的，不作加工论。对不同原产国的货物，应分别填明。

**9．贸易国别（地区）**

贸易国别（地区）即货物的购自国（地区）。填写同中国境内的企业和单位签订了合同或协议的国家或成交厂商所在国或地区。

**10．外汇来源**

分别视情况填写"中央外汇"、"地方外汇和地方留成外汇"、"中央各部留成外汇"或"其他"（包括货款外汇、国外投资以及进口货物不需支付外汇等）。如果是自筹外汇或调剂外汇，则应按明确的外汇来源分别填写。如调剂中央各部留成外汇进口的货物应填写为"中央各部留成外"，而不应填报为"调剂外汇"。

**11．进口日期**

填写运输工具申报进境日期。

**12．提单或运单号**

海运填提单号；陆运填运单号；空运填货运单号；邮运填报税清单（包裹单）号。

**13．运杂费及保险费／率**

填写实际支付金额。如不能取得实际运杂费及保险费数字，可按规定的定额率计算。

**14．标记唛码**

填写货物的实际标记唛码，如有地点名称，也应该填写。

**15．包装种类及件数**

包装种类指袋、箱、包、捆、桶等。一批货物有多种包装的，要分别填报件数。

**16．重量**

"毛重"填写本批货物全部重量；"净重"填写扣除外层外装后的自然净重。合同发票等单据上没有净重时，可以按照商业习惯填写公量重、净重等，也可将毛重扣除估计外层包装重量后填报。对于不同品种的货物，如果统计商品目录和计量单位是"公斤"的，应当分别填明净重。

**17．海关统计商品编号**

按照《中华人民共和国海关统计商品目录》的规定填写。

**18．货名、规格及货号**

填写货物的中外文详细名称和规格，如进口钢材应填钢号、纺织物应填纺织原料所占成分。

**19．填写货物的实际数量单位（如台、个、打等）**

如合同规定的数量单位与海关统计商品目录所规定的计量单位不同，或者统计商品目录规定有第二数量单位的（如发电机除台数外，还需填写千瓦数；内燃机除台数外，还需填写马力）要按照海关统计目录规定的单位填写。整套机械分批进口时，应在数量栏内注明"分批装运"字样。

**20．成交价格**

填写合同规定的成交单价、总价和价格条件（如 CIF、FOB 等），并注明外币名称。如果合同规定的价格条件为 CQF 或 FOB 时，则应按规定在"运杂费和保险费／率"栏内填明实际运杂费、保险费或定额率。

**21．到岸价格**

填写进口货物到达我国国境时的到岸价格，包括货价、运抵我国起卸前的运费、保险费和其他一切费用。其中外币一项按照国家外汇管理部门核定的各种货币对美元的统一折算率折合成美元。到岸价格的人民币免填。邮运、空运进口货物采用货物运到指运地的到岸价格。到岸价格外币计至元为止，元以下四舍五入。

**22．关税、工商税（现称产品税或增值税）的完税价格、税则号列和税率等**

由海关填写。

**23．随附单据**

填写附单据名称。

**24．申报单位（盖章）**

必须加盖报关单位公章、报关员印章并填写申报日期。

**25．海关放行日期**

由进口地海关在核放货物后填注日期并加盖海关放行章。

报关人员在向海关递交报关单后如发现有填报错误或因其他情况需要变更填报内容时，应主动及时地向海关递交更改单。

以下是杭州红秀服装公司填制的进口货物报关单，如图6.8所示。

# 中华人民共和国海关进口货物报关单

| 预录入编号 | | 海关编号 | | |
|---|---|---|---|---|
| 进口口岸<br>上海 | 备案号 | 进口日期<br>20080521 | | 申报日期<br>20080526 |
| 经营单位<br>杭州红秀服装公司 | 运输方式<br>水路运输 | 运输工具名称<br>ZHEN HUA  V.007S | | 提运单号<br>COS0805851 |
| 收货单位<br>杭州红秀服装公司 | 贸易方式<br>一般贸易 | 征免性质<br>一般征税 | | 征税比例 |
| 许可证号 | 起运国（地区）<br>泰国曼谷 | 装货港<br>泰国曼谷 | | 境内目的地<br>杭州 |
| 批准文号 | 成交方式<br>CIF | 运费<br>864 美元 | 保费<br>80 美元 | 杂费 |
| 合同协议号<br>HS080316 | 件数<br>80 | 包装种类<br>箱 | 毛重（公斤）<br>1280.00 | 净重（公斤）<br>1160.00 |
| 集装箱号  COSU561753 | 随附单据  入境货物通关单 | | | 用途 |
| 标记唛码及备注<br>HHGCO<br>HS080316<br>SHANGHAI<br>NOS. 1-80 | | | | |

| 项号 | 商品编号 | 商品名称、规格型号 | 数量及单位 | 原产国（地区） | 单价 | 总价 | 币值 | 征免 |
|---|---|---|---|---|---|---|---|---|
| 1 | 6209.9000 | LADIES' COATS | 80CTNS | 泰国曼谷 | | 32000.00 | USD | |

| 税费征收情况 | | | | |
|---|---|---|---|---|
| 录入员        录入单位 | 兹声明以上申报无讹并承当法律责任 | 海关审单批注及放行日期（签章） | | |
| | | 审单 | | 申价 |
| 单位地址 | 申报单位（签章） | 征税 | | 统计 |
| 邮编        电话 | 填制日期 | 查验 | | 放行 |

图 6.8  杭州红秀服装公司进口货物报关单

## 【知识支撑】

## 一、进口货物报关程序

进口报关工作的全部程序分为申报、查验、放行三个阶段。

### （一）进口货物的申报

进口货物的收、发货人或者他们的代理人，在货物进口时，应在海关规定的期限内，按海关规定的格式填写进口货物报关单，随附有关的货运、商业单据，同时提供批准货物进口的证件，向海关申报。报关的主要单证有以下几种。

（1）进口货物报关单；
（2）随报关单交验的货运、商业单据；
（3）进口货物许可证；
（4）检验检疫证；
（5）进口货物批准单证。

### （二）进口货物的查验

进口货物除海关总署特准查验的以外，都应接受海关查验。查验的目的是核对报关单证所报内容与实际到货是否相符，有无错报、漏报、瞒报、伪报等情况，审查货物的进口是否合法。海关查验货物，应在海关规定的时间和场所进行。如有特殊理由，事先报经海关同意，海关可以派人员在规定的时间和场所以外查询。申请人应提供往返交通工具和住宿并支付费用。

海关查验货物时，要求货物的收、发货人或其代理人必须到场，并按海关的要求负责办理货物的搬移、拆装箱和查验货物的包装等工作。海关认为必要时，可以径行开验、复验或者提取货样、货物保管人应当到场作为见证人。

### （三）进口货物放行

海关对进口货物的报关，经过审核报关单据、查验实际货物，并依法办理了征收货物税费手续或减免税手续后，在有关单据上签盖放行章，货物的所有人或其代理人才能提取或装运货物。此时，海关对进口货物的监管才算结束。另外，进口货物因各种原因需海关特殊处理的，可向海关申请担保放行。海关对担保的范围和方式均有明确的规定。

## 二、进口货物报关单的定义

进口报关单是进口商用来向海关说明和审报进口货物详细情况所填的表单，此进口报关单是进口流程中必不可少的审报资料之一。

一切进口货物的收货人或发货人，或者他们委托的代理人（以下统称"报关人"），都必须在货物进口的时候填写《进口货物报关单》向海关申报，同时提供批准货物进口的证件和有关的货运、商业单据，以便海关依据这些单据证件，审查货物的进口是否合法，确定关税的征收或减免事宜，编制海关统计。

进口货物报关单填写份数主要是根据报关作业及海关监管的需要。一般来说，以一般贸易方式进口报关，需填写一式四份报关单；以加工贸易方式进口，需填写一式五份报关单。另外，以转关、转口方式需海关监管的货物还需增加一份报关单。

## 三、进口报关单填写要求

（1）报关单的填报必须真实，不得出现差错，更不能伪报、瞒报及虚报。要做到两个相符：一是单证相符，即报关单与合同、批文、发票、装箱单等相符；二是单货相符，即报关单中所报内容与实际进出口货物情况相符。

（2）不同合同、不同运输工具名称、不同贸易方式、不同征免性质、不同许可证号的货物，不能填在同一份报关单上。同一张报关单上最多不能填写超过五项海关统计商品编号的货物。

（3）不同贸易方式的货物，须用不同颜色的报关单填报。

（4）报关单填报要准确、齐全、字迹工整，若有更改，必须在更改项目上加盖校对章。

（5）报关单除填写有关项目外，还应填写有关项目的代号。

（6）预录入的报关单与手工报关单具有同样的法律效力，报关员在打印报关单上签字盖章前，应认真核对，防止录入错误。

（7）向海关递交的报关单，事后发现差错，须立即填写报关单更正单，向海关办理更正手续。

（8）对于海关放行后的出口货物，由于运输工具配载等原因，全部或部分未能装载上原申报的运输工具的，出口货物发货人应向海关递交《出口货物报关单更改申请》。

### 单项实训 6-3

在单项实训 6-2 中，上海某公司（名称为 SHANGHAI GARDEN PRODUCTS IMP. AND EXP. CO., LTD）从上海外轮代理有限公司换取了提货单后，便准备办理进口报关手续。现在，该公司需要准备进口报关所需单证，首先需要按海关规定的格式填写进口货物报关单，格式如图 6.7 所示。

# 项目七　综合实训

**【学习目标】**

通过前面六个项目的学习与训练，掌握货物整个装运过程以及基本单证的缮制，能根据合同以及信用证等相关资料准确缮制全套物流单证，包括商业发票、装箱单、托运单、报关报检单、保险单、集装箱装箱单、海运提单、装船通知等。

**【主要知识点】**

各种单证之间的关系、签发顺序等。

**【关键技能点】**

读懂合同以及信用证，具备全套物流单证缮制能力。

## 任务一　根据合同以及相关资料缮制全套出口物流单证

**任务描述：** 阅读外贸出口合同，根据合同提供的信息以及补充资料缮制商业发票、装箱单、订舱委托书、托运单、报检单、报关单、保险单、集装箱设备交接单、集装箱装箱单、提单、装船通知。

### 一、实训目的

掌握整个出口物流业务流程及相关单证，以及各种单证之间的关系。

### 二、实训步骤

1. 根据所给资料缮制商业发票、装箱单、订舱委托书、托运单、报检单、报关单、保险单、集装箱设备交接单、集装箱装箱单、提单、装船通知。
2. 教师点评，学生撰写并提交实训报告。

### 三、实训要求

阅读外贸出口合同，根据合同提供的信息以及补充资料缮制商业发票、装箱单、订舱委托书、托运单、报检单、报关单、保险单、集装箱设备交接单、集装箱装箱单、提单、装船通知。

## 四、相关资料

### （一）外贸合同（见图 7.1）

<table>
<tr><td colspan="5" align="center">上海电器有限公司<br/>**SHANGHAI ELECTRIC APPLIANCE CO., LTD.**<br/>96 Gaoji Street Pudong District Shanghai China<br/>销售确认书<br/>**SALES CONFIRMATION**</td></tr>
</table>

| To: | | | | |
|---|---|---|---|---|
| SANTOS TRADE COMPANY LIMITED | | | No.: | SEA080620 |
| 355 SAN JOSE BOULEVARD | | | Date: | 20 JUN. 2012 |
| RIO DE JANEIRO | | | | |
| BRAZIL | | | | |

The undersigned Sellers and Buyers have agreed to close the following transaction according to the terms and conditions stipulated below:

| Art. No. | Name of commodity and specifications | Quantity | Unit Price | Amount |
|---|---|---|---|---|
| | | | CIF RIO DE JANEIRO | |
| | SVA BRAND COLOUR TV SET | | | |
| 2108 | 110V 100HZ | 360SETS | USD90.00/PC | USD32400.00 |
| | WITH REMOTE CONTROL | | | |

SAY U. S. DOLLARS THIRTY TWO THOUSAND FOUR HUNDRED ONLY.

**Time of shipment:** ON OR BEFORE 05 AUG 2012
**Shipping Marks:** S.T.C. / SEA080620 / RIO DE JANEIRO / NO. 1-360
**Means of shipment:** SEA FREIGHT FROM SHANGHAI TO RIO DE JANEIRO ALLOWING PARTIAL SHIPMENTS AND TRANSSHIPMENT
**Packing:** ONE SET IN ONE CARTON, TOTAL 360 CARTONS ONLY.
**Insurance:** TO BE EFFECTED BY THE SELLERS AT 110 PERCENT OF THE INVOICE VALUE COVERING ALL RISKS AS PER CIC OF PICC DATED 01/01/1981.
**Terms of payment:** 50% OF THE S/C AMOUNT USD16200.00 PAID BY T/T BEFORE 30 JUNE AND THE BALANCE OF AMOUNT USD16200.00 PAID BY D/A AT 30 DAYS AFTER SIGHT

**Documents requite:**
1. SIGNED COMMERCIAL INVOICE IN TRIPLICATE
2. FULL SET CLEAN ON BOARD BILL OF LADING MADE OUT TO ORDER BLANK ENDOURSED NOTIFY THE BUYER
3. INSURANCE POLICY IN DUPLICATE
4. CERTIFICATE OF ORIGIN IN DUPLICATE
5. SIGNED PACKING LIST IN TRIPLICATE
6. CERTIFICATE OF QUALITY ISSUED BY CIQ IN DUPLICATE

**Shipping advice:** The sellers shall, immediately upon the completion of the loading of the goods, advise by fax the buyers of the Contract No., commodity, quantity, invoiced value, gross weight, name of vessel and date of delivery etc. In case due to the sellers not having faxed in time, all losses caused shall be borne by the sellers.

| The Buyer: | The Seller: |
|---|---|
| SANTOS TRADE COMPANY LIMITED | Shanghai Electric Appliance Co., Ltd. |
| *Roberto Jose* | 徐运迪 |
| Signature | 签署 |

*Please return one copy for our file*

图 7.1　外贸合同

## （二）其他相关资料

发票号码：08SEA0718　　　　　　　　发票日期：2012 年 7 月 18 日
提单号码：SHRIO6730　　　　　　　　提单日期：2012 年 7 月 31 日
船名：ZHEN HUA V. 004E　　　　　　1*20 集装箱 FCL，CY/CY
箱号：COSU809522　　　　　　　　　封号：20589
产地证号：SH089216　　　　　　　　税则号：8704.2000
毛重：每箱 25 公斤　　　　　　　　　净重：每箱 23 公斤
纸箱尺码：（47*47*38）厘米　　　　　保险单号码：PISH86005789
在新加坡中转　　　　　　　　　　　托收银行：中国银行上海分行
商品中文名称：SVA 牌彩色电视机　　 商品编码：8529908101
报检单位登记号：24275800120 联系人：张小林
海关编号：220020130000000018
经营单位编码：2900160210
运费率：0.5%　　　杂费费率：0.01%
保险单号：PL00003　保险费率 0.8%
总运费：5000 美元　杂费：500 美元
保险单号：PL00001　保险费率 0.5%
拖车车牌号：沪 A1581　　司机：李力

相关单证如图 7.2 至图 7.11 所示。

## 1. 集装箱货物托运单（见图 7.2）

| SHIPPER | | | D/R NO. | | | |
|---|---|---|---|---|---|---|
| CONSIGNEE | | | 集装箱货物托运单 | | | |
| NOTIFY PARTY | | | 船代留底 | | | 第一联 |
| PRE-CARRIAGE BY XXXX | | PLACE OF RECEIPT | | | | |
| OCEAN VESSEL  VOY.NO.  PORT OF LOADING | | | | | | |
| PORT OF DISCHARGE | | PLACE OF DELIVERY | | FINAL DESTINATION FOR THE MERCHANT'S RETER-ENCE | | |
| CONTAINER NO. | SEAL NO. | NO. OF CONTAINERS OR PKGS | KIND OF PACKAGES: DESCRIPTION OF GOODS | GROSS WEIGHT | | MEASUREMENT |
| TOTAL NUMBER OF CONTAINERS OR PACKAGES(IN WORDS)) | | | | | | |
| FREIGHT &CHARGES | | REVENUE TONS | RATE | PRE | PREPAID | COLLECT |
| EX.RATE | | PREPAID AT | PAYABLE AT | | PLACE OF ISSUE | |
| | | TOTAL PREPAID | NO. OF ORIGINAL B/L THREE | | | |
| SERVICE TYPE ON RECEIVE | | SERVICE TYPE ON DELIVERY | REETER TEMPERATURE REQUIRED | | F | C |
| TYPE OF GOODS | | ORDINARY , REETER , DANGEROUS , AUTO LIQUID , LIVE ANIMAL , BULK | 危险品 | | CLASS: PROPERTY: IMDG CODE PAGE: UN NO. | |
| 可否转船 | | 可否分批 | | | | |
| 装期 | | 效期 | | | | |
| 金额： | | | | | | |
| 制单日期： | | | | | | |

图 7.2  集装箱货物托运单

· 244 ·

**2. 商业发票（见图 7.3）**

| Issuer: | | 上海电器有限公司 SHANGHAI ELECTRIC APPLIANCE CO., LTD 27 Zhongshan Dongyi Road, Shanghai, China | |
|---|---|---|---|
| To: | | 发　票 **INVOICE** | |
| | | No. | Date |
| Transport details: From: To: By Vessel | | Terms of Payment | L/C No. |
| | | Country of Origin | |
| Marks & Nos | Description of Goods | Quantity | Unit Price | Amount |
| | | | | |

SAY

WE HEREBY CERTIFY THAT THE GOODS ARE OF CHINESE ORIGIN.

上海电器有限公司
**SHANGHAI ELECTRIC APPLIANCE CO., LTD**

法人（章）

图 7.3　商业发票

### 3. 装箱单（见图7.4）

| Issuer: | 上海电器有限公司 |
| --- | --- |
| | SHANGHAI ELECTRIC APPLIANCE CO., LTD |
| | 27 Zhongshan Dongyi Road, Shanghai, China |
| To: | 装箱单 |
| | **PACKING LIST** |
| | No.　　　　　　　　　　Date |

| Transport details: | | | | | |
| --- | --- | --- | --- | --- | --- |
| From: | To: | By Vessel | | | |
| Marks & Nos | No & kinds of Pkgs | Description of Goods | Gross Wt. Kilos | Net Wt. Kilos | Measurement.M3 |
| | | | | | |

上海电器有限公司
SHANGHAI ELECTRIC APPLIANCE CO., LTD

法人（章）

图7.4　装箱单

**4. 出境货物报检单（见图 7.5）**

# 中华人民共和国出入境检验检疫
## 出境货物报检单

报检单位（加盖公章）：                *编　号

报检单位登记号：　　联系人：　　电话：　　报检日期：　年　月　日

| 发货人 | （中文） | | | | |
| | （外文） | | | | |
| 收货人 | （中文） | | | | |
| | （外文） | | | | |
| 货物名称（中/外文） | H.S.编码 | 产地 | 数/重量 | 货物总值 | 包装种类及数量 |

| 运输工具名称号码 | | 贸易方式 | | 货物存放地点 | |
| 合同号 | | 信用证号 | | 用途 | |
| 发货日期 | | 输往国家(地区) | | 许可证/审批号 | |
| 启运地 | | 到达口岸 | | 生产单位注册号 | |
| 集装箱规格、数量及号码 | | | | | |

| 合同、信用证订立的检验检疫条款或特殊要求 | 标记及号码 | 随附单据（划"✓"或补填） | |
|---|---|---|---|
| | | □合同 | □包装性能结果单 |
| | | □信用证 | |
| | | □发票 | □许可/审批文件 |
| | | □换证凭单 | □ |
| | | □装箱单 | □ |
| | | □厂检单 | □ |

| 需要证单名称（划"✓"或补填） | | | *检验检疫费 | |
|---|---|---|---|---|
| □品质证书 | __正__副 | □植物检疫证书　__正__副 | 总金额（人民币元） | |
| □重量证书 | __正__副 | □熏蒸/消毒证书　__正__副 | | |
| □数量证书 | __正__副 | □出境货物换证凭单 __正__副 | 计费人 | |
| □兽医卫生证书 | __正__副□ | | 收费人 | |
| □健康证书 | __正__副□ | | | |
| □卫生证书 | __正__副□ | | | |
| □动物卫生证书 | __正__副□ | | | |

| 报检人郑重声明： | 领　取　证　单 | |
|---|---|---|
| 1. 本人被授权报检。 | 日期 | |
| 2. 上列填写内容正确属实，货物无伪造或冒用他人的厂名、标志、认证标志，并承担货物质量责任。<br>　　　　　　　　签名： | 签名 | |

注：有"*"号栏由出入境检验检疫机关填写　　　　　　　　　　　◆国家出入境检验检疫局制

图 7.5　出境货物报检单

**5. 出口货物报关单（见图 7.6）**

## 中华人民共和国海关出口货物报关单

预录入编号：　　　　　　　　　　　　　　海关编号：

| 出口口岸 | | 备案号 | | 出口日期 | | 申报日期 | |
|---|---|---|---|---|---|---|---|
| 经营单位 | | 运输方式 | | 运输工具名称 | | 提运单号 | |
| 发货单位 | | 贸易方式 | | 征免性质 | | 结汇方式 | |
| 许可证号 | | 运抵国（地区） | | 指运港 | | 境内货源地 | |
| 批准文号 | | 成交方式 | | 运费 | | 保费 | | 杂费 |
| 合同协议号 | | 件数 | | 包装种类 | | 毛重（公斤） | | 净重（公斤） |
| 集装箱号 | | 随附单据 | | | | 生产厂家 | |
| 标记唛码及备注 | | | | | | | |

| 项号 | 商品编号 | 商品名称、规格型号 | 数量及单位 | 最终目的国（地区） | 总价 | 币制 | 征免 |
|---|---|---|---|---|---|---|---|
| | | | | | | | |

| 税费征收情况 | |
|---|---|

| 录入员　　录入单位 | 兹声明以上申报无讹并承担法律责任 | 海关审单批注及放行日期（签章） | |
|---|---|---|---|
| 报关员 | | 审单 | 审价 |
| | 申报单位（签章） | 征税 | 统计 |
| 单位地址 | | | |
| 邮编　　电话 | 填制日期 | 查验 | 放行 |

图 7.6　出口货物报关单

## 6. 保险单（见图 7.7）

**PICC**

**中国人民财产保险股份有限公司**
**PICC Property and Casualty Company Limited**

总公司设于北京　　一九四九年创立
Head Office Beijing　　Established in 1949

**货 物 运 输 保 险 单**
**CARGO TRANSPORTATION INSURANCE POLICY**

| 发票号码 Invoice No. | | | |
|---|---|---|---|
| 合同号码 Contract No. | | 保单号次 Policy No. | |
| 信用证号 Credit No. | | | |

被保险人 **Insured**:

中保财产保险有限公司（以下简称本公司）根据被保险人的要求，及其所缴付约定的保险费，按照本保险单承担险别和背面所载条款与下列特别条款承保下列货物运输保险，特签发本保险单。

This policy of Insurance witnesses that The People Insurance (Property) Company of China, Ltd. (hereinafter called the Company) at the request of the Insured and in consideration of the agreed premium paid by the Insured, undertakes to insure the under mentioned goods in transportation subject to the conditions of this Policy as per the Clauses printed overleaf and other special clauses attached hereon.

| 标记 Marks & No. | 包装及数量 Quantity | 保险货物项目 Description of goods | 保险金额 Amount Insured |
|---|---|---|---|
| | | | |

| 总保险金额 Total Amount Insured: | |
|---|---|

| 保险费 Premium | As arranged | 启运日期 Date of commencement | | 装载运输工具 Per conveyance | |
|---|---|---|---|---|---|
| 自 From | | 经 Via | | 至 To | |

承保险别 **Conditions**:

所保货物，如发生本保险单项下可能引起索赔的损失或损坏，应立即通知本公司下述代理人查勘。如有索赔，应向本公司提交保险单正本（本保险单共有 2 份正本）及有关文件。如一份正本已用于索赔，其余正本则自动失效。
In the event of damage which may result in a claim under this Policy, immediate notice be given to the Company Agent as mentioned here under. Claims, if any, one of the Original Policy which has been issued in TWO Original(s) together with the relevant documents shall be surrendered to be Comp any, if one of the Original Policy has been accomplished, the others to be void.

Insurance agent at destination:
PICC RIO DE JANEIRO BRANCH
29 SANTA JUAN BOULEVARD
RIO DE JANEIRO, BRAZIL

| 赔款偿付地点 Claim payable at | | 中国人民财产保险股份有限公司 上海分公司 PICC Property and Casualty Company Limited, Shanghai Branch |
|---|---|---|
| 出单日期 Issuing date | | |
| 地址 | 中国上海中山东一路 321 号 | *章小岚* |
| 邮编(Post Code):300008　电话(Tel):021-28802220　传真(Fax): 021-28802226 | | Authorized Signature |

图 7.7　保险单

## 7. 集装箱设备交接单（见图7.8）

### 集装箱发放/设备交接单
### EQUIPMENT INTERCHANGE RECEIPT

OUT 出场
NO.

| 用箱人/运箱人（CONTAINER USER/HAULIER） | | | 提箱地点（PLACE OF DELIVERY） | |
|---|---|---|---|---|
| 发往地点（DELIVERED TO） | | | 返回/收箱地点（PLACE OF RETURN） | |
| 航名/航次（VESSEL/VOYAGE NO.） | 集装箱号（CONTAINER NO.） | | 尺寸/类型（SIZE/TYPE） | 营运人（CNTR.ORTR.） |
| 提单号（B/L NO.） | 铅封号（SEAL NO.） | 免费期限（FREE TIME PERIOD） | | 运载工具牌号（TRUCK WAGON.BARG NO.） |
| 出场目的/状态（PPS OF GATE-OUT/STATUS） | | 进场目的/状态（PPS OF GATE-IN/STAUS） | | 出场日期（TIME-OUT） |

出场检查记录 （INSPECTION AT THE TIME OF INTERCHANGE）

| 普通集装箱（GP CONTAINER） | 冷藏集装箱（RF CONTAINER） | 特种集装箱（SPECIAL CONTAINER） | 发电机（GEN SET） |
|---|---|---|---|
| □ 正常（SOUND）<br>□ 异常（DEFECTIVE） | □ 正常（SOUND）<br>□ 异常（DEFECTIVE） | □ 正常（SOUND）<br>□ 异常（DEFECTIVE） | □ 正常（SOUND）<br>□ 异常（DEFECTIVE） |

损坏记录及代号(DAMAGE & CODE)  BR 破损(BROKEN)  D 凹损(DENT)  M 丢失(MISSING)  DR 污箱(DIRTY)  DL 危标(DG LABEL)

左侧(LEFT SIDE)  右侧(RIGHT SIDE)  前部(FRONT)  集装箱内部(CONTAINER INSIDE)

顶部(TOP)  底部(FLOOR BASE)  箱门(REAR)  如有异状，请注明程度及尺寸(REMARK).

除列明者外，集装箱及集装箱设备交换时完好无损，铅封完整无误。
**THE CONTAINER/ASSOCIATED EQUIPMENT INTERCHANGED IN SOUND CONITION AND SEAL AINTACT UNLESS OTHERWISE STATED**

用箱人/运箱人签署　　　　　　　　　　码头堆场值班员签署
（CONTAINER USER/HAULIERS SIGNATURE）　（TERMINAL/DEPOT CLERKS SINGATURE）

图 7.8　集装箱设备交接单

**8. 集装箱装箱单（见图 7.9）**

| CONTAINER LOAD PLAN 装 箱 单 | | | | Packer's Copy 发货人/装箱人联 |
|---|---|---|---|---|
| Port of Loading 装货港 | Port of Discharge 卸货港 | Place of Delivery 交货地 | SHIPPER'S / PACKER'S DELARATIONS: We hereby declare that the container has been thoroughly clean without any evidence of cargoes of previous shipment prior to vanning and cargoes has been properly stuffed and secured. | |
| Bill of Lading No. 提单号 | Packages & Packing 件数与包装 | Gross Weight 毛重 | Measurements 尺码 | Marks & Numbers 唛头 |
| Front 前 | | | Description of Goods 货名 | |
| Door 门 | | | | |
| Received By Drayman 驾驶员签收及车号 | Total Packages 总件数 | Total Cargo Wt 总货重 | Total Meas. 总尺码 | Remarks: 备注 |
| Received By Terminals / Date Of Receipt 码头收箱签收和收箱日期 | | Cont.Tare Wt 集装箱皮重 | Cgo/cont Total WT 货箱总重量 | |

| Reefer Temperature Required 冷藏温度 ℃ ℉ | | Flashpoint 闪点 | |
|---|---|---|---|
| Class 等级 | IMDG Page 危规页码 | UN NO. 联合国编码 | |

Ship's Name / Voy.No. 船名 / 航次

Container No. 箱号

Seal No. 封号

| Cont.Size 箱型 | | Con.Type. 箱类 |
|---|---|---|
| 20' | 40' 45 | GP=普通箱　TK=油罐箱 |
| | | RF=冷藏箱　PF=平板箱 |
| | | OT=升顶箱　HC=高箱 |
| | | FR=框架箱　HT=挂衣箱 |

ISO Code For Container Size / Type.
箱型/箱装ISO标准化码

Packer's Name / Address
装箱人名称/地址

Tel No.
电话号码

Packing Date 装箱日期

Packed By: 装箱人签名

图 7.9　集装箱装箱单

## 9. 提单（见图 7.10）

| Shipper | | B/L No.: |
|---|---|---|
| | 承运人 Carrier | |
| Consignee | DE-WELL CONTAINER SHIPPING CO. LTD. | |
| | **OCEAN BILL OF LADING** ORIGINAL | |
| Notify party | RECEIVED in external apparent good order and condition except as otherwise noted. The total number of packages or units stuffed in the container. The description of goods and the weights shown in this Bill of Lading are furnished by the merchants and which the *Carrier* has no reasonable means of checking and is not a part of this B/L contract. (Terms of Bill of Lading continued on the back hereof) | |
| Pre-carriage by | Port of loading | |
| Ocean Vessel Voy. No. | Port of Discharge | Place of delivery | No. of original B/L |

| Marks and Nos Container & Seal No. | No & kind of packages | Description of goods | Gross weight | Measurement |
|---|---|---|---|---|
| | | | | |

| Total No. of container or other pkgs or units (in words) | |
|---|---|
| For delivery of goods please apply to: | Freight & charges |
| | Place and date of issue: |
| | Signed by: |
| Laden on Board the vessel: Date: By: | DE-WELL CONTAINER SHIPPING CO. LTD. As carrier 程佩芳 |

图 7.10 提单

10. 装船通知（见图 7.11）

> **上海电器有限公司**
> **SHANGHAI ELECTRIC APPLIANCE CO., LTD**
> 27 Zhongshan Dongyi Road, Shanghai, China
>
> **装 船 通 知**
> **SHIPPING ADVICE**

图 7.11　装船通知

## 任务二　根据信用证及相关资料缮制全套出口物流单证

**任务描述**：阅读信用证，根据信用证提供的信息以及补充资料缮制商业发票、装箱单、订舱委托书、托运单、报检单、报关单、保险单、集装箱设备交接单、集装箱装箱单、提单、装船通知。

### 一、实训目的

掌握整个出口物流业务流程及相关单证，以及各种单证之间的关系。

### 二、实训步骤

1. 根据所给资料缮制商业发票、装箱单、订舱委托书、托运单、报检单、报关单、保险单、集装箱设备交接单、集装箱装箱单、提单、装船通知。
2. 教师点评，学生撰写并提交实训报告。

### 三、实训要求

1. 阅读信用证，根据信用证提供的信息以及补充资料完成全套物流单证缮制，包括商业发票、装箱单、订舱委托书、托运单、报检报关委托书、报检单、报关单、保险单、集装箱设备交接单、集装箱装箱单、提单、装船通知。
2. 自己上网下载空白单证完成，商业发票、装箱单、装船通知等单证没有固定格式可自行设计。
3. 提单需要使用 APL 船公司提单。
4. 其他如报检单位登记号可自己编制，但需符合实际要求。

## 四、相关资料

### （一）信用证（见图 7.12）

| | |
|---|---|
| Form of Doc. Credit | *40 A : IRREVOCABLE |
| Doc. Credit Number | *20 ：LC0801-FTC-930 |
| Date of Issue | 31C: 2012.10.12 |
| Expiry | *31 D: Date 2012.12.15 Place CHINA |
| Applicant | *50: JAMES BROWN INC. |
| | NO.304 FILAMENT STREET |
| | MONTREAL, CANADA |
| Applicant bank | 51D: THE ROYAL BANK OF CANADA, MONTREAL |
| Beneficiary | *59: GUANGDONG TRI-BEAUTY TRADE CO., LTD. |
| | NO. 381 RENMIN ROAD |
| | GUANGZHOU, CHINA |
| Amount | *32B: Currency USD Amount 21,892.00 |
| Pos. / Neg. Tol. (%) 39A: | 5/5 |
| Available with /by | *41D: ANY BANK |
| | BY NEGOTIATION |
| Draft at …… | 42C: DRAFTS AT 30 DAYS AFTER SIGHT |
| | FOR FULL INVOICE VALUE |
| Drawee | 42A: ROBOMCANA |
| | *THE ROYAL BANK OF CANADA |
| | *COMMERCIAL SERVICE |
| | *MONTREAL |
| Partial Shipments | 43P: ALLOWED |
| Transshipment | 43T: ALLOWED |
| Port of Loading | 44E: GUANGZHOU   CHINA |
| Port of Discharge | 44F: MONTREAL CANADA |
| Latest Date of Ship. | 44C: 2012.11.30 |
| Descript. of Goods | 45A: HAND TOOLS FOB SHANGHAI / NINGBO |
| | PACKING IN STRONG SEA-WORTHY CASES |
| | AS PER PURCHASE ORDER NO JBI08678 DATED 08.10.10 |
| Documents required | 46A: |
| | + FULL SET OF CLEAN ON BOARD OCEAN BILLS OF LADING |
| | MADE OUT TO ORDER OF THE ISSUING BANK AND |
| | MARKED FREIGHT COLLECT NOTIFY APPLICANT |
| | + SIGNED COMMERCIAL INVOICE IN TRIPLICATE |
| | + PACKING LIST IN TRIPLICATE |
| | + G S P CERTIFICATE OF ORIGIN FORM A |
| | + BENEFICIARY'S CERTIFICATE STATING THAT ONE SET OF |
| | N/N SHIPPING DOCUMENTS HAS BEEN SENT TO THE |
| | APPLICANT DIRECTLY IMMEDIATELY AFTER SHIPMENT |
| | + CERTIFICATE OF QUALITY ISSUED BY CIQ |
| Additional Conditions. 47A: | |
| | 1. INSURANCE TO BE EFFECTED BY BUYER |
| | 2. TELEGRAPHIC REIMBURSEMENT CLAIM PROHIBITED |
| | 3. AMOUNT AND QNTY 5 PCT MORE OR LESS ALLOWED |
| Advised through | 57A: BANK OF CHINA, GUANGZHOU BRANCH |
| Details of Charges | 71B: ALL BANKING CHARGES OUTSIDE CANADA ARE FOR |
| | ACCOUNT OF BENEFICIARY |

图 7.12　信用证

## （二）其他相关资料

发票号码：08HT1107　　　　　　　　发票日期：2012 年 11 月 07 日

提单号码：GSOK50089　　　　　　　提单日期：2012 年 11 月 20 日

船名：APL CROWN V. 097E　　　　　装运港：广州港

1×20' FCL CY/CY　　　　　　　　　箱号：APLU 156758，封号：853410

合同号：HTE080930　　　　　　　　产地证号码：08NB38992

受益人中文名称：广东三秀贸易有限公司

货物完全国产，不含进口成分，产品具体名称及包装细节：

(1)9PC EXTRA LONG KEY SET, G/W 20KGS/CTN, N/W 18KGS/CTN, PACKED IN 1 CASE OF 20 SETS EACH,TOTAL 1200 SETS, USD1.76/SET；

(2)8PCS DOUBLE OFFSET RING SPANNER, G/W 20KGS/CTN, N/W 18KGS/CTN, PACKED IN 1 CASE OF 20 SETS EACH, TOTAL 1200 SETS, USD3.10/SET；

(3)12PCS DOUBLE OFFSET RING SPANNER, G/W 19KGS/CTN, N/W 17KGS/CTN, PACKED IN 1 CASE OF 16 SETS EACH, TOTAL 800SETS, USD7.50/SET；

(4)12PCS COMBINATION SPANNER, G/W 19KGS/CTN, W/N 17KGS/CTN, PACKED IN 1 CASE OF 16 SET EACH, TOTAL 1200 SETS, USD3.55/SET；

(5)10PC COMBINATION SPANNER, G/W 18KGS/CTN, N/W 16KGS/CTN, PACKED IN 1 CASE OF 20 SETS EACH, TOTAL 1000SETS, USD5.80/SET。

8 件套和 9 件套外箱尺码：60*30*40 厘米；

10 件套外箱尺码：50*40*40 厘米；

12 件套外箱尺码：60*40*40 厘米。

唛头：

JAMES

JBI08678

MONTREAL

NOS.1-295

## 任务三  根据资料缮制进口物流单证

**任务描述：** 阅读进口合同、发票，根据合同以及发票内容提供的信息以及补充资料缮制到货通知、提货单、进口货物报关单。

### 一、实训目的

掌握整个进口物流业务流程及相关单证，以及各种单证之间的关系。

### 二、实训步骤

1. 根据所给资料缮制到货通知书、提货单、进口货物报关单。
2. 教师点评，学生撰写并提交实训报告。

### 三、实训要求

阅读外贸进口合同，根据合同提供的信息以及补充资料缮制到货通知书、提货单、进口货物报关单。

## 四、相关资料

### （一）合同（见图7.13）

---

**COMMERCIAL CONTRACT**

No: SA12770
Date: OCT 9,2012

THE SELLER: **ABC TRADING CO.,LTD**
Address:No. NO9 PHAN CHU TRINH STREET,WARD2-BINH THANH Dist, HCM City, Viet Nam
Tel: 84-083-5108193
Represented by: Mr Thao, Dang Van - Director
Hereinafter called the Seller.
THE BUYER: **ZHUHAI ASHINE IMP & EXP CO., LTD.**
12/E BONDED GOODS MARKET BLDG,ZHUHAI,CHINA.
TEL:86-755-25159952/15012660623   FAX:86-755-25157941
After discussing,it is mutually agreed by both parties to sign the commercial contract with terms and Conditions as following:

**1. Commodity**

| NO. | COMMODITY | MARKS | CTNS | QUANTITY (KGS-NET) (+-10%) | UNIT PRICE CIF/SHEKOU PORT (USD/KGS) | AMOUNT (USD) |
|---|---|---|---|---|---|---|
| 1 | FRESH DRAGON FRUIT | N/M | 5108 | 107268 | 0.85 | 91177.8 |
|  | TOTAL |  | 5108 | 107268 |  | 91177.8 |

SAY USD NINETY ONE THOUSAND ONE HUNDRED SEVENTY SEVEN U.S DOLLARS AND EIGHTY CENTS ONLY

**2. Payment-Documents Required:**
Payment by TTR at account of the seller.
-Bill of Lading,Invoice,Packing list,Certificate of Phytosanitary,Certificate of Origin.

**3. Delivery:**
-From OCT 9,2012 to OCT 30,2012.
-Loading port:HOCHIMINH CITY, VIET NAM.
-Discharging port:SHEKOU , CHINA.

**4. Arbitration:**
Any dispute arising from the contract shall be settled satisfactorily by both parties.IF the contracting parties Cannot reach an amicable settlement of any claim dispute concerning this contract,it will be settle by Vietnam International Arbitration Center beside Vietnam Chamber of Commerce in HoChiMinh City and Settled in accordance with the rules of this center for final settlement and binding upon both parties.

**5. Common Terms:**
This contract comes into effect from signing date to OCT 30, 2012.
This contract is made 2 originals,1 for each party with the same validity.
After 10 days from unaffected day,if two parties have no any dispute,this contract is become liquidation.

ON BEHALF OF THE BUYER               ON BEHALF OF THE SELLE
(ZHUHAI ASHINE IMP & EXP CO., LTD.)         (ABC TRADING CO.,LTD)

图7.13  合同

（二）发票（见图7.14）

## INVOICE

NO: 12770/SA-SK
DATE: OCT 15,2012

- Consignee: ZHUHAI ASHINE IMP & EXP CO., LTD.
- Address: 12/E BONDED GOODS MARKET BLDG,ZHUHAI,CHINA.
  TEL:86-755-25159952/15012660623　FAX:86-755-25157941
- Notify: SHENZHEN FAYANZHOU GLOBAL LOGISTICS CO.,LTD
- Address: 24/F GOLDEN BUSINESS CENTER,NO.2028 SHENNAN EAST RD.,
  SHENZHEN,CHINA.
  TEL:86-755-25151234　FAX:86-755-25155678
- Shipper By: ABC TRADING CO.,LTD
  Address: NO9 PHAN CHU TRINH STREET,WARD2-BINH THANH Dist,
  Ho Chi Minh City, Vietnam
- Means Of Transport: WAN HAI 263 N161
- Estimated time of departure: 18-OCT--2012
- Estimated time of arrival: 21-OCT--2012
- Port offloading: HOCHIMINH CITY - VIET NAM.
- Port of discharge: SHEKOU – CHINA

| CONT.&SEAL NO. | DESCRIPTION OF GOODS | NUMBER OF CARTONS | EACH CARTON BOX | | TOTAL OF WEIGHT | | UNIT PRICE/ (USD/KG) CNF SHEKOU PORT | AMOUNT CNF（USD） |
|---|---|---|---|---|---|---|---|---|
| | | | NET（kgs） | GROSS（kgs） | NET（KGS） | GROSS（KGS） | | |
| WHLU7602715 | | 1004 | 21 | 24.5 | 21084 | 24598 | 0.85 | 17921.4 |
| WHLU7728489 | FRESH | 1048 | 21 | 24.5 | 22008 | 25676 | 0.85 | 18706.8 |
| WHLU7734413 | DRAGON | 1048 | 21 | 24.5 | 22008 | 25676 | 0.85 | 18706.8 |
| WHLU7734840 | FRUIT | 1004 | 21 | 24.5 | 21084 | 24598 | 0.85 | 17921.4 |
| WHLU7756120 | | 1004 | 21 | 24.5 | 21084 | 24598 | 0.85 | 17921.4 |
| TOTAL | | 5108 | | | 107268 | 125146 | | 91177.8 |

SAY USD NINETY ONE THOUSAND ONE HUNDRED SEVENTY SEVEN U.S DOLLARS AND EIGHTY CENTS ONLY

ABC TRADING CO.,LTD

图7.14　发票

### （三）其他资料

商品中文名称：鲜火龙果　　　　　商品编码：08109080

经营单位：珠海宇星进出口有限公司（3502160293）

货代公司（通知人）：深圳泛亚舟国际物流有限公司

提单号：12345678　　　　　　　船名航次：WH23875/V.203

相关单证如图 7.15 至图 7.17 所示。

**1. 缮制到货通知书（见图 7.15）**

## 到货通知书
### ARRIVAL NOTICE

您单位下列进口货物已抵港，请速凭正本提单并背书后来我公司办理退货手续。

| 收货人 | 名称 |  |  | 收货人开户银行与账号 |  |
|---|---|---|---|---|---|
|  | 地址 |  |  |  |  |
| 船名 |  | 航次 |  | 起运港 | 目的地 |
| 提单号 |  | 交付条款 |  |  | 到付海运费 |
| 卸货地点 |  | 到达日期 |  | 库场日期 | 第一程运输 |
| 标记与集装箱号 | 货名 | 集装箱数 | 件数 | 重量（KGS） | 体积（m³） |
|  |  |  |  |  |  |

特此通知　　　交付收货人

中国上海外轮代理公司

年　　月　　日

注意事项：

1. 凭本通知书和正本提单（加盖公章）速来我公司进口部门办理提货手续，如提取私人行李另须携带本人护照或代办委托书及身份证。为方便各环节业务，请最好携带您公司业务章前来办理提货手续。
2. 如需委托我公司代办报关转运，请随带有关单证及钱款，派员前来我司委托，如有不清，请给我司电话：63232762 63230970x308。
3. 在必要情况下，我公司接受暂凭银行担保函替代正本提单办理提货手续。
4. 根据海关规定，货物到港（站）14 天内未能及时提取货物，由此引起的港口或港口疏港所发生的费用等，由收货人承担。货物抵港三个月不提取，将作无主货处理。
5. 本通知书所列到达日期系预报日期，不作为申报进境计算滞报金、滞箱费起算之日凭据。
6. 本通知书依据提单与舱单上提供的"收货人"及地址投递，由于英文翻译中文所发生的人名地名不一致，我司不承担由此产生的损失，希请谅解。
7. 我公司地址：深圳市罗湖中心广场 13 号 3 楼，电话：63231363　63232081，邮编：200002。

图 7.15　到货通知书

**2. 缮制提货单（见图 7.16）**

## 提货单
## DELIVERY ORDER

致：_____港区、场、站
收货人：_____

下列货物已办妥手续，运费结清，准予交付收货人。

| 船名 | | 航次 | | 起运港 | | 目的港 | | 到站 | |
|---|---|---|---|---|---|---|---|---|---|
| | | | 标记（唛头） | | | | | | |
| 交付条款 | | | | | | | | | |
| 到付条款 | | | | | | | | | |
| 第一程运输 | | | | | | | | | |
| 卸货地点 | | | | | | | | | |
| 到达日期 | | | | | | | | | |
| 进库场日期 | | | | | | | | | |
| 件数 | | | | | | | | | |
| 重量 | | | | | | | | | |
| 体积 | | | | | | | | | |
| 集装箱数 | 20 英尺 | | | | | | | | |
| | 40 英尺 | | | | | | | | |

请核对放货。

大连中海船务代理有限公司
年　月　日

凡属法定检验、检疫的进口商品，必须向有关监督机构申报。

| 收货人章<br><br>1 | 海关章（一）<br><br>2 | 海关章（二）<br><br>3 | <br><br>4 |
|---|---|---|---|
| <br><br><br>5 | <br><br><br>6 | <br><br><br>7 | <br><br><br>8 |

图 7.16　提货单

**3. 缮制进口货物报关单（见图 7.17）**

## 中华人民共和国海关进口货物报关单

预录入编号　　　　　　　　海关编号

| 进口口岸 | 备案号 | | 进口日期 | 申报日期 |
|---|---|---|---|---|
| 经营单位 | 运输方式 | | 运输工具名称 | 提运单号 |
| 收货单位 | 贸易方式 | | 征免性质 | 征税比例 |
| 许可证号 | 起运国（地区） | | 装货港 | 境内目的地 |
| 批准文号 | 成交方式 | 运费 | 保费 | 杂费 |
| 合同协议号 | 件数 | 包装种类 | 毛重（公斤） | 净重（公斤） |
| 集装箱号 | 随附单据 | | | 用途 |
| 标记唛码及备注 | | | | |
| 项号　商品编号　商品名称、规格型号　数量及单位　原产国(地区)单价　总价　币值　征免 | | | | |
|  | | | | |
|  | | | | |
|  | | | | |
|  | | | | |
|  | | | | |
| 税费征收情况 | | | | |
| 录入员　　　　　录入单位 | 兹声明以上申报无讹并承当法律责任 | | 海关审单批注及放行日期（签章） | |
| 单位地址 | 申报单位（签章） | | 审单　　　　　申价 | |
|  | | | 征税　　　　　统计 | |
| 邮编　　　　电话 | 填制日期 | | 查验　　　　　放行 | |

图 7.17　进口货物报关单

# 参考文献

[1] 刘秀华. 国际物流单证实务. 北京：清华大学出版社，2011
[2] 孙康，王瑞华，朱蕾. 报关与国际货运专业单证实务. 天津：天津大学出版社，2010
[3] 芮宝娟. 进出口单证实务. 北京：中国人民大学出版社，2010
[4] 张敏. 彻底搞懂提单. 北京：中国海关出版社，2009
[5] 戴正翔. 国际物流单证实训教程. 北京：北京交通大学出版社，2009
[6] 刘文歌，刘丽艳. 国际物流与货运代理. 北京：清华大学出版社，2012
[7] 武选民. 外贸单证模拟实训教程. 北京：北京交通大学出版社，2012
[8] 圣才学习网. 全国国际商务单证员考试辅导系列：国际商务单证缮制与操作过关必做习题集. 第2版. 北京：中国石化出版社有限公司，2013
[9] 刁宇凡. 外贸单证操作实务. 北京：电子工业出版社，2012
[10] 冯静. 单证缮制与操作. 北京：中国劳动社会保障出版社，2011
[11] 郑俊田. 报关单填制与商品归类技巧专项训练. 北京：对外经贸大学出版社，2012
[12] 盛新阳，彭非. 最新报关单填制实用辅导. 北京：中国海关出版社，2008
[13] 陈艳辉. 英文国际贸易单证的使用与翻译. 北京：机械工业出版社，2009
[14] 王艳. 国际货运代理业务流程设计实训手册. 北京：清华大学出版社，2011
[15] 福步外贸论坛. http://bbs.fobshanghai.com/forum-5-1.html
[16] 全国国际商务单证考试中心. http://www.icd.net.cn/
[17] 物流知识网. http://www.16078.com/
[18] 中国物流行业协会. http://www.cla.gov.cn/
[19] 锦程物流网. http://www.jctrans.com/
[20] http://wenku.baidu.com/view/04984351ad02de80d4d840d6.html
[21] http://wenku.baidu.com/view/b7cf3fe6aeaad1f346933f21.html
[22] http://wenku.baidu.com/view/c84389cd05087632311212fd.html
[23] http://wenku.baidu.com/view/313b5c135f0e7cd18425362b.html

# 附录 A  物流单证专业术语

## （一）船代

| | |
|---|---|
| Shipping Agent | 船舶代理 |
| Handling Agent | 操作代理 |
| Booking Agent | 订舱代理 |
| Cargo Canvassing | 揽货 |
| FFF：Freight Forwarding Fee | 货代佣金 |
| Brokerage / Commission | 佣金 |

## （二）费用

| | |
|---|---|
| OCB：Ocean Frt. Box | 海运费 |
| CYC：CY Handling Charge | 日本港口操作附加费 |
| IAC：Intermodel Administrative Charge | 多式联运附加费 |
| SPS：Shanghai Port Surcharge | 上海港附加费 |
| YAS：Yen Applica surcharge | 日元货币附加费 |
| ACC：Alameda Corridor | 绿色通道费 |
| CAF：Currency Adjustment Factor or Devaluation Surcharge | 币值调整费 |
| CUC：Chassis Usage | 托盘使用费 |
| DDC：Dest. Delivery Charge | 目的地交货费用 |
| EBS：Emergent Bunker Surcharge | 紧急燃油附加费 |
| EMS：Emergency Surcharge（near the war field） | 紧急战争附加费 |
| ERS：Equip. Rest. Surch | 空箱调运费 |
| FSC：Fuel Surcharge | 燃油附加费 |
| GRI：Gen Rate Increase | 运费普遍增长 |
| LLO：Lift on / Lift off | 上下车费 |
| ORC：Original Receiving Charge | 启运港接货费 |
| OWS：Overweight Surchaarge | 超重附加费 |
| PCF：Panama Canal Fee | 巴拿马运河费 |
| PCS：Port Congestion Surcharge | 港口拥挤费 |
| PSC：Port Service Charge | 港口服务费 |

PSS: Peak Season Surcharge 旺季附加费
SCF: Suez Canal Fee 苏伊士运河费
SPS: Shanghai Port Surcharge 上海港附加费
BAF: Bunkering Adjustment Fee 燃油附加费
CFS: CFS Charge 集装箱场站费用
COD: Charge of Diversion 转港费
DHC: Dest. Terminal Handling Charge 目的港港口附加费
DIB: Destination Inland (Box) 目的港内陆附加费
EFS: Emergency Fuel Surcharge 燃油附加费
IMO: IMCO additional 危险品附加费
LHC: Loading Port Terminal Handling Charge 装港港口附加费
OIB: Original Inland (Box) 启运港内陆附加费
WRS: War Risk Surcharge 战争风险附加费
Suez Canal Surcharge 苏伊士运河附加费
Transhipment Surcharge 转船附加费
Direct Additional 直航附加费
Port Surcharge 港口附加费
Port Congestion Surcharge 港口拥挤附加费
Heavy-Lift Additional 超重附加费
Long Length Additional 超长附加费
Cleaning Charge 洗舱费
Fumigation Charge 熏蒸费
Ice Surcharge 冰冻附加费
Fees or Optional Additional 选择卸货港附加费
Alteration Charge 变更卸货港附加费
Deviation Surcharge 绕航附加费
ICD: Inland Container Depot 内陆集装箱装卸站

（三）订舱

Booking 订舱
Booking: Note 订舱单
Booking: Number 订舱号
Dock: Receipt 场站收据
M/F: Manifest 舱单

· 266 ·

| | |
|---|---|
| Cable/Telex Release | 电放 |
| a Circular Letter | 通告信/通知书 |
| PIC：Person in Charge | 具体负责操作人员 |
| the said party | 所涉及的一方 |
| On Board B/L | 已装船提单 |

（解释：A B/L in which a carrier acknowledges that goods have been placed on board a certain vessel. Used to satisfy the requirements of a L/C. ）

| | |
|---|---|
| Cancellation | 退关箱 |

## （四）港口

| | |
|---|---|
| BP：Base Port | 基本港 |
| Prompt Release | 即时放行 |
| Transit Time | 航程时间/中转时间 |
| Cargo Availability at Destination in | 货物运抵目的地 |
| Second Carrier | （第）二程船 |
| In Transit | 中转 |
| Transportation Hub | 中转港 |
| Port of Loading（POD） | 装运港 |
| Port of Discharge | 卸货港 |
| Port of Destination | 目的港 |
| Port of Transshipment | 转运港 |
| Final Destination | 最终目的地 |
| Place of Receipt | 收货地 |

## （五）拖车

| | |
|---|---|
| Tractor | 牵引车/拖头 |
| Low-bed | 低平板车 |
| Trailer | 拖车 |
| Transporter | 拖车 |
| Trucking Company | 车队（汽车运输公司） |
| Axle Load | 轴负荷 |
| Tire-Load | 轮胎负荷 |
| Toll Gate | 收费口 |

## （六）保税

| | |
|---|---|
| Bonded Area | 保税区 |
| Bonded Goods（Goods in Bond） | 保税货物 |
| Bonded Warehouse | 保税库 |
| Caged Stored at Bonded Warehouse | 进入海关监管 |
| Fork Lift | 叉车 |
| Loading Platform | 装卸平台 |

## （七）船期

| | |
|---|---|
| a Friday（Tuesday / Thursday）sailing | 周五班 |
| a fortnight sailing | 双周班 |
| a bi-weekly sailing | 周双班 |
| a monthly sailing | 每月班 |
| on-schedule arrival / departure | 准班抵离 |
| ETA：Estimated（Expected）Time of Arrival | 预计到达时间 |
| ETB：Estimated（Expected）Time of Berthing | 预计靠泊时间 |
| ETD：Estimated（Expected）Time of Departure | 预计离泊时间 |
| the sailing schedule/vessels are subject to change without prior notice | 船期/船舶如有变更将不作事先通知 |
| Closing Date | 截止申报时间 |
| Cut-off Time | 截关日 |

## （八）费用及价格

| | |
|---|---|
| Ocean Freight | 海运费 |
| Sea Freight | 海运费 |
| Freight Rate | 海运价 |
| Charge / Fee | （收）费 |
| Dead Freight | 空舱费 |
| Dead Space：space in a car, truck, vessel, etc., that is not utilized | 亏舱 |
| Surcharge / Additional Charge | 附加费 |
| Toll | 桥/境费 |
| charges that are below a just and reasonable level | 低于正当合理的收费 |
| Market Price Level | 市场价水平 |

| | |
|---|---|
| Special Rate | 特价 |
| Rock Bottom Price | 最低底价 |
| Best Obtainable Price | 市场最好价 |
| CC Freight to Collect | 到付运费 |
| Freight Payable At Destination | 到付运费 |
| Back Freight | 退货运费 |
| Fixed Price | 固定价格 |
| Comm. Commission | 佣金 |
| Rebate | 回扣/折扣 |
| Drayage Charge：made for local hauling by dray or truck | 拖运费 |
| GRI：General Rate Increase | 运价上调 |
| SGRI：Second General Rate Increase | 第二次运价上调 |
| GRD：General Rate Decrease | 运价下调 |
| TGRD：Temporary General Rate Decrease | 临时运价下调 |
| PSS：Peak Season Surcharge | 旺季附加费 |
| Wharfage：a charge assessed by a pier against freight handled over the pier | 码头附加费 |
| THC：Terminal Handling Charge | 码头操作附加费 |
| ORC：Origin Receiving Charge | 始发接单费 |
| CUC：Chassis Usage Charge | 拖车运费 |
| IAC：Inter-modal Administrative Charge（U.S. Inland Surcharge） | 内陆运输附加费 |
| DDC：Destination Delivery Charge | （目的地卸货费） |
| OAC：Origin Accessory Charge | 始发港杂费 |
| MAF：Manifest Amendment Fee | 舱单改单费 |
| for prompt shipment | 立即出运 |
| Cargo Supplier | （供）货方 |
| Upcoming Shipment | 下一载货 |
| Same Assignment | 同一批货 |
| Nomination Cargo | 指定（指派）货 |
| Indicated / Nominated Cargo | 指装货 |
| Shipments under B/L No. XXX XXX | 提单货 |
| Cargo Volume | 货量 |

| | |
|---|---|
| Freight Volume | 货量 |
| Reefer Cargo | 冷冻货 |
| High-Value Cargo（goods） | 高价货 |
| Miss Description | 虚报货名 |
| Agreement Rate | 协议运价 |
| D & H：Dangerous and Hazardous | 危险品 |

（九）单证

| | |
|---|---|
| S/O：Shipping Order | 托运单 |
| B/L：Bill of Lading | 提单 |
| B/L Copy | 提单副本 |
| OBL：Ocean Bill of Lading | 海运提单 |
| HBL：House Bill of Lading | 无船承运人提单（货代提单） |
| TBL：Through Bill of Lading | 全程提单 |
| Advanced Bill of lading | 预借提单 |
| Anti-dated Bill of Lading | 倒签提单 |
| Blank Bill of Lading | 空白提单 |
| 'To Order' B/L | 指示提单 |
| Combined Bill | 并单（提单） |
| Separate Bill | 拆单（提单） |
| Straight B/L（a non-negotiable B/L，the Pomerene Act governs its operation in the US） | 记名提单 |
| On Board B/L | 已装船提单 |
| Shipped B/L（a B/L issued only after the goods have actually been shipped on board the vessel，as distinguished from the received for shipments B/L） | 已出运的货物提单 （On Board B/L=Shipped B/L 已装船提单） |
| Received for Shipment B/L | 备运提单 |
| Transhipment B/L | 转船提单 |
| Through B/L | 联运提单 |
| Shipper（Consignee）Box | 发（收）货人栏（格） |
| Arrival Notice | 到货通知书 |
| Manifest（M/F） | 舱单 |
| Batch Filing | 批量报备 |

| | |
|---|---|
| Manifest Discrepancy | 舱单数据不符 |
| Acknowledgement of Manifest Receipt | 收到舱单回执 |
| Packing List | 装箱单 |
| Cargo Receipt | 承运货物收据 |
| D/R：Dock Receipt | 场站收据 |
| D/O：Delivery Order | 交货单（小提单） |
| Shipper's Export Declaration | 货主出口申报单 |
| Shipping Advice | 装运通知（似舱单 NVOCC 用） |
| Manifest Information | 舱单信息 |
| FCN：Freight Correction Notice | 舱单更改单（通知） |
| Surrender O B/L Copies for Consignment | 交回提单副本 |
| Release Note Receipt Signed by Customer Acknowledging Delivery of Goods | 货物收讫单 |

## （十）检验

| | |
|---|---|
| Inspection-related Terms | 检验 |
| Customs Inspection | 海关查验 |
| Commodity Inspection | 商品检验 |
| Tally | 理货 |
| Tally Report | 理货报告 |
| Check | 查验/检查/核对 |
| Fumigation | 熏蒸 |
| Animal / Plant Inspection | 动植物检验 |
| INSP：Inspection / Inspector | 检验/检验员 |
| Certificate of Origin（normally issued or signed by a Chamber of Commerce or Embassy） | 原产地证书 |
| Arbitration | 仲裁 |
| ACH：Automated Clearing House（part of ACS） | 自动清关 |
| AMS：Automated Manifest System（for anti-terrorism） | 自动舱单（反恐）申报系统 |
| CSS：Cargo Selectivity System | 货物抽验 |
| CHB：Customs House Broker | 报关行 |
| SED：（EX-DEC）Shipper's Export Declaration | 货主出口报关单 |
| Bonded Warehouse | 保税库 |

Bonded Area                                                  保税区
Bonded Goods                                                 保税货物
Quotas: quantity of one HTS item allowed to be imported at either higher or lower rate of duties.                                                            进口配额
DDP: Delivery Duty Paid                                      完税
DDU: Delivery Duty Unpaid                                    未完税
Drawback: duties payment refunded because freight is re-exported or for similar circumstances                                               退税金额
Customs Fine                                                 海关罚款
Customs Seals                                                海关关封
Application for Inspection                                   检验申请
to expedite the Clearance                                    加快清关
Pilferage                                                    盗窃/偷窃
to be liable for a penalty of                                受到……处罚
Non-fraudulent violation of the regulation                   非故意违反规定
to file certifications with customs                          向海关申报有效证明
to follow the current procedure                              遵循现行程序
to abide by…rule                                             遵照……规定
to provide specific language                                 提供一定说法
to be not authorized                                         不予认可

## （十一）箱子

COC: Carrier's Own Container (Carrier Owned CTN)             船东自有箱
Container Cleaning                                           洗箱
VEN: Ventilated                                              通风
FRZ: Frozen                                                  冰冻
HTD: Heated                                                  加热
I.D.: Inside Dimension                                       箱内尺码
Inside Measurement                                           箱内尺码
TW: Tare Weight (the weight of an empty container)           箱子皮重
Container Leasing Co                                         租箱公司
Equipment Exchange (Interchange) Receipt                     设备交接单
Repositioning                                                集装箱回空
Container Leasing long-term / short-term lease               集装箱租赁 长期/短期

| | |
|---|---|
| Leasing Company | 租箱公司 |
| Premises for Longer Period than Provided in Tariff | 空箱滞箱费 |
| Demurrage | 重箱滞箱费 |

## （十二）保险

| | |
|---|---|
| Risks & Coverage | 险别 |
| Free From Particular Average（F.P.A.） | 平安险 |
| With Particular Average（W.A.） | 水渍险（基本险） |
| All Risk | 一切险（综合险） |
| Total Loss Only（T.L.O.） | 全损险 |
| War Risk | 战争险 |
| Cargo（Extended Cover）Clauses | 货物（扩展）条款 |
| Additional Risk | 附加险 |
| From Warehouse To Warehouse Clauses | 仓至仓条款 |
| Theft，Pilferage and Nondelivery（T.P.N.D.） | 盗窃提货不着险 |
| Rain Fresh Water Damage | 淡水雨淋险 |
| Risk of Shortage | 短量险 |
| Risk of Contamination | 沾污险 |
| Risk of Leakage | 渗漏险 |
| Risk of Clashing & Breakage | 碰损破碎险 |
| Risk of Odour | 串味险 |
| Damage Caused by Sweating and/or Heating | 受潮受热险 |
| Hook Damage | 钩损险 |
| Loss and/or Damage Caused by Breakage of Packing | 包装破裂险 |
| Risk of Rusting | 锈损险 |
| Risk of Mould | 发霉险 |
| Strike，Riots and Civel Commotion（S.R.C.C.） | 罢工、暴动、民变险 |
| Risk of Spontaneous Combustion | 自燃险 |
| Deterioration Risk | 腐烂变质险 |
| Inherent Vice Risk | 内在缺陷险 |
| Risk of Natural Loss or Normal Loss | 途耗或自然损耗险 |
| Special Additional Risk | 特别附加险 |
| Failure to Delivery | 交货不到险 |
| Import Duty | 进口关税险 |

| | |
|---|---|
| On Deck | 仓面险 |
| Rejection | 拒收险 |
| Aflatoxin | 黄曲霉素险 |
| Fire Risk Extension Clause-for Storage of Cargo at Destination Hongkong, Including Kowloon, or Macao | 出口货物到香港(包括九龙在内)或澳门存仓火险责任扩展条款 |
| Survey in Customs Risk | 海关检验险 |
| Survey at Jetty Risk | 码头检验险 |
| Institute War Risk | 协会战争险 |
| Overland Transportation Risks | 陆运险 |
| Overland Transportation All Risks | 陆运综合险 |
| Air Transportation Risk | 航空运输险 |
| Air Transportation All Risk | 航空运输综合险 |
| Air Transportation War Risk | 航空运输战争险 |
| Parcel Post Risk | 邮包险 |
| Parcel Post All Risk | 邮包综合险 |
| Parcel Post War Risk | 邮包战争险 |
| the Stipulations For Insurance | 保险条款 |
| Marine Insurance Policy | 海运保险单 |
| Specific Policy | 单独保险单 |
| Voyage Policy | 航程保险单 |
| Time Policy | 期限保险单 |
| Floating Policy (Or Open Policy) | 流动保险单 |
| Ocean Marine Cargo Clauses | 海洋运输货物保险条款 |
| Ocean Marine Insurance Clauses (Frozen Products) | 海洋运输冷藏货物保险条款 |
| Ocean Marine Cargo War Clauses | 海洋运输货物战争险条款 |
| Ocean Marine Insurance Clauses (Wood Oil in Bulk) | 海洋运输散装桐油保险条款 |
| Overland Transportation Insurance Clauses (Train, Trucks) | 陆上运输货物保险条款(火车、汽车) |
| Overland Transportation Insurance Clauses (Frozen Products) | 陆上运输冷藏货物保险条款 |
| Air Transportation Cargo Insurance Clauses | 航空运输货物保险条款 |

| | |
|---|---|
| Air Transportation Cargo War Risk Clauses | 航空运输货物战争险条款 |
| Parcel Post Insurance Clauses | 邮包保险条款 |
| Parcel Post War Risk Insurance Clauses | 邮包战争保险条款 |
| Livestock & Poultry Insurance Clauses（By Sea，Land or Air） | 活牲畜、家禽的海上、陆上、航空保险条款 |
| Risks Clauses of the P.I.C.C. Subject to C.I.C. | 根据中国人民保险公司的保险条款投保×××险 |